シリーズ
① 金融工学の新潮流

木島正明 [監修]

資産の価格付けと測度変換

木島正明・田中敬一 [著]

朝倉書店

まえがき

 本書は証券価格の価格付けと測度変換の入門書であり，主として，デリバティブ（金融派生商品）業務に携わっている金融機関の実務家で，ある程度の金融工学の知識を有する人や，金融工学・数理ファイナンスを学んでいる学生を対象としている．

 近年多くの類書が出版される状況の中で新たに本書を世に送る目的は，これまでに構築された理論をやや異なった観点から整理することである．価格付け理論では，リスク中立確率という用語はもはやおまじないのように誰もが唱えているが，その意味と機能を再確認しておくことは，次のステージへ向かう上で重要であろう．すなわち，金融工学において最も重要な価格付け理論を測度変換という切口から詳細に解説することが本書の狙いである．

 無裁定価格を議論するには現実の確率ではなく人工的に作られたリスク中立確率を使うと便利であることが知られているが，そのためには測度変換を理解しなければならない．価格とは何か，裁定とは何か．これらを理解するためには確かに数学は不可欠であるが，その本質は決して難しい理論ではなく直感的に理解できることが多い．本書では経済経営系学生および出身者にとって難解と言われている価格付け理論を，測度変換という切口から簡単な事例を使って，その本質を理解できるように例や問題を組み合わせて解説する．

 本書におけるキーワードはマルチンゲール，伊藤の公式，基準財の3つである．マルチンゲールとは，平均的には損得がない公平な賭けや価格変動を抽象化した性質である．裁定機会を考えるには貨幣単位で表示された価格には意味がなく，証券価格相互間の動き，すなわち基準となる証券を特定して，それに関する相対価格のマルチンゲール性が重要になる．離散時間モデルによる議論

で相対価格と測度変換の本質が理解できれば，連続時間モデルにおける議論は容易である．

連続時間モデルでは確率微分方程式によって価格変動を描写するが，その際の重要なツールに伊藤の公式がある．本書の執筆中に，伊藤清 京都大学名誉教授がガウス賞を受賞されるという朗報に恵まれた．この分野に携わる日本人研究者としても誠に喜ばしいことである．伊藤清先生は「ウォールストリートで最も有名な日本人」と新聞等で紹介されたとおり，伊藤の公式は金融業界のビジネス展開においても必要不可欠である．本書における議論も同様であり，読者は随所でその応用の広さを確認するであろう．極論すれば，本書の内容はマルチンゲールの理解と伊藤の公式の応用がすべてであると言っても過言ではない．

第1章で簡単なモデルを利用して価格付けにおける測度変換の重要性を説明する．第2章では確率変数による測度変換で，主に保険料計算に応用されている考え方を述べ，その拡張である確率過程による測度変換を第3章で説明する．そして第4章と第5章で価格付け理論における測度変換と基準財の変換を詳述する．それらの応用として第6章の金利モデルにおけるさまざまなデリバティブ価格計算と第7章のデフォルトリスクに関する話題を提供する．本書で必要となる確率の知識を巻末の補遺にまとめた．本書を読み進めながら随時参照してその内容を理解してほしい．本書の目的である測度変換が随所に現れるのでその数学的取り扱いに慣れるとともに，価格付けにおける基準財の機能をつねに確認することをお勧めする．特に，リスク中立確率によるプライシングにとらわれず，フォワード測度やその他のプライシング測度の有用性に注目してほしい．

また，各章には章末問題があるので本文の理解と応用のために是非トライしてもらいたい．著者のWebサイト（www.comp.tmu.ac.jp/tanakak/）に解答が用意されているので理解度の確認に役立ててほしい．また，本文中の随所に「各自で確認せよ」とある箇所も含めて，必ず読者自ら議論や計算過程を紙に書いて確認してほしい．

なお，本書は木島と田中による共同執筆であるが，原稿段階では，木島が主に第1～4章および補遺を分担し，田中が主に第5～7章を分担した．ただし，読者には分担者の違いを意識せずに通読できるよう，最終稿では2人で本書全

まえがき

体について議論し，用語・用法の統一および細部の修正を行なった．

　洗練された金融取引が広く金融機関や法人，個人にまで浸透するにつれて金融工学関連の書物が増えてきた．オプションやスワップをやさしく解説する啓蒙書のみならず，日本人による力作や海外の著名な研究者が執筆した書物の翻訳によって，多くの人々が手軽に専門領域を垣間見ることが可能になっている．一昔前までは専門的な学習に洋書を避けて通れなかったが，今では和書のみでも大学院の授業に不自由しなくなったのは隔世の感がある．しかしながら，冒頭でも述べたとおり，測度変換の切口でさまざまなプライシングテクニックを解説した点が他書にない本書の大きな特徴であると自負している．本書をきっかけにして，多くの読者が金融工学への関心と理解を深めそれぞれの活動の一助になれば，著者の目的は達成されたといえる．

　本書を執筆する上で多くの方々にお世話になった．特に，ニッセイ基礎研究所金融研究部の皆さんからは多くの有益なコメントを頂いた．また，首都大学東京の大学院生の多辺田将君，高泳君，鈴木大介君，および東京工業大学の海老名剛君には授業および勉強会で原稿をチェックして頂いた．記して感謝したい．もちろん，あり得べき誤りはすべて著者の責任に帰する．最後に，このような素晴らしい企画を実現して下さった朝倉書店編集部の方々に感謝の意を表したい．

　2007 年 5 月

木 島 正 明
田 中 敬 一

【数学の記法について】

- $\mathbb{R}$ は実数の集合を表す.

- ベクトル $\mathbf{a}$ はすべて列ベクトルとし,行ベクトルは転置の記号 $\mathbf{a}^\top$ を使って表わす.

- ベクトルの不等号として次の記号を用いる.
  $\mathbf{a} = (a_j)$, $\mathbf{b} = (b_j)$ に対して,

  $\mathbf{a} \geq \mathbf{b} \iff$ すべての j について $a_j \geq b_j$

  $\mathbf{a} \gneq \mathbf{b} \iff \begin{pmatrix} \text{すべての } j \text{ について } a_j \geq b_j \text{ であり,} \\ \text{少なくとも 1 つの } j \text{ について } a_j > b_j \end{pmatrix}$

  $\mathbf{a} > \mathbf{b} \iff$ すべての j について $a_j > b_j$

- 関数 $f(x)$ のべき乗は $f^n(x)$ と表わすが,期待値のべき乗については $E[X]^n = \{E[X]\}^n$ と表わす.

目　　次

1. 価格付け理論の概要 ······································· 1
   1.1 価格付けの考え方 ···································· 1
   1.2 二項モデル ··· 7
   1.3 三項モデル ··· 11
   1.4 無裁定価格とマルチンゲール ·························· 14
   章末問題 ·· 22

2. 正の確率変数による測度変換 ······························ 24
   2.1 測度変換と価格付け ·································· 24
   2.2 保険料計算原理 ······································ 31
      2.2.1 エッシャー原理 ································· 31
      2.2.2 ワン変換 ······································· 33
      2.2.3 指数原理 ······································· 35
      2.2.4 均衡価格 ······································· 36
   2.3 保険料計算原理の多変量への拡張 ······················ 38
      2.3.1 多変量エッシャー変換 ··························· 40
      2.3.2 コピュラ ······································· 43
      2.3.3 多変量ワン変換 ································· 45
   章末問題 ·· 49

3. 正の確率過程による測度変換 ······························ 50
   3.1 確率過程による測度変換 ······························ 50
   3.2 ランダムウォークによる測度変換 ······················ 53

- 3.3 ブラウン運動による測度変換 ·· 59
- 3.4 伊藤過程への拡張 ·· 62
- 3.5 ポアソン過程による測度変換 ·· 64
- 章末問題 ··· 69

4. 測度変換の価格付けへの応用 ··· 71
- 4.1 完備市場における価格付け ·· 71
- 4.2 リスク中立化法と状態価格密度 ·· 79
- 4.3 基準財の変換 ·· 89
- 章末問題 ··· 93

5. 基準財と価格付け測度 ··· 96
- 5.1 二項モデルにおける基準財の変換 ·· 96
- 5.2 連続時間モデルにおける基準財の変換 ································ 101
- 5.3 ブラック・ショールズの公式：再訪 ···································· 108
- 章末問題 ··· 111

6. 金利モデル ·· 114
- 6.1 金利派生商品の価格付けに用いられる測度 ·························· 114
  - 6.1.1 リスク中立確率測度 ··· 114
  - 6.1.2 フォワード測度 ··· 115
  - 6.1.3 金利スワップとスワップ測度 ····································· 118
- 6.2 アフィンモデル ·· 122
  - 6.2.1 バシチェックモデル ··· 125
  - 6.2.2 CIR モデル ··· 125
- 6.3 金利派生商品 ·· 127
  - 6.3.1 割引国債のオプション ··· 127
  - 6.3.2 スワップションおよび利付債のオプション ················ 127
  - 6.3.3 CMS ··· 130
  - 6.3.4 金利先物と金利先物オプション ································· 136
- 章末問題 ··· 137

7. デフォルトリスクモデル 138
7.1 デフォルトリスク 138
7.2 離散時間モデルにおける生存測度と生存条件測度 140
7.2.1 1期間モデル 140
7.2.2 2期間モデル 142
7.2.3 生存測度 145
7.2.4 生存条件測度 147
7.3 誘導形アプローチ 150
7.3.1 誘導形モデル 150
7.3.2 デフォルトリスク証券価格 154
7.4 連続時間モデルにおける生存測度 158
7.5 連続時間モデルにおける生存条件測度 162
7.5.1 生存条件測度 163
7.5.2 債券オプションの信用リスク 169
章末問題 172

A. 確率と確率過程の基礎 174
A.1 事象と確率 174
A.2 確率変数と期待値 176
A.3 正規分布とポアソン分布 182
A.4 確率過程 187
A.4.1 ブラウン運動とポアソン過程 187
A.4.2 確率微分方程式 189
A.4.3 マルチンゲール 193
章末問題 196

参考文献 198

索引 201

1 価格付け理論の概要

　金融商品とは，将来のキャッシュフローの（支払い）パターンを約束する商品である．たとえば，フォワード契約とは受渡時点において原資産価格と受渡価格の差額を受け渡す商品で，オプションとは行使時点の原資産価格と行使価格の差のプラス部分を取得する商品と定義することができる．一般に，これらのキャッシュフローは不確実であり，金融工学における金融資産の価格付けとは，「将来時点において発生する不確実なキャッシュフローの現在価値を決定すること」と同じである．本章では，価格付け理論における基本的な考え方を説明し，本書で必要な用語と概念の準備を行なう．

1.1 価格付けの考え方

　最初に，価格付けにおいて重要となる概念を定義しておく．より厳密な定義は後の節（1.4 節）で与えることにする．

定義 1.1 (裁定機会)　複数の証券が取引されている市場において，コスト 0 でリスクなしに利益のあげられる投資機会（証券ポートフォリオ）を**裁定機会** (arbitrage opportunity) と呼ぶ．裁定機会のないように付けられた価格を**無裁定価格**と呼ぶ．

　たとえば，信用リスクのない満期 T の割引債価格 v を所与として，将来時点 T で発生する確定的なキャッシュフロー B の現時点における価値（価格）は，比例計算から

$$x = \frac{Bv}{F}$$

でなければならない．ここで F は割引債の額面である．

この価格が経済学的に合理的であることを示すために，このキャッシュフローに別の価格 y が市場で付いていたとする．もし $y > x$ ならば，利に聡い人は割引債を B/F 単位購入し，このキャッシュフローを持つ金融商品を売却するであろう．現時点での収支は割引債の購入代金 x 円とキャッシュフローの売却益 y 円の差額であるが，$y > x$ なので現時点での収支は $(y-x)$ 円の利益である．この利得を満期までリスクのない銀行に預けておくことにしよう．キャッシュフロー B を売却したので，満期では B 円の支払義務が発生するが，同時に割引債を購入してあったので，満期に額面 F 円が B/F 単位 $(F \times B/F = B$ 円) 償還される．したがって，支払うべき B 円は割引債の償還金で賄うことができるので，満期における収支はプラスマイナス 0 である．ところが，銀行に $(y-x)$ 円預金してあったので，満期において，この取引により正の利得を得ることになる．逆に，もし $y < x$ ならば，この逆のポジションを作ることで必ず利益をあげることができる．各自で確認せよ．したがって，これは裁定機会である．

以上の議論には，いくつかの非現実的な仮定がおかれている．たとえば，当該金融商品を市場で取引でき，かつ任意の時点で好きな分量の取引ができるとしている．実際には，売手と買手の意思が一致したとき売買が成立するので，いつでも自由に取引できるとは限らない．また，金融商品には売買の単位があり，まったく自由に取引の分量を決めることはできない．しかし，取引時点と取引量を自由に決められるとしたほうが理論上は都合がよいので，以下では，このような**完全市場** (perfect market) を想定して議論を進めることにする[*1)].

確定的なキャッシュフローの価格は，無裁定条件から，割引債価格を用いた比例計算で与えられることがわかった．では，将来時点において不確実なキャッシュフローの現在価値をどのようにして算出すればよいのであろうか？このために，次の『複製』という概念を確認しておく．

[*1)] 完全競争，完全情報，無摩擦という 3 つの条件を満たす市場を完全市場と呼ぶ．たとえば，取引コストという摩擦のある市場は本書では想定しない．取引コストのある場合の価格付けについては Korn (1997) の第 5 章が詳しい．また，完全競争や完全情報を仮定しないモデルの詳細については本シリーズの原・西出 (近刊) を参照せよ．

定義 1.2 (複製ポートフォリオ) 金融資産 X のキャッシュフローとまったく同じキャッシュフローを生成するポートフォリオ Y が存在するとき，ポートフォリオ Y は金融資産 X を**複製する** (duplicate) という．

　ポートフォリオ Y が金融資産 X を複製すれば，これらは (まったく同じキャッシュフローを同じ時点で生成するので) 同一の金融商品とみなされる．したがって，無裁定条件から，これらの現在価値 (価格) は等しくなければならない．さらに，もし複製ポートフォリオ Y が市場で取引できる証券から構成され，これらの証券に市場価格が付いているとすれば，ポートフォリオ Y の市場価格がわかるので，この市場価格が資産 X の現在価値になる．

　金融工学では，この『きわめて単純な』アイデアを使って金融資産の価格付けを行なう．アイデアは単純であるが，実際に複製ポートフォリオを構築するためには高度な数学が必要になる．

　以下では，簡単な複製ポートフォリオの例を使って，価格付けの考え方を説明する．

例 1.1 ある大学に勤めている K さんの月給は 30 万円である．あるとき，学長から，コインを投げて表が出たら 40 万円，裏が出たら 20 万円を月給として支払いたいという提案を受けた．K さんはどうすべきか？ ただし，コインに歪みはないとする．

　この例では，学長が支払う月給の期待値は

$$40 \times 0.5 + 20 \times 0.5 = 30 \,万円$$

であり，これはこれまでの月給と同じである．しかし，K さんの立場に立てば，確実に 30 万円もらえる (これをタイプ A とする) のと，平均的に 30 万円もらえる (学長の提案をタイプ B とする) のでは意味が違うかもしれない．たとえば，毎月の生活費が最低 25 万円かかるとしたら，K さんにとって，給料の全額をコイン投げに賭けるというのはリスクが大きすぎるであろう．つまり，支払額は (税金などの影響を無視すれば) 平均的には同じであるが，受け取る側からすれば，リスクの存在により価値は低下するのである．逆にいうと，タイ

プBの支払い方法をタイプAと同程度に魅力的にするためには，Kさんが直面しているリスクで金額を調整する必要がある．この差額を**リスクプレミアム** (risk premium) と呼ぶ．

以上の議論でリスクプレミアムの存在は理解できたが，ではリスクプレミアムはいくらであるべきか？この疑問に答えることが本書の目的であるが，ここでは簡単化のため，以下のような証券が存在すると仮定する．

証券 H： Kさんの投げたコインが表だったら1万円支払う
証券 T： Kさんの投げたコインが裏だったら1万円支払う

さらに，ある証券会社が（何らかの方法で）これらの証券にそれぞれ q_H, q_T という価格を付けたとする．もちろん，価格なので $q_H, q_T > 0$ である．また，これらの証券を1枚ずつ買っておけば確実に1万円を手に入れることができるので，$q_H + q_T = 1$ 万円 が成立するはずである．そうでなければ，裁定機会が存在する．すなわち

$$q_H + q_T = 1; \qquad q_H, q_T > 0 \tag{1.1}$$

ただし，金利の影響は無視することにし，お金の単位を1万円とする．

さて，このような証券が存在する場合には，学長が提案したタイプBの月給は

ポートフォリオ C： 証券 H を 40 枚, 証券 T を 20 枚

と同じである．なぜならば，ポートフォリオCでは，コインが表ならば（証券Hを40枚持っているので）40万円を，コインが裏ならば（証券Tを20枚持っているので）20万円を手に入れることができるからである．したがって，裁定機会を排除するためには，タイプBの月給の価値はこの複製ポートフォリオCの価値

$$(40 \times q_H + 20 \times q_T) \text{万円} \tag{1.2}$$

に等しくなければならない．

ところで，(1.1) を満たす q_H, q_T は確率とみなせるので，タイプBの月給の価値 (1.2) は，この（リスクで調整された）確率による期待値と考えることができる．もし証券Tへの需要がコインの裏が出た場合のリスクヘッジであるとすれば，証券Tの価格は証券Hの価格よりも高くなるはずである．すなわち，

リスク回避的な経済主体が支配している市場では $q_T > q_H$ となることが予想される．たとえば，$q_T = 0.6, q_H = 0.4$ とすれば，タイプBの月給の価値は

$$40 \times 0.4 + 20 \times 0.6 = 28 \text{ 万円}$$

と評価される．この場合，Kさんは学長の提案を却下すべきである．つまり，リスクのある資産の価値評価は，キャッシュフローの単なる期待値ではなく，リスクで調整された確率 q_H, q_T による期待値 (1.2) で与えられる．以下では，この確率を**リスク中立確率**（risk-neutral probability）と呼ぶ．理由については後述する．

ここまでの価格付け原理を確認しておこう．タイプBの月給の価値を決める際に考えるべき状態はコインの表（これをHとする）と裏（これをTとする）だけである．証券Hと証券Tはこれらの状態が生起したときそれぞれ1単位円（1万円）を与える証券であり，このような証券を**アロー・デブリュー証券**（Arrow–Debreu security）と呼ぶ．上の例では，アロー・デブリュー証券の現在価値（この場合は，リスク中立確率）をそれぞれ q_H, q_T と仮定した．このとき，タイプBのキャッシュフローは証券Tを20枚，証券Hを40枚保有することと同じであったから，タイプBの価値は (1.2) で与えられた．

一般に，考えるべき状態を $\omega_i, i = 1, 2, \ldots, n$ とし，ω_i に対するアロー・デブリュー証券の価格を $\pi_i > 0$，状態 ω_i が生起したときのキャッシュフローを x_i とすれば，このキャッシュフロー (x_i) の現在価値は

$$\pi = \sum_{i=1}^{n} x_i \pi_i$$

で与えられる．そうでなければ裁定機会が存在する．各自で確認せよ．

リスク証券（risky secuirty）は状態に依存してキャッシュフローが決まるのに対して，どのような状態が生起しても確実に1単位円を得る証券（すべての i について $x_i = 1$）を**無リスク証券**（risk-free secuirty）と呼び，その収益率を**無リスク金利**（risk-free rate）と呼ぶ．すなわち，無リスク証券は，すべてのアロー・デブリュー証券を1単位ずつ保有することと同じであるから，π_i は以下の条件を満たさなければならない．

$$\sum_{i=1}^{n} \pi_i = R^{-1}, \qquad \pi_i > 0$$

ただし，無リスク金利を $r > 0$ とし $R = 1 + r$ とおいた．したがって，$q_i = R\pi_i$ とおくことで，q_i は確率の性質

$$\sum_{i=1}^{n} q_i = 1, \qquad q_i > 0$$

を満たし，キャッシュフロー (x_i) の現在価値は

$$\pi = R^{-1} \sum_{i=1}^{n} x_i q_i \tag{1.3}$$

で与えられることになる．$Q = (q_i)$ はリスク中立確率と呼ばれる．また，$X(\omega_i) = x_i$ とすれば，X は将来発生するキャッシュフローを表わす確率変数である．

以上から，キャッシュフロー $X = (x_i)$ の現在価値 $\pi(X)$ は，リスク中立確率 $Q = (q_i)$ に関する期待値を使って

$$\pi(X) = R^{-1} E^Q[X] \tag{1.4}$$

と与えられることがわかった．すなわち，キャッシュフロー X の価値は，リスク中立確率に関する X の割引期待値である．

一方，状態 ω_i の（実際の）生起確率を p_i とし，

$$\rho(\omega_i) = \rho_i = \frac{q_i}{Rp_i}, \qquad i = 1, 2, \ldots, n \tag{1.5}$$

で定義される確率変数を ρ とする．ただし，簡単化のため $q_i, p_i > 0$ と仮定する．このとき，キャッシュフローの価値 (1.3) は，確率 $P = (p_i)$ を使って

$$\pi(X) = \sum_{i=1}^{n} x_i \rho_i p_i = E^P[\rho X] \tag{1.6}$$

と表現される[*2)]．仮定から，

$$\rho > 0, \qquad E^P[\rho] = \sum_{i=1}^{n} \rho_i p_i = R^{-1}$$

[*2)] (1.6) の表現のため，確率変数 ρ を**確率割引ファクター** (SDF: stochastic discount factor) と呼ぶことがある．

であることに注意しよう.

定義 1.3 (状態価格密度) (1.5) で定義される正の確率変数 ρ を**状態価格密度** (state price density) と呼ぶ.

以上の結果から,状態価格密度(同じことであるが,リスク中立確率またはアロー・デブリュー証券の価格)がわかればリスク資産の価格付けが可能となることが理解できた.したがって,リスク資産の価格付けにおける究極の目標は状態価格密度をどのようにして定めるかということである[*3].次節では,二項モデルと呼ばれる単純なモデルを使って,状態価格密度が外生変数だけで定まる例を示す.他の例については 4.2 節を参照せよ.

ところで, (1.4) と (1.6) から,

$$E^Q[X] = RE^P[\rho X], \qquad \rho(\omega_i) = \frac{q_i}{Rp_i} \qquad (1.7)$$

が成立する. (1.7) は正の確率変数 ρ を使って,確率 P をリスク中立確率 Q に変換したと解釈できる.このように,確率測度をある条件を満たす確率変数により変換することを**測度変換** (change of measure) と呼ぶ.したがって,リスク資産の価格付けにおける目標は「適切な測度変換を定めること」と言い換えることも可能である.資産の価格付け問題を測度変換という切口から説明することが本書の目的である.

1.2 二項モデル

本節では,状態価格密度が外生変数だけで定まる例を考える.例 1.1 を少し変更した次の例を考えよう.

例 1.2 例 1.1 と同じ状況で,学長からの提案は,TOPIX(東証株価指数)の明日の終値が今日の終値に比べて上昇したら 40 万円,下落したら 20 万円を月

[*3] 後述するように,状態価格密度は需給関係に基づく均衡から定まる場合もあれば,市場で観測可能な外生変数だけで決まる場合もある.また,実務では,CAPM などの概念を援用して近似的に状態価格密度を求めることもある.

給として支払うというものであったとする．Kさんはどうすべきか？ただし，TOPIX が上昇する確率は $p = 50\%$ であるとする．

例 1.1 との違いは，月給の金額をコインの表裏で決めるのではなく，市場で取引されている証券（TOPIX）の価格で決めるということである．このため，以下の議論では証券価格のモデル化がポイントとなる．本節では，議論を簡単にするために，以下の二項モデルを考える．

ある時点のリスク証券の価格を S としたとき，次時点のリスク証券価格は過去の変動とは独立に，上がって S の u 倍 (uS) になるか下がって S の d 倍 (dS) になるかの 2 通りだけだとする．ただし，裁定機会を排除するために

$$0 < d < R < u \quad (r > 0) \tag{1.8}$$

と仮定する（章末問題 1.1）．この 1 期間の変動を

$$S \begin{array}{c} \nearrow uS \\ \searrow dS \end{array} \tag{1.9}$$

と表わし，この**三角構造**をつなげた証券価格の変動モデルを**二項モデル**（binomial model）と呼ぶ．二項モデルはオプションの価格付けなどに利用されている．三角構造 (1.9) を 3 期間つなげた二項モデルを図 1.1 に描いた．このような単純なモデルでは実務で役に立たないと思うかもしれないが，二項モデルを少し拡張するだけで複雑なモデルを表現することができる．また，単純な分だけ金融

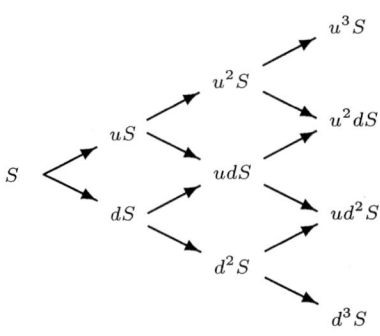

図 **1.1** 二項モデルにおけるリスク証券の価格変動（3 期間）

工学の原理を理解するのに適している．

さて，リスク証券価格 S が二項モデル (1.9) に従っているものとし，その上昇確率は $p = 50\%$ であるとする．価格付けの発想は前節のものとまったく同じである．前節では，タイプ B の月給のキャッシュフローをアロー・デブリュー証券を使って複製した．ここでは，リスク証券価格 S とキャッシュを使ってタイプ B の月給のキャッシュフローを複製する．

このためにリスク証券を x 枚，無リスク証券を B 単位円保有するというポートフォリオを考える．このポートフォリオがタイプ B の月給を複製するためには

$$\begin{cases} xuS + RB = 40 \\ xdS + RB = 20 \end{cases}$$

が成立していればよい．各自で確認せよ．これは 2 元連立方程式であり，$u \neq d$ のとき解が存在する．すなわち，

$$x = \frac{20}{(u-d)S}, \qquad B = \frac{1}{R}\left(40 - 20\frac{u}{u-d}\right)$$

つまり，複製ポートフォリオとして

ポートフォリオ D： リスク証券を x 枚，無リスク証券を B 単位円

を考えればよい．リスク証券の現在価格は S であるから，ポートフォリオ D の価値は

$$\pi_D = S \times \frac{20}{(u-d)S} + B = \frac{1}{R}\left(40 - 20\frac{u-R}{u-d}\right)$$
$$= \frac{1}{R}\left(40\frac{R-d}{u-d} + 20\frac{u-R}{u-d}\right)$$

となる．ここで，リスク中立確率を

$$q_u = \frac{R-d}{u-d}, \qquad q_d = \frac{u-R}{u-d} \qquad (1.10)$$

とおけば，タイプ B の月給の価値は (1.2) と同様に表わされる．すなわち

$$\pi_D = R^{-1}(40 \times q_u + 20 \times q_d) \text{ 万円}$$

したがって，

$$\rho_u = \frac{q_u}{pR}, \qquad \rho_d = \frac{q_d}{(1-p)R}$$

が状態価格密度であり,これらは外生変数 u, d, R, p だけで表現されることがわかる.もしポートフォリオ D の価値が $30R$ 万円より高ければ,K さんは学長の提案を受けるべきである.

リスク証券価格 S の変動は市場で観察できるので,その価格変動から直接,リスク中立確率(および状態価格密度)を定めよう.このために,リスク証券価格 S をアロー・デブリュー証券で複製する.すなわち,

ポートフォリオ E: 証券 ω_u を uS 枚,証券 ω_d を dS 枚

というポートフォリオを考える.ただし,二項モデルにおける上昇の状態を ω_u,下落の状態を ω_d とした.(1.3) から,このポートフォリオの価値は

$$\pi_E = R^{-1}(uSq_u + dSq_d)$$

であるが,リスク証券は市場で値付けされており,その価格は S である.したがって,($\pi_E = S$ であるから)

$$uq_u + dq_d = R, \qquad q_u + q_d = 1 \tag{1.11}$$

となり,連立方程式 (1.11) を解くことで,リスク中立確率 (1.10) が再び得られる.

前節の結果との違いを明確にしておこう.前節では,状態価格密度を(ある証券会社が)何らかの方法で定めたと仮定したが,ここでは状態価格密度は無リスク金利 r と証券の価格変動を定める外生変数 u, d, p だけで表現されている.つまり,市場で取引可能な資産(ここでは無リスク金利と TOPIX)の価格変動から (1.11) を使ってリスク中立確率(すなわち,状態価格密度)が定まり,それを使うことで未知の資産(ここではタイプ B の月給)の価格が (1.4) により定まるのである[*4].

[*4] この場合,リスク中立確率はリスク証券の実際の上昇確率 p にも無関係に定まることに注意しよう.また,投資家(この場合は K さん)のリスク選好にも依存していない.

1.3 三項モデル

それでは，分岐が3つ以上ある場合，前節の議論はどうなるのであろうか？本節では以下の**三項モデル**（trinomial model）を考える．すなわち，ある時点のリスク証券価格を S としたとき，次時点のリスク証券価格は過去の変動とは独立に，上がって S の u 倍（uS）になるか下がって S の d 倍（dS）になるか，またはその中間の mS になるかの3通りであるとする．ただし $d < m < u$ である．つまり，

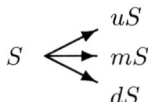

という変動を考える．この構造は三角構造 (1.9) の一般化と考えられるので，これをつなげることで，より複雑（かつ精緻）なモデルを表現することができる．2期間の三項モデルを図 1.2 に描いた．

さて，例 1.2 における学長の提案を以下のように変更する．

例 1.3 TOPIX の価格変動が三項モデルに従うとき，学長からの提案は，TOPIX が上昇したら 40 万円，下落したら 20 万円，中間の場合には 30 万円を月給として支払うというものだったとする．K さんはどうすべきか？ ただし，TOPIX が上昇する確率は $p_u = 20\%$，下落する確率は $p_d = 20\%$，中間の確率は $1 - p_u - p_d = 60\%$

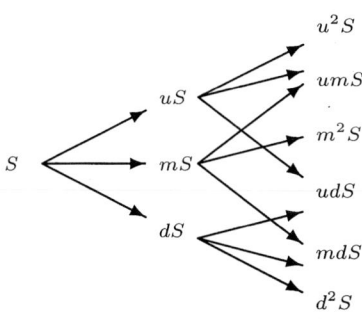

図 1.2 三項モデルにおけるリスク証券の価格変動（2期間）

とする．

例 1.3 の場合，タイプ B の月給の平均金額は

$$40 \times 0.2 + 30 \times 0.6 + 20 \times 0.2 = 30 \text{ 万円}$$

となり，二項モデルの場合と同じである．例 1.2 との違いは，市場で取引可能なリスク証券価格 S のモデルが異なることである．

まったく同様の考え方で価格付けに挑戦してみよう．すなわち，タイプ B の月給のキャッシュフローをリスク証券価格 S と無リスク証券を使って複製する．このためにリスク証券を x 枚，無リスク証券を B 単位円保有するというポートフォリオを考える．このポートフォリオが月給を複製するためには

$$\begin{cases} xuS + RB = 40 \\ xmS + RB = 30 \\ xdS + RB = 20 \end{cases}$$

が成立していればよい．各自で確認せよ．ところが，この連立方程式には方程式が 3 本あるのに対して未知数は 2 つしかない．この連立方程式に解が存在するためには

$$\frac{40-20}{u-d} = \frac{40-30}{u-m} = \frac{30-20}{m-d} \tag{1.12}$$

が成立することが必要十分である（章末問題 1.2）．すなわち，例 1.3 のキャッシュフローを三項モデルに従う証券価格 S とキャッシュで複製するためには，ファクター (u, m, d) が条件 (1.12) を満たさなければならないことがわかる．さもなければ複製できない．さらに，その条件を満たす場合の複製ポートフォリオは

$$x = \frac{40-30}{(u-m)S}, \qquad B = \frac{u \times 30 - m \times 40}{(u-m)R}$$

で与えられ，複製ポートフォリオの価値は

$$\hat{\pi}_D = S \times \frac{10}{(u-m)S} + B = \frac{1}{R}\left(40 - 10\frac{u-R}{u-m}\right)$$

となる．複製可能性の条件 (1.12) の下では

$$\hat{\pi}_D = \frac{1}{R}\left(40 - 20\frac{u-R}{u-d}\right)$$

となり，価格は二項モデルの場合と同じになることに注意しよう．

この結果は一見奇妙にみえるかもしれない．なぜならば，上昇ファクター u と下落ファクター d が同じである限り，中間ファクター m は複製可能性の条件 (1.12) を定めるだけで，価格には寄与しないからである．しかし，この結果は，3 つの状態を持つ経済を 2 つの資産で複製できるとした場合を考えたためであって，そもそも『不確実性の状態数より少ない資産でリスク証券を複製できるのか』という問題を考える必要がありそうである．

このために，リスク証券価格 S の価格変動から一意的に状態価格密度を定めることができるのかという問題を考えてみよう．すなわち，リスク証券価格 S をアロー・デブリュー証券で複製する．二項モデルの場合と同様に，状態 $(\omega_u, \omega_m, \omega_d)$ に対応するアロー・デブリュー証券を考え，リスク中立確率を $(q_u, 1-q_u-q_d, q_d)$ とする．ただし，$q_u + q_d < 1$ である．リスク証券は市場で値付けされており，その現在価格が S であることに注意すると，

$$uq_u + m(1 - q_u - q_d) + dq_d = R, \qquad q_u + q_d < 1 \tag{1.13}$$

が成立していなければならない．もちろん，条件 (1.13) を満たすリスク中立確率は無数に存在する．二項モデルの場合と比較せよ．

では，仮に条件 (1.13) を満たす確率が一つ定まったとしよう．このとき，タイプ B の月給の価値は，(1.4) より

$$\hat{\pi}_D = R^{-1}(40 \times q_u + 30 \times (1 - q_u - q_d) + 20 \times q_d)\,\text{万円}$$

で与えられる．条件 (1.13) を使って，この式を変形すると

$$\hat{\pi}_D = \frac{1}{R}\left[40 - 10\frac{u-R}{u-m} + \left(\frac{10}{u-m} - \frac{10}{m-d}\right)(m-d)q_d\right] \tag{1.14}$$

となるが（章末問題 1.3），複製可能性条件 (1.12) の下では，この価格は二項モデルの価格に等しく，確率 q_d の選び方には依存しない．

ここまでの結果をまとめておこう．二項モデルでは，リスク中立確率（すなわち，状態価格密度）は (1.11) から外生変数だけで一意に表現され，これを使

うことで別のリスク証券の価格付けが可能であった．一方，三項モデルでは，条件 (1.13) を満たすリスク中立確率は無数にあり，外生変数だけでこれを決定することはできない．つまり，何らかの方法で状態価格密度を決定する必要があり，これが定まれば価格は (1.14) で与えられる．この際，リスク中立確率の選び方により価格が異なることに注意しよう[*5)]．すなわち，別の要因（たとえば，投資家のリスク回避度の大きさ，流動性要因など）が状態価格密度に反映されるのである．もちろん，リスク調整を行わない状態価格密度を選ぶこともできるが[*6)]，この場合には，投資家は**リスク中立的**（risk-neutral）であると考えられる．$Q = (q_j)$ をリスク中立確率と呼ぶ理由は，まさにここにある．より詳しい説明を 4.2 節で与える．

1.4　無裁定価格とマルチンゲール

ここまでの議論を拡張するために，本節では以下の 1 期間モデルを考える．多期間へは（二項モデルの場合と同様に）自然に拡張される．

現時点を $t = 0$ とし，次時点 $t = 1$ における状態を $\omega_j, j = 1, 2, \ldots, N$ とする．市場には M 個のリスク証券が存在し，時点 t での価格をそれぞれ $S_i(t), i = 1, 2, \ldots, M$ と書く．$S_i(1)$ は確率変数であり，各証券の実現価格を

$$s_{ij}(1) = S_i(1; \omega_j)$$

とおく．ただし，これらの証券からの配当はないとする[*7)]．さらに，無リスク証券を $S_0(t)$ とする．無リスクとは $S_0(1; \omega_j) = RS_0(0)$ がすべての状態 ω_j に対して成立することで，$r = R - 1$ は無リスク金利である．また，$S_0(0) = 1$ とし（未知の）状態価格密度を $\rho_j, j = 1, 2, \ldots, N$ とする．

定義 1.4（マルチンゲール確率） 確率 $\tilde{q}_j, j = 1, 2, \ldots, N$ が**マルチンゲール確率**（martingale probability）であるとは，すべての証券において

[*5)] この任意性にもかかわらず，複製可能ならば無裁定条件から価格は一意に定まる．
[*6)] この場合 $q_u = p_u, q_d = p_d$ であるから，状態価格密度は $\rho_u = \rho_m = \rho_d = R^{-1}$ となる．
[*7)] 配当込み価格（cum-dividend price）を考えてもよい．以下，本書では，特に断らない限り，証券に配当はないとする．

1.4 無裁定価格とマルチンゲール

$$S_i(0) = R^{-1} E^{\tilde{Q}}[S_i(1)] = R^{-1} \sum_{j=1}^{N} s_{ij}(1)\tilde{q}_j, \qquad i = 0, 1, \ldots, M$$

が成立することである.ここで $E^{\tilde{Q}}$ は確率 $\tilde{Q} = (\tilde{q}_j)$ に関する期待値を表わす.さらに,マルチンンゲール確率 $\tilde{q}_j$, $j = 1, 2, \ldots, N$ がすべて正である ($\tilde{q}_j > 0$, $j = 1, 2, \ldots, N$) とき,$\tilde{Q}$ を**同値マルチンゲール確率** (equivalent martingale probability) という.

前述の二項モデルでは,リスク証券 S をアロー・デブリュー証券で複製することでリスク中立確率 $Q = (q_j)$ を求めたが,その求め方から,Q は同値マルチンゲール確率であることがわかる.すなわち,リスク中立確率 Q の定義から,証券 i の無裁定価格は

$$S_i(0) = \frac{1}{R} \sum_{j=1}^{N} s_{ij}(1) q_j, \qquad 1 = \sum_{j=1}^{N} q_j \tag{1.15}$$

で与えられるが,これは q_j がマルチンゲール確率であることを示している.各自で確認せよ.

さて,本節における目的は以下の2つの定理を証明することである.これらの結果は**資産価格の基本定理** (fundamental theorems of asset pricing) と呼ばれ,金融工学における最も重要な結果である.

証券 i の保有枚数(保有比率ではない)を w_i とし,このポートフォリオの現時点における価格を

$$P^w(0) = \sum_{i=0}^{M} w_i S_i(0)$$

時点 $t = 1$ における将来価値を

$$P^w(1) = \sum_{i=0}^{M} w_i S_i(1)$$

で表わす.もちろん,将来価値 $P^w(1)$ は確率変数であるから,その実現値は状態 ω_j ごとに異なり,

$$P_j^w(1) = \sum_{i=0}^{M} w_i s_{ij}(1), \qquad j = 1, 2, \ldots, N$$

で与えられる．ただし，仮定から $s_{0j}(1) = R, j = 1, 2, \ldots, N$ である．

まず，裁定機会（定義 1.1）に厳密な定義を与えておく．

定義 1.5 (裁定機会) 市場に裁定機会が存在するとは，次のいずれかの条件を満たすポートフォリオ $\mathbf{w} = (w_i)$ が存在することである．

1. $P^w(0) \leq 0$, かつすべての j に対して $P_j^w(1) \geq 0$ で少なくとも 1 つの j に対して $P_j^w(1) > 0$
2. $P^w(0) < 0$, かつすべての j に対して $P_j^w(1) \geq 0$

特に，2. を満たすポートフォリオ $\mathbf{w}$ が存在するとき，強い意味の裁定機会が存在するという．

以下では，これらの変数を行列形式で表現すると便利なので，$\mathbf{S}(1) = (s_{ij}(1))$ を $(M+1) \times N$ 行列，$\boldsymbol{\pi} = (\pi_j)$ を確率分布を表わす N 次のベクトル，$\mathbf{w} = (w_i)$ をポートフォリオを表わす $(M+1)$ 次のベクトル，などとおく．このとき，裁定機会が存在する（定義 1.5）とは

$$\mathbf{w}^\top \mathbf{S}(0) \leq 0, \ \mathbf{w}^\top \mathbf{S}(1) \gneq \mathbf{0} \quad \text{または} \quad \mathbf{w}^\top \mathbf{S}(0) < 0, \ \mathbf{w}^\top \mathbf{S}(1) \geq \mathbf{0} \quad (1.16)$$

を満たすベクトル $\mathbf{w}$ が存在することである．ただし $\mathbf{0}$ はすべての要素が 0 のベクトルを表わす．特に，強い意味の裁定機会が存在するとは

$$\mathbf{w}^\top \mathbf{S}(0) < 0, \ \mathbf{w}^\top \mathbf{S}(1) \geq \mathbf{0}$$

を満たすベクトル $\mathbf{w}$ が存在することである．

次の定理は資産価格の第一基本定理と呼ばれ，非常に有用な結果である．

定理 1.1 (第一基本定理) 市場に裁定機会が存在しないことと同値マルチンゲール確率（すなわち，状態価格密度）が存在することは同値である．

有限状態，有限資産のセッティングでは，定理 1.1 は次の Stiemke の補題の言い換えにすぎない．

補題 1.1 (Stiemke) $m \times n$ 行列 $\mathbf{A}$ と m 次元ベクトル $\mathbf{b}$ が与えられたとき，以下のいずれかが成立し，かつ同時に成立することはない．

1. ($\mathbf{Ax} = \mathbf{b}$ かつ $\mathbf{x} > \mathbf{0}$) を満たす n 次元ベクトル $\mathbf{x}$ が存在する．
2. ($\mathbf{y}^\top \mathbf{b} \leq 0$ かつ $\mathbf{y}^\top \mathbf{A} \geq \mathbf{0}$) または ($\mathbf{y}^\top \mathbf{b} < 0$ かつ $\mathbf{y}^\top \mathbf{A} \geq \mathbf{0}$) を満たす m 次元ベクトル $\mathbf{y}$ が存在する．

補題 1.1 における 1. の n 次元ベクトル $\mathbf{x}$ が同値マルチンゲール確率に対応し，2. の m 次元ベクトル $\mathbf{y}$ が裁定機会のポートフォリオに対応する．これらの条件と定義が対応していることを各自で確認せよ．

Stiemke の補題は，しばしば次のような形で記述される．詳細は Ben-Israel (2001) を参照せよ．

「条件 $N(\mathbf{A}) \cap \mathbb{R}^n_{++} \neq \phi$ と条件 $N(\mathbf{A})^\perp \cap \mathbb{R}^n_+ = \{\mathbf{0}\}$ は同値である」

ここで，$N(\mathbf{A}) = \{\mathbf{x} \in \mathbb{R}^n : \mathbf{Ax} = \mathbf{0}\}$ (行列 $\mathbf{A}$ の核), $N(\mathbf{A})^\perp = \{\mathbf{x} \in \mathbb{R}^n : \mathbf{z}^\top \mathbf{x} = 0, \mathbf{z} \in N(\mathbf{A})\}$ (核 $N(\mathbf{A})$ の直交補空間), $\mathbb{R}^n_+ = \{\mathbf{x} \in \mathbb{R}^n : \mathbf{x} \geq \mathbf{0}\}$, $\mathbb{R}^n_{++} = \{\mathbf{x} \in \mathbb{R}^n : \mathbf{x} > \mathbf{0}\}$ である．

$n = 2$ の場合には，$\mathbb{R}^2$ 内の部分線形空間 $N(\mathbf{A})$ の次元について，0 (点), 1 (直線), 2 (平面) で場合分けし，グラフを描いて考えれば理解できる．たとえば，$N(\mathbf{A})$ が (原点を通る) 直線の場合には，

直線の傾きが正 ⇔ $N(\mathbf{A}) \cap \mathbb{R}^2_{++} \neq \phi$ かつ $N(\mathbf{A})^\perp \cap \mathbb{R}^2_+ = \{\mathbf{0}\}$

傾きが負, 0, 無限大 ⇔ $N(\mathbf{A}) \cap \mathbb{R}^2_{++} = \phi$ かつ $N(\mathbf{A})^\perp \cap \mathbb{R}^2_+ \neq \{\mathbf{0}\}$

であるから，上記 2 条件は同値である．

また，線形代数の基本的事実から，核の直交補空間 $N(\mathbf{A})^\perp$ は行列 $\mathbf{A}^\top$ の像 $R(\mathbf{A}^\top)$ に等しい，すなわち

$$N(\mathbf{A})^\perp = R(\mathbf{A}^\top) \equiv \{\mathbf{x} \in \mathbb{R}^n : \mathbf{Az} = \mathbf{x}, \mathbf{z} \in \mathbb{R}^m\}$$

であることに注意すれば，上記の主張は「条件 $N(\mathbf{A}) \cap \mathbb{R}^n_{++} \neq \phi$ と条件 $R(\mathbf{A}^\top) \cap \mathbb{R}^n_+ = \{\mathbf{0}\}$ は同値である」となり，$\mathbf{b} = \mathbf{0}$ の場合の補題 1.1 と同じである．

マルチンゲール確率に $q_j = 0$ の可能性を許すと裁定機会を排除できない．章末問題 1.4 を参照せよ．市場に強い意味の裁定機会が存在しないこと (弱い意味の無裁定) とマルチンゲール確率 (同値マルチンゲール確率とは限らない) が

存在することが同値であることは，Farkasの補題[*8)]によりいえる．証明は章末問題1.5とする．強い意味の裁定機会については，LeRoy and Werner (2000)または津野(2003)を参照せよ．

裁定機会が永遠に存続することはない．裁定機会があれば，巧くポジションを作ることで必ず利益をあげることができる．多くの人が，割高なものを売却し割安なものを購入すれば，需給の関係から，割高な商品の価格は下がり割安な商品の価格は上がるであろう．このように，裁定機会が存在する経済は不安定であり，いずれ裁定機会は解消へと向かうであろう．このことから，裁定機会のない経済をベンチマークとして想定することに異論はないはずである．以下，本書では裁定機会は存在しないと仮定する．したがって，第一基本定理により同値マルチンゲール確率，すなわち状態価格密度が存在することになる．

例 1.4 図1.3の2期間二項モデルを考えよう．ただし無リスク金利は$0(R=1)$とする．多期間モデルにおける状態ω_jとは現時点$t=0$から満期（時点$t=2$）までの経路を指す．この証券の時点t，状態ω_jにおける価格を$S_j(t)$とすると，上から1番目の経路ω_1と2番目の経路ω_2は時点$t=1$では一致するので$S_1(1)=S_2(1)$である．同様に$S_3(1)=S_4(1)$である．また，この証券の満期（時点$t=2$）におけるペイオフを$X(\omega_j)$とすれば，満期においてはもちろん$S_j(2)=X(\omega_j)$である．図中の矢印上に書かれている数値が各ノードにおけるマルチンゲール確率である．これらのマルチンゲール確率と満期におけるペイオフ$X(\omega_j)$が図中の右端にあるように与えられたとき，各状態，各時点におけ

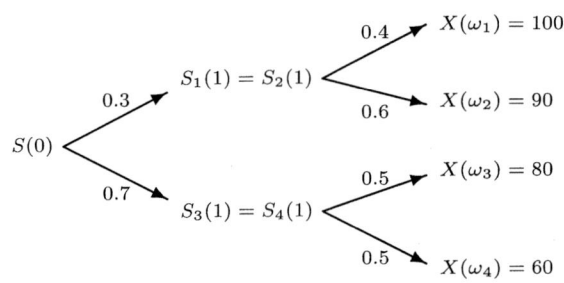

図 **1.3** 二項モデルにおける状態価格密度（2期間）

[*8)] Farkasの補題はStiemkeの補題よりやや弱い命題である．

る証券価格 $S_j(t)$ を求めてみよう．時点 $t=1$ における価格は状態ごとに異なるが，(1.15) から，マルチンゲール確率を用いて満期 $t=2$ のペイオフの割引価値の期待値を取ることにより

$$S_1(1) = S_2(1) = 100 \times 0.4 + 90 \times 0.6 = 94$$
$$S_3(1) = S_4(1) = 80 \times 0.5 + 60 \times 0.5 = 70$$

となる．価格 $S(1)$ は現時点 $t=0$ では確率変数であり，その実現値は状態に依存して異なる．さらに，時点 $t=0$（現時点）における価格は，ふたたび (1.15) から，時点 $t=1$ の価格を割り引くことにより

$$S(0) = 94 \times 0.3 + 70 \times 0.7 = 77.2$$

となる．三項モデルにおける価格付けの例は章末問題 1.6 とする．この章末問題は重要なので各自で確認すること．

ところで，三項モデル（1.3 節）で説明したように，状態価格密度が存在したとしても，すべてのリスク証券に複製ポートフォリオが存在するという保証はない．ここまでに述べてきたように，誰もが納得する価格付けの原理は，「市場性のある複製ポートフォリオを見つけて，その複製ポートフォリオの市場価格をリスク証券の価格とする」というものであった．したがって，複製ポートフォリオがつねに存在するための条件に興味があることになる．

定義 1.6 (完備市場) すべてのリスク証券がある自己充足的[*9)]な取引戦略によって複製されるとき，市場は**完備** (complete) であるという．

市場の完備性を調べるために，上述の 1 期間モデルで記述される市場を考えよう．満期（時点 $t=1$）におけるリスク証券のペイオフを $h_j = H(\omega_j)$ とす

[*9)] 多期間モデルでは，リスク証券を複製するために，複製ポートフォリオを組み替える必要が生じる．ポートフォリオの組替えに際して，新たな資金の流入や流出がないポートフォリオを**自己充足的** (self-financing) と呼ぶ．連続時点モデルでは無限小期間を考えて，この無限小期間の終わりにポートフォリオを組み替えると考えれば，離散多期間モデルの自然な拡張として連続時点での自己充足的ポートフォリオを定義できる．詳細は森村・木島 (1991) を参照せよ．なお，連続時点では，裁定機会を排除するために取引戦略のクラスを制限する必要が生じる．詳細は Pliska (1997) を見よ．

る．このリスク証券が市場に存在する証券を使って複製されるとは，次の連立方程式に解 $\mathbf{x} = (x_i)$ が存在することである．

$$\mathbf{h}^\top = \mathbf{x}^\top \mathbf{S}(1), \qquad \mathbf{h} = (h_j) \qquad (1.17)$$

よって，すべてのベクトル $\mathbf{h} = (h_j)$ に対して連立方程式 (1.17) が解を持つことと，市場が完備であることは同値である．線形代数のよく知られた結果を使えば，このことは行列 $\mathbf{S}(1) = (s_{ij}(1))$ の階数（ランク）が N（状態の数）に一致するということである．つまり，市場で取引できる証券の数が不確実性の状態数よりも少ない場合には，市場は完備にはなり得ない[*10]．

一方，同値マルチンゲール確率の定義 (1.15) を $\mathbf{q} = (q_j)$ に関する連立方程式とみれば

$$\mathbf{S}(0) = \frac{1}{R}\mathbf{S}(1)\mathbf{q} \qquad (1.18)$$

であるが，現在の価格 $\mathbf{S}(0)$ は市場で（一意に）定まっており，価格行列 $\mathbf{S}(1)$ の階数が N（状態の数）であるから，この連立方程式を満たす解 $\mathbf{q}$ は一意である．したがって，以下の結果（資産価格の第二基本定理）が得られた．

定理 1.2（第二基本定理） 市場に裁定機会は存在しないとする．このとき，市場が完備であることと同値マルチンゲール確率（すなわち，状態価格密度）が唯一つ存在することは同値である．

例 1.5 リスク証券は 1 つとし，価格変動は 2 期間二項モデルに従うと仮定しよう．各状態における分岐が 2 つで証券数が 2 つ（リスク証券が 1 つで無リスク証券も 1 つ）なので，条件 (1.8) の下で市場は完備である．よって，第二基本定理から，同値マルチンゲール確率は一意に定まる．このことを確認しよう．まず，ノード uS における価格ベクトルと次時点 $t = 2$ における価格行列は，それぞれ

$$\mathbf{S}_u(1) = \begin{pmatrix} R \\ uS \end{pmatrix}, \qquad \mathbf{S}_u(2) = \begin{pmatrix} R^2 & R^2 \\ u^2 S & udS \end{pmatrix}$$

[*10] 現実の経済には不確実性（リスク）は無数にある一方で，市場で取引できる資産は高々数千程度である．

1.4 無裁定価格とマルチンゲール

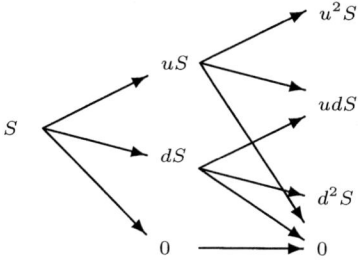

図 1.4 デフォルトの可能性があるリスク証券の価格変動

で与えられる．したがって，連立方程式 (1.18) を解くことで，ノード uS における同値マルチンゲール確率は (1.10) に一致することがわかる．他のノードについても同様である[*11]．各自で確認せよ．

例 1.6 例 1.5 と同じ二項モデルに従う 1 つのリスク証券を考えるが，この例ではデフォルトの可能性があるとしよう．図 1.4 にあるように，この場合には各状態における分岐が 3 つあるので，2 つの証券しかない市場は完備ではない．

そこで，市場に新たに**デフォルトスワップ**（default swap）が導入されたとする．デフォルトスワップとは，リスク証券がデフォルトした場合に一定額（この例では S 円とする）を支払うというデリバティブである．デフォルトスワップの市場価格が $\lambda S/R$ であるとすれば，価格ベクトルと次時点における価格行列は，それぞれ

$$\mathbf{S}(0) = \begin{pmatrix} 1 \\ S \\ \lambda S/R \end{pmatrix}, \quad \mathbf{S}(1) = \begin{pmatrix} R & R & R \\ uS & dS & 0 \\ 0 & 0 & S \end{pmatrix}$$

となる．ただし，リスク証券がデフォルトした場合には価値がなくなるものと仮定した．連立方程式 (1.18) を解くと，マルチンゲール確率は

$$q_u = \frac{R - d(1-\lambda)}{u - d}, \quad q_d = \frac{u(1-\lambda) - R}{u - d}, \quad q_F = \lambda$$

となる．ここで，デフォルトの状態を F とした．例 1.5 のマルチンゲール確率

[*11] この議論においては，各ノードで金利および上昇ファクター，下落ファクターが異なっていても構わない．ポイントはあくまでも各ノードごとに連立方程式 (1.18) が成立していることである．

と比較せよ．ところで，同値マルチンゲール確率は正でなければならないので，市場が完備であるための必要十分条件は，

$$0 < \lambda < 1, \qquad d(1-\lambda) < R < u(1-\lambda)$$

である．$q_F = \lambda$ はリスク調整後の（市場の投資家が想定する）デフォルト確率と考えられる．したがって，デフォルトしないという条件の下でのリスク中立確率は

$$q_u^\lambda = \frac{R - d(1-\lambda)}{(u-d)(1-\lambda)}, \qquad q_d^\lambda = \frac{u(1-\lambda) - R}{(u-d)(1-\lambda)}$$

となり，これは上昇ファクターを $u(1-\lambda)$，下落ファクターを $d(1-\lambda)$ とした二項モデルに一致する．

章末問題

問題 1.1 二項モデルにおいて $0 < d < u < R$ のとき裁定機会が存在することを示せ．$0 < R < d < u$ の場合はどうか？

問題 1.2 (1.12) が成立することを確認せよ．

問題 1.3 (1.14) が成立することを示せ．

問題 1.4 リスク証券と無リスク証券が取引される1期間モデルを考える．無リスク金利は $r = R - 1$ であり，リスク証券価格 S の変動は次の二項モデルに従う．ここで，$0 < d < R$ である．

$$S \begin{array}{c} \nearrow RS \\ \searrow dS \end{array}$$

このとき，以下を示せ．

1. 関係式

$$S(0) = R^{-1} E^Q[S(1)]$$

を満たすマルチンゲール確率 $Q = (q_j)$ を求めよ．
2. 裁定機会があることを示せ．

問題 1.5 (Farkasの補題) $m \times n$ 行列 $\mathbf{A}$ と m 次元ベクトル $\mathbf{b}$ が与えられたとき，以下のいずれかが成立し，かつ同時に成立することはないことを証明せよ．

1. ($\mathbf{Ax} = \mathbf{b}$ かつ $\mathbf{x} \geq \mathbf{0}$) を満たす n 次元ベクトル $\mathbf{x}$ が存在する．
2. ($\mathbf{y}^\top \mathbf{b} < 0$ かつ $\mathbf{y}^\top \mathbf{A} \geq \mathbf{0}$) を満たす m 次元ベクトル $\mathbf{y}$ が存在する．

問題 1.6 以下の 2 期間三項モデルでは $t=2$ におけるリスク証券のキャッシュフローとその状態 ω_j が生起するリスク中立確率 $q(\omega_j)$ が与えられている．無リスク金利は 0 とする．$t=0$ および $t=1$ における証券価格 S_0, S_1, S_2, S_3 を求めよ．

ω	ω_1	ω_2	ω_3	ω_4	ω_5	ω_6	ω_7	ω_8	ω_9
$t=0$	S_0	S_0	S_0	S_0	S_0	S_0	S_0	S_0	S_0
$t=1$	S_1	S_1	S_2	S_2	S_1	S_3	S_2	S_3	S_3
$t=2$	110	105	105	100	95	95	90	90	80
$q(\omega)$	0.10	0.05	0.10	0.25	0.15	0.10	0.10	0.05	0.10

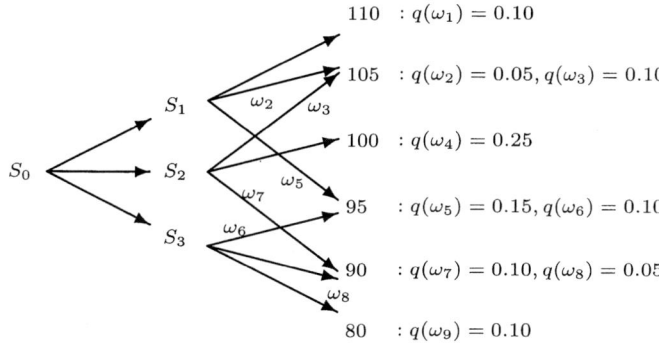

2 正の確率変数による測度変換

前章では,リスク資産の価格付けのためには,現実の生起確率をリスク中立確率に変換(測度変換)する必要のあることを学んだ.また,本章以降で説明するように,測度変換を利用すると,期待値の評価が簡単になることが多い.価格付けは期待値計算に帰着されることを思い出そう.このように,測度変換の考え方は金融工学において極めて重要な役割を果たす.本章と次章では,測度変換の基本的なアイデアを説明する.

2.1 測度変換と価格付け

確率空間 $(\Omega, \mathcal{F}, P)$ 上に定義された正で可積分な確率変数 η に対して,集合関数 $Q : \mathcal{F} \to \mathbb{R}$ を

$$Q(A) = \frac{E^P[1_A \eta]}{E^P[\eta]}, \qquad A \in \mathcal{F} \tag{2.1}$$

と定義する.ただし,E^P は確率測度 P に関する期待値を表わす.$\eta > 0$ であるから $Q(A) \geq 0$ であり,$1_A \leq 1$ であるから $Q(A) \leq 1$ である.また,Q は可算加法性(定義 A.2 を見よ)を満たすので Q は確率測度である(章末問題 2.1).すなわち,正で可積分な確率変数 η を使って,(2.1) により P から Q へ確率測度が変換された.これが測度変換の基本的な考え方である.本書では,変換 (2.1) をいろいろな切口から分析していくことになる.

ところで,η の正値性を保証するためには,指数関数を利用すると便利である.すなわち,任意の確率変数 X に対して $\eta = \mathrm{e}^{\lambda X} > 0$ とおく.このとき,測度変換 (2.1) は

$$Q(A) = \frac{E^P[1_A e^{\lambda X}]}{E^P[e^{\lambda X}]}, \qquad A \in \mathcal{F} \tag{2.2}$$

となる．測度変換 (2.2) は**エッシャー変換**（Esscher transform）と呼ばれ，アクチュアリー（保険数理）などで利用されている．

$\eta > 0$ は可積分と仮定しているので，$\eta' = \eta/E^P[\eta]$ とおくことで $E^P[\eta'] = 1$ となり，最初から $E^P[\eta] = 1$ と仮定しても一般性は失われない．以下では，記述の簡単化のため，$E^P[\eta] = 1$ と仮定する．このとき，変換 (2.1) は

$$Q(A) = E^P[1_A \eta], \qquad A \in \mathcal{F} \tag{2.3}$$

となる．

さて，測度変換 (2.3) を期待値の積分形式で表現しよう．期待値の詳細については付録 A.2 を参照せよ．

左辺が $Q(A) = E^Q[1_A]$ であることに注意すると，(2.3) は

$$\int_A Q(d\omega) = \int_A \eta(\omega) P(d\omega), \qquad A \in \mathcal{F} \tag{2.4}$$

と書ける．これがすべての $A \in \mathcal{F}$ に対して成立するので，

$$\eta(\omega) = \frac{Q(d\omega)}{P(d\omega)} \quad \text{a.s.}$$

であることがわかる[*1]．この確率変数を $\eta = dQ/dP$ と表わし，η を**ラドン・ニコディム微分**（Radon–Nikodym derivative）と呼ぶ[*2]．η は正かつ可積分であるから，$\eta^{-1} = dP/dQ$ も正かつ可積分である．よって，$P(A) > 0$ ならば $Q(A) > 0$ であり，逆も成立する．このような確率測度 P と Q を互いに同値であるという．

定義 2.1 (同値な確率測度) 可測空間 $(\Omega, \mathcal{F})$ 上の 2 つの確率測度 P と Q が，すべての $A \in \mathcal{F}$ に対して $P(A) > 0 \Leftrightarrow Q(A) > 0$ となるとき，確率測度 P と Q は**同値**（equivalent）であるという．

定理 2.1 (Radon–Nikodym) 同値な確率測度 P と Q に対して，(2.4) を満

[*1] $X = Y$ a.s. は事象 $\{\omega : X(\omega) = Y(\omega)\}$ の確率が 1 であることを表わす記号である．
[*2] (1.6) および (1.7) で価格付けのために用いられた状態価格密度 ρ は，定義式 (1.5) にあるとおり，$R\rho$ がリスク中立確率 Q の現実の生起確率 P に関するラドン・ニコディム微分である．

たす正で可積分な確率変数 η が唯一つ存在する．

定理 2.1 から，任意の同値な確率測度に対して測度変換がつねに可能となる．すなわち，現実の生起確率 P と価格付けに利用されるリスク中立確率 Q が同値ならば，正で可積分な状態価格密度 ρ が必ず存在する．

次に，測度変換を分布関数（または密度関数）の観点から眺めてみよう．確率変数 X と関数 $h(x)$ に対して期待値 $E^Q[h(X)]$ を考える．ただし，この期待値は存在するものとする．期待値の定義と (2.4) から，

$$E^Q[h(X)] = \int h(X(\omega))Q(\mathrm{d}\omega) = \int h(X(\omega))\eta(\omega)P(\mathrm{d}\omega) = E^P[\eta h(X)]$$

したがって，一般に，P から Q への測度変換を

$$E^Q[h(X)] = E^P[\eta h(X)] \tag{2.5}$$

と定義できる．ただし $\eta > 0$, $E^P[\eta] = 1$ である．実際，$h(X) = 1_A$ とおけば，(2.5) から (2.3) が得られる．

変換 (2.5) を分布関数を用いた積分形式で表現する．確率変数 η と X は独立とは限らないので，P に関する (η, X) の同時分布関数を $F^P(\eta, x)$, $\eta > 0$, $x \in \mathbb{R}$ とおく．このとき，(2.5) は

$$\int_{\mathbb{R}} h(x) F^Q(\mathrm{d}x) = \int_{\mathbb{R}} \int_0^\infty \eta h(x) F^P(\mathrm{d}\eta, \mathrm{d}x)$$

と表現されるが，関数 $h(x)$ は任意なので，

$$F^Q(\mathrm{d}x) = \int_0^\infty \eta F^P(\mathrm{d}\eta, \mathrm{d}x), \qquad x \in \mathbb{R} \tag{2.6}$$

が得られる．ただし $F^Q(x)$ は Q に関する X の分布関数である．つまり，測度変換 (2.3) は，確率変数 X の分布関数 $F^P(x) = \int_0^\infty F^P(\mathrm{d}\eta, x)$ を (2.6) で定義される分布関数 $F^Q(x)$ に変換する測度変換である．

もし η と X が独立ならば，(2.6) から

$$F^Q(\mathrm{d}x) = \int_0^\infty \eta F^P(\mathrm{d}\eta) F^P(\mathrm{d}x), \qquad x \in \mathbb{R}$$

であるが，$\int_0^\infty \eta F^P(\mathrm{d}\eta) = E^P[\eta] = 1$ なので $F^Q(x) = F^P(x)$ となり，これは自明な変換を与える測度変換である．

ラドン・ニコディム微分 η が X の関数で書けるとする.すなわち,ある関数 $\lambda(x) > 0$ により

$$\eta = \lambda(X), \qquad E^P[\eta] = 1$$

であると仮定しよう.このとき,測度変換 (2.5) は

$$E^Q[h(X)] = E^P[\lambda(X)h(X)] \tag{2.7}$$

となる.

P の下での X の密度関数が存在するとし,それを $f^P(x)$ とする.このとき,(2.6) から,X は Q の下でも密度関数を持ち,その密度関数 $f^Q(x)$ は

$$f^Q(x) = \lambda(x) f^P(x), \qquad x \in \mathbb{R} \tag{2.8}$$

で与えられる.仮定から $E^P[\lambda(X)] = 1$ なので,$\int_0^\infty f^Q(x)\mathrm{d}x = 1$ であることに注意しよう.

次の結果は,(2.8) で与えられる測度変換において,変換前の期待値と変換後の期待値の大小を比較する際に有用である.

定義 2.2 (尤度比順序) 確率変数 X_i の密度関数を $f_i(x)$, $i = 1, 2$ とする.尤度比 $f_1(x)/f_2(x)$ が x に関して単調非減少であるとき,X_1(または $f_1(x)$)は尤度比の意味で X_2(または $f_2(x)$)よりも大きいといい,$X_1 \geq_{\mathrm{lr}} X_2$ と書く.

尤度比順序に関して次の結果が知られている.詳細は Kijima and Ohnishi (1997) を参照せよ.

定理 2.2 2つの確率変数 X_1, X_2 において $X_1 \geq_{\mathrm{lr}} X_2$ ならば,X_1 は1次の確率優位の意味で X_2 よりも大きい[3].したがって,すべての単調非減少な関数 $h(x)$ に対して,$E[h(X_1)] \geq E[h(X_2)]$ が成立する.

(2.8) において $\lambda(x)$ が x に関して単調非減少(非増加)であるとき,X の Q に関する密度関数 $f^Q(x)$ は P に関する密度関数 $f^P(x)$ よりも尤度比の意味で

---

[3] 確率変数 X_i の分布関数を $F_i(x)$, $i = 1, 2$ とする.すべての x に対して $F_1(x) \leq F_2(x)$ が成立するとき,X_1 は1次の確率優位の意味で X_2 よりも大きいという.

大きく(小さく)なる.よって,このとき,X の期待値は P における評価よりも Q における評価のほうが大きい(小さい).

例 2.1 (ブラック・ショールズのモデルとエッシャー変換) この例では,以上の結果を利用してブラック・ショールズのモデルを考える.後述するように(例 4.1),ブラック・ショールズのモデルでは,株価と状態価格密度は,それぞれ

$$S(t) = Se^{(\mu-\sigma^2/2)t+\sigma z(t)}, \qquad \rho(t) = e^{-(r+\theta^2/2)t-\theta z(t)} \qquad (2.9)$$

で与えられる.ただし,$z(t)$ は標準ブラウン運動,

$$\theta = \frac{\mu - r}{\sigma}$$

はリスクの市場価格 (market pice of risk) である.各パラメータの意味については後述する.

価格付けの公式 (1.6) から,満期 T,行使価格 K のコールオプションの価格は

$$\pi(C) = E^P[\rho(T)\max\{S(T) - K, 0\}]$$

で与えられることに注意する.ここで $C = \max\{S(T) - K, 0\}$ である.また,これを測度変換の公式に当てはめるためにエッシャー変換 (2.2) を考える.すなわち,

$$\eta = \frac{e^{-\theta X}}{E^P[e^{-\theta X}]}$$

ただし $X = Z(T) \sim N(0, T)$ とおいた.公式 (A.14) から $E^P[e^{-\theta X}] = e^{\theta^2 T/2}$ となるので,(2.9) から,コールオプションの価格は

$$\pi(C) = e^{-rT} E^P\left[\eta \max\{Se^{(\mu-\sigma^2/2)T+\sigma X} - K, 0\}\right] \qquad (2.10)$$

で与えられる.各自で確認せよ.

(2.10) の右辺は測度変換 (2.5) そのものであるから,ブラック・ショールズのモデルでは,コールオプションの価格を

$$\pi(C) = e^{-rT} E^Q[h(X)], \qquad \frac{dQ}{dP} = \frac{e^{-\theta X}}{E^P[e^{-\theta X}]} \qquad (2.11)$$

と決定していることに他ならない[*4]. ただし,

$$h(x) = \max\left\{Se^{(\mu-\sigma^2/2)T+\sigma x} - K, 0\right\} \quad (2.12)$$

とおいた. 関数 $h(x)$ は x に関して単調非減少である. また, (2.8) から, Q の下での X の密度関数は

$$f^Q(x) = \frac{e^{-\theta x}}{E^P[e^{-\theta X}]} f^P(x), \qquad x \in \mathbb{R} \quad (2.13)$$

で与えられる. したがって, 定理 2.2 より, リスクの市場価格 θ が正ならば,

$$\pi(C) = e^{-rT} E^Q[h(X)] \leq e^{-rT} E^P[h(X)]$$

すなわち, コールオプションの価格は, 現実の生起確率 P に関するペイオフの割引期待値よりも必ず小さくなる. このことは, リスクの存在が価格を (単なる割引現在価値よりも) リスク分だけ低くすることを意味している. (2.11) の期待値の計算については例 2.2 を参照せよ.

次の結果は正規分布の測度変換を扱う際に有用である. 証明は章末問題 2.2 とする.

定理 2.3 測度変換 (2.13) において, P の下で $X \sim N(\mu, \sigma^2)$ とする. このとき, X は Q の下で正規分布 $N(\mu - \theta\sigma^2, \sigma^2)$ に従う.

ブラック・ショールズのモデルにおけるコールオプションの価格 (2.10) では, P の下で $X \sim N(0, T)$ なので Q の下では $X \sim N(-\theta T, T)$ となる. Q の下で標準正規分布に従う確率変数を Z とすると, (2.11) から

$$\pi(C) = e^{-rT} E^Q[h(\sqrt{T}Z - \theta T)]$$

すなわち, コールオプションの価格は

$$\pi(C) = E^Q\left[\max\left\{Se^{-\sigma^2 T/2 + \sigma\sqrt{T}Z} - Ke^{-rT}, 0\right\}\right] \quad (2.14)$$

で与えられる (章末問題 2.3).

次の例では, 測度変換を使って (2.14) の期待値を計算する.

[*4] もちろん, 連続時間における複製ポートフォリオの議論を用いて, この結論が導かれていることに注意しよう. 詳細については 4.2 節を参照のこと.

例 2.2 (ブラック・ショールズの公式：2 つの測度変換) インザマネーとなる事象を $A = \{S(T) \geq K\}$ とする。ただし，

$$S(T) = Se^{(r-\sigma^2/2)T + \sigma\sqrt{T}Z}$$

である．このとき，(2.14) から，

$$\pi(C) = E^Q[S(T)e^{-rT}1_A] - E^Q[Ke^{-rT}1_A]$$

となるが，2 つめの期待値は

$$E^Q[Ke^{-rT}1_A] = Ke^{-rT}Q\{S(T) \geq K\} = Ke^{-rT}\Phi(d) \tag{2.15}$$

である (章末問題 2.3)．ここで，$\Phi(x)$ は標準正規分布の分布関数であり，d は次式で定義される．

$$d = \frac{\log(S/K) + (r - \sigma^2/2)T}{\sigma\sqrt{T}} \tag{2.16}$$

次に，1 つめの期待値を評価するために，ふたたび $X = \sqrt{T}Z$ とおき，以下の Q から Q^S への測度変換を考える (σ の符号に注意)．

$$Q^S(A) = E^Q[1_A \eta], \qquad \eta = \frac{e^{\sigma X}}{E^Q[e^{\sigma X}]}$$

このとき，

$$E^Q[S(T)e^{-rT}1_A] = SE^Q[1_A \eta] = SE^{Q^S}[1_A] = SQ^S\{S(T) \geq K\}$$

である (各自で確認せよ) が，定理 2.3 から，Q の下で $X \sim N(0, T)$ なので Q^S の下では $X \sim N(\sigma T, T)$ となることに注意する．したがって，

$$Q^S\{S(T) \geq K\} = \Phi(d + \sigma\sqrt{T})$$

となるので，以上から，**ブラック・ショールズの公式** (Black–Scholes formula)

$$\pi(C) = S\Phi(d + \sigma\sqrt{T}) - Ke^{-rT}\Phi(d) \tag{2.17}$$

が得られた．測度 Q と Q^S，および $\Phi(d + \sigma\sqrt{T})$ と $\Phi(d)$ の関係については第 5 章で説明する．

2.2 保険料計算原理

本節では，アクチュアリー（保険数理）で，不確実なクレームの保険料の算出に用いられている考え方を測度変換の切口から紹介する．特に有用なものはエッシャー原理とワン変換である．以下，本章では，簡単化のために無リスク金利は 0 とする．

X を単位時間あたりの保険金総額（クレーム）を表わす確率変数とし，その保険料を c とする．もっとも単純な保険料計算原理は保険金総額の平均を保険料（これを**純保険料**と呼ぶ）とするものであるが，これでは利益が出ない[*5]．そこで，純保険料 $E^P[X]$ をベースとして，それに何らかのリスクマージン（安全割増）を導入しようというのが保険料計算原理である．ここで P は現実の生起確率を表わす．

代表的な保険料計算原理として，以下のものがあげられる．

1) 分散原理：$c = E^P[X] + \delta V^P[X]$
2) 標準偏差原理：$c = E^P[X] + \delta \sqrt{V^P[X]}$
3) 指数原理：$c = \dfrac{\log E^P[\mathrm{e}^{\delta X}]}{\delta}$
4) エッシャー原理：$c = \dfrac{E^P[X\mathrm{e}^{\delta X}]}{E^P[\mathrm{e}^{\delta X}]}$
5) ワン変換：$c = E^Q[X]; \ F^Q(x) = \Phi(\Phi^{-1}(F^P(x)) - \delta)$

ここで，$\delta > 0$ はリスクプレミアムに関連する定数である．

2.2.1 エッシャー原理

エッシャー原理では，不確実なクレーム X の保険料をエッシャー変換 (2.2)，すなわち

$$\pi(X) = \frac{E^P[X\mathrm{e}^{\theta X}]}{E^P[\mathrm{e}^{\theta X}]} \qquad (2.18)$$

[*5] 集合的リスク論によれば，（利益が出ないだけでなく）保険会社は確率 1 で破産する．詳細は Bühlmann (1970), Gerber (1979) などを参照せよ．

により算出する．このとき，Q の下での X の密度関数は，(2.8) から，

$$f^Q(x) = \lambda(x) f^P(x), \qquad \lambda(x) = \frac{e^{\theta x}}{E^P[e^{\theta X}]}$$

となる．$\theta > 0$ のとき $e^{\theta x}$ は x に関して単調増加であるから，定理 2.2 より，$E^Q[X] > E^P[X]$ が成立する．すなわち，$\theta > 0$ のときエッシャー原理で計算される保険料は純保険料よりも高くなる[*6]．

一方，共分散の定義から，エッシャー原理は

$$\pi(X) = E^P[X] + \frac{C^P(X, e^{\theta X})}{E^P[e^{\theta X}]}, \qquad \theta > 0$$

と変形される．$\theta > 0$ のとき共分散は $C^P(X, e^{\theta X}) > 0$ となるから，エッシャー原理におけるリスクマージン κ は

$$\kappa = \frac{C^P(X, e^{\theta X})}{E^P[e^{\theta X}]} > 0$$

で与えられる．

ところで，積率母関数 $m_X(\theta) = E^P[e^{\theta X}]$ が存在すれば θ に関する微分と期待値演算が交換可能なので，

$$m'_X(\theta) = E^P[X e^{\theta X}]$$

が成立する．したがって，エッシャー原理は積率母関数を使えば

$$\pi(X) = \frac{m'_X(\theta)}{m_X(\theta)} = (\log m_X(\theta))'$$

と表現される．つまり，エッシャー原理における保険料の計算では，クレーム X の積率母関数を求めることが本質となる[*7]．

特に，$X \sim N(\mu, \sigma^2)$ のとき $\log m_X(\theta) = \mu\theta + \sigma^2\theta^2/2$ であるから，エッシャー原理は

[*6] エッシャー変換 (2.18) とブラック・ショールズのモデルにおける変換 (2.11) では θ の符号が異なる．ブラック・ショールズのモデルでは資産サイドからリスクを評価しているのに対して，エッシャー原理では負債サイドからリスクを評価しているためである．以下，本書では，負債サイドからリスクを評価する場合でも『価格』という用語を利用する．

[*7] 積率母関数 $m_X(\theta)$ に対して，$s_X(\theta) = \log m_X(\theta)$ をキュムラント母関数と呼ぶ．エッシャー原理における保険料はキュムラント母関数の 1 階の微分で与えられる．

2.2 保険料計算原理

$$\pi(X) = E^P[X] + \theta V^P[X]$$

となり，これは分散原理に一致する．この結果は，エッシャー変換が正規分布 $N(\mu, \sigma^2)$ を正規分布 $N(\mu + \theta\sigma^2, \sigma^2)$ に変換する（定理 2.3）ことからも導かれる．また，エッシャー変換はブラック・ショールズの公式を導いた測度変換 (2.13) とまったく同じ（ただし θ の符号は異なる）であるから，ブラック・ショールズの公式 (2.17) はエッシャー変換の一例と考えることもできる．各自で確認せよ．

ところで，クレーム X が対数正規分布に従う場合には，保険料の算出にエッシャー原理は適用できない．対数正規分布には積率母関数が存在しないからである．詳細は木島 (1999) の第 1 章を参照せよ．対数正規分布に従うと想定されるクレームは実務でしばしば見受けられるので，これがエッシャー変換の最大の欠点とされている．

2.2.2 ワン変換

もうひとつ，保険数理でしばしば使われる**ワン変換**（Wang transform）について測度変換の立場から説明する．Wang (2002) によると，

$$F^Q(x) = \Phi[\Phi^{-1}(F^P(x)) - \theta], \qquad \theta > 0, \ x \in \mathbb{R} \tag{2.19}$$

をワン変換と呼ぶ[*8]．ここで $\Phi(x)$ は標準正規分布の分布関数である．(2.19) から，$\theta > 0$ のとき $\Phi^{-1}(F^Q(x)) < \Phi^{-1}(F^P(x))$，したがって，すべての x に対して $F^Q(x) < F^P(x)$ が成立する．これは，クレーム X の実際の分布関数 $F^P(x)$ よりもリスク調整後の分布関数 $F^Q(x)$ が 1 次の確率優位の意味で大きい（本章の脚注 3 を参照せよ）ことを表わしており，$\theta > 0$ のとき $E^Q[X] > E^P[X]$ が成立する．すなわち，ワン変換で計算される保険料は純保険料よりも高くなる．

(2.19) の両辺を x で微分すると，

$$f^Q(x) = \frac{\phi(\xi - \theta)}{\phi(\xi)} f^P(x), \qquad \xi = \Phi^{-1}(F^P(x))$$

となる（各自で確認せよ）から，ワン変換は測度変換のフレームワークでは，ラ

[*8] (2.19) は分布関数 F^P から分布関数 F^Q へのねじれ（distortion）を表現していると解釈できる．

ドン・ニコディム微分（この場合は状態価格密度）を

$$\lambda(x) = \frac{\phi(\xi - \theta)}{\phi(\xi)} = e^{\theta\xi - \theta^2/2}, \qquad \xi = \Phi^{-1}(F^P(x)) \tag{2.20}$$

とおいたものに対応している．ワン変換におけるリスクマージン κ は

$$\kappa = \int_{\mathbb{R}} x(\lambda(x) - 1)f^P(x)\mathrm{d}x$$

で与えられる．

クレーム X が正規分布 $N(\mu, \sigma^2)$ に従う場合には，$F^P(x) = \Phi([x-\mu]/\sigma)$ が成立するので，(2.19) から

$$F^Q(x) = \Phi\left(\frac{x-\mu}{\sigma} - \theta\right) = \Phi\left(\frac{x - (\mu + \theta\sigma)}{\sigma}\right)$$

したがって，ワン変換 (2.19) は正規分布 $N(\mu, \sigma^2)$ を正規分布 $N(\mu + \theta\sigma, \sigma^2)$ に変換する．また，(2.20) から

$$\lambda(x) = e^{\theta[x-\mu]/\sigma - \theta^2/2}$$

すなわち，

$$\lambda(x) = e^{\beta x - \beta\mu - \beta^2\sigma^2/2} = \frac{e^{\beta x}}{E^P[e^{\beta X}]}, \qquad \beta = \frac{\theta}{\sigma}$$

となり，正規分布の場合には，ワン変換はエッシャー変換に一致する．したがって，

$$\pi(X) = E^P[X] + \beta V^P[X] = E^P[X] + \theta\sqrt{V^P[X]}$$

となり，これは標準偏差原理である．

一方，X が対数正規分布に従う場合，すなわち $\log X \sim N(\mu, \sigma^2)$ のとき $F^P(x) = \Phi([\log x - \mu]/\sigma)$ となるので，(2.19) から

$$F^Q(x) = \Phi\left(\frac{\log x - (\mu + \theta\sigma)}{\sigma}\right)$$

したがって，ワン変換 (2.19) は対数正規分布 ($\log X \sim N(\mu, \sigma^2)$) を対数正規分布 ($\log X \sim N(\mu + \theta\sigma, \sigma^2)$) に変換する．これはエッシャー変換にはない利点である．

ところで，ワン変換 (2.19) を実際の市場データに適用しても期待したほどの当てはまりが得られないことが多い．これは実際の市場データが正規分布以上に裾が厚い（ファットテール，fat-tail）という性質を持っているためである．このため，Wang (2002) では (2.19) の正規分布をより裾の厚い分布である t 分布に置き換えた変換

$$F^Q(x) = F_d[\Phi^{-1}(F^P(x)) - \theta], \qquad x \in \mathbb{R} \qquad (2.21)$$

を提案している[*9)]．ここで F_d は自由度 d の t 分布の分布関数である．変換 (2.21) にはパラメータが2つ（θ と d）あることに注意しよう．これらのパラメータを市場データにカリブレートして決定すればよい．

2.2.3 指 数 原 理

ある保険会社の効用関数を $u(x)$ としたとき，保険会社はクレームの支払いと保険料収入の差益が，保険を発売しない場合を（効用値の意味で）下回らないように保険料 c を定めるであろう．すなわち，

$$u(x) \leq E^P[u(x+c-X)] \qquad (2.22)$$

を満たす c が合理的な保険料と考えられる．ただし，x は保険会社の現在の資産額を表わし，右辺の期待値は存在するものとする．もちろん，保険会社が競争市場に置かれている場合には，(2.22) は等号で成立しなければならない．

特に，指数効用 $u(x) = -\mathrm{e}^{-\theta x}$ の場合を考えると，(2.22) は

$$\mathrm{e}^{\theta c} = E^P[\mathrm{e}^{\theta X}], \qquad \theta > 0$$

と変形できるので，指数原理

$$\pi(X) = \frac{\log m_X(\theta)}{\theta}, \qquad \theta > 0$$

が得られる．ここで $m_X(\theta)$ はクレーム X の積率母関数である．したがって，θ が 0 に近いとき，指数原理はエッシャー原理 (2.18) で近似される．

指数原理においてクレーム X が正規分布 $N(\mu, \sigma^2)$ に従う場合には

[*9)] 変換 (2.21) は，後述する Bühlmann (1980) の均衡価格と整合的ではない．詳細は Kijima and Muromachi (2006) を参照せよ．

$$\pi(X) = E^P[X] + \frac{\theta}{2}V^P[X], \qquad \theta > 0$$

となり,これは分散原理に一致する.各自で確認し,エッシャー原理の場合と比較せよ.

2.2.4 均衡価格

n 人の投資家からなる(リスクを交換する)純粋交換経済を考えよう.投資家 j, $j = 1, 2, \ldots, n$ はリスク回避的な効用関数 $u_j(x)$ を持つ(すなわち $u'_j(x) > 0$ かつ $u''_j(x) \leq 0$)とする.また,初期の富を w_j とし,リスク X_j に晒されているとする.各投資家は保険を購入(あるいは売却)することで自由にリスクを交換できる(リスクは可分とする).このリスク交換量を Y_j とすると,このために金額 $\pi(Y_j)$ を支払わなければならない(あるいは受け取ることができる).無リスク金利を 0 として,問題は以下の均衡価格を導出することである.すなわち,$(Y_1, Y_2, \ldots, Y_n; \pi)$ が均衡であるとは

1. 各投資家は 1 期後の期待効用を最大化する:
$$Y_j = \operatorname{argmax}_Y E^P[u_j(w_j - X_j + Y - \pi(Y))]$$

2. 市場の清算:$\sum_{j=1}^n Y_j = 0$

が成立することであり,$\pi(Y_j)$ を均衡価格と呼ぶ.

Bühlmann (1980) によると,すべての投資家が指数効用 $u_j(x) = -\mathrm{e}^{-\lambda_j x}$ を持つ場合には,均衡価格は

$$\pi(Y) = \frac{E^P[Y\mathrm{e}^{\lambda Z}]}{E^P[\mathrm{e}^{\lambda Z}]}, \qquad \frac{1}{\lambda} = \sum_{j=1}^n \frac{1}{\lambda_j} \tag{2.23}$$

で与えられる[*10].ここで,$Z = \sum_{j=1}^n X_j$ はリスクの総量であり,λ は市場の代表的投資家のリスク回避係数を表わす.したがって,リスク X_j の均衡価格は

$$\pi(X_j) = \frac{E^P[X_j \mathrm{e}^{\lambda(X_1 + X_2 + \cdots + X_n)}]}{E^P[\mathrm{e}^{\lambda(X_1 + X_2 + \cdots + X_n)}]} \tag{2.24}$$

[*10] 前述したように,本節では負債サイドからリスクを評価している.資産サイドからリスクを評価する場合には λ の符号をマイナスにする必要がある.また,より一般的なモデルにおいても同様の結果が得られる.詳細は Iwaki, et al. (2001) を参照せよ.

2.2 保険料計算原理

で与えられる.

価格式 (2.23) とエッシャー原理, およびワン変換との関係についてふれておこう. このために, Bühlmann (1980) は各リスク X は微小であるとし, X と $(Z-X)$ は独立であると仮定した. このとき, (2.23) から

$$\pi(X) = \frac{E^P[Xe^{\lambda X}]E^P[e^{\lambda(Z-X)}]}{E^P[e^{\lambda X}]E^P[e^{\lambda(Z-X)}]} = \frac{E^P[Xe^{\lambda X}]}{E^P[e^{\lambda X}]}$$

したがって, エッシャー原理が得られる.

一方, Wang (2003) では, 中心極限定理から総リスク量 Z は正規分布で近似できると仮定する. 標準化により $Z_0 = (Z-\mu_Z)/\sigma_Z$ とすると, 価格式 (2.23) は

$$\pi(X) = \frac{E^P[Xe^{\lambda_0 Z_0}]}{E^P[e^{\lambda_0 Z_0}]}, \qquad \lambda_0 = \lambda\sigma_Z \tag{2.25}$$

となる. ただし $\mu_Z = E^P[Z], \sigma_Z^2 = V^P[Z]$ である. ここで, Wang (2003) は

1. (V, Z_0) は相関 ρ を持つ 2 変量標準正規分布に従う
2. リスク X は $X = F^{-1}(\Phi(V))$ と書ける

と仮定した. ただし $F(x)$ は X の分布関数で, 逆関数は存在するものとする. 2 変量正規分布の性質から, V と独立な正規分布に従う確率変数 Y を使って $Z_0 = \rho V + Y$ と書けるので, (2.25) から,

$$\pi(X) = \frac{E^P[Xe^{\theta V}]}{E^P[e^{\theta V}]}, \qquad V = \Phi^{-1}(F(X)), \quad \theta = \rho\lambda_0 \tag{2.26}$$

が得られる.

V は標準正規分布に従うので, (2.26) の分母は $e^{\theta^2/2}$ に等しい. したがって, (2.8) を使って (2.26) を測度変換の形で書き直せば,

$$\pi(X) = \int_{\mathbb{R}} xF^Q(dx), \qquad F^Q(x) = e^{-\theta^2/2}\int_{-\infty}^{x} e^{\theta\Phi^{-1}(F(y))}F(dy)$$

となる. ここで $u = \Phi^{-1}(F(y))$ と変数変換を行なう. このとき,

$$\int_{-\infty}^{x} e^{\theta\Phi^{-1}(F(y))}F(dy) = \int_{-\infty}^{\Phi^{-1}(F(x))} e^{\theta u}\phi(u)du$$

が得られる. 各自で確認せよ. 正規分布の密度関数の性質から

$$e^{\theta u}\phi(u) = e^{\theta^2/2}\phi(u-\theta)$$

が成立するので，測度変換は

$$F^Q(x) = \int_{-\infty}^{\Phi^{-1}(F(x))} \phi(u-\theta)du = \Phi[\Phi^{-1}(F(x)) - \theta]$$

で与えられる．これはワン変換 (2.19) そのものである．

2.3 保険料計算原理の多変量への拡張

エッシャー変換やワン変換の欠点として，価格の線形性が成立していないことがあげられる．価格 $\pi(X)$ の線形性とは，すべてのリスク X, Y と定数 a, b に対して

$$\pi(aX + bY) = a\pi(X) + b\pi(Y)$$

が成立することである．もちろん，均衡価格 (2.23) は線形性を満たすので，この欠点はエッシャー変換やワン変換を (2.23) から導く際におかれた仮定に起因する．本節では，Kijima (2006) に従って，価格の線形性を保つようにエッシャー変換やワン変換を多変量に拡張する．

以下では，市場の全リスクは n 変量確率変数 $\boldsymbol{X} = (X_1, X_2, \ldots, X_n)$ で表わされるとし，$\boldsymbol{X}$ から生成される可算加法族 $\mathcal{F} = \sigma(\boldsymbol{X})$ を考える．この確率空間上で定義されたリスク Y は $\mathcal{F}$ 可測な確率変数であることに注意しよう．すなわち，ある関数 $h(\boldsymbol{x})$, $\boldsymbol{x} = (x_1, x_2, \ldots, x_n)^\top$ が存在し，リスク Y は $Y = h(\boldsymbol{X})$ と表現される．したがって，一般に，リスク Y の均衡価格 (2.23) は

$$\pi(Y) = \frac{E[h(\boldsymbol{X})\mathrm{e}^{\lambda Z}]}{E[\mathrm{e}^{\lambda Z}]}, \qquad Z = \sum_{j=1}^n X_j \tag{2.27}$$

で与えられる．この価格式は線形性を満たしている．すなわち，別のリスク $Y' = g(\boldsymbol{X})$ に対して

$$\begin{aligned}
\pi(aY + bY') &= \frac{E[(ah(\boldsymbol{X}) + bg(\boldsymbol{X}))\mathrm{e}^{\lambda Z}]}{E[\mathrm{e}^{\lambda Z}]} \\
&= a\frac{E[h(\boldsymbol{X})\mathrm{e}^{\lambda Z}]}{E[\mathrm{e}^{\lambda Z}]} + b\frac{E[g(\boldsymbol{X})\mathrm{e}^{\lambda Z}]}{E[\mathrm{e}^{\lambda Z}]} \\
&= a\pi(Y) + b\pi(Y')
\end{aligned}$$

が成立する.

n 変量の確率変数 $X = (X_1, X_2, \ldots, X_n)^\top$ に対して,積率母関数

$$m_X(t) = E\left[\exp\left\{\sum_{j=1}^n t_j X_j\right\}\right], \qquad t = (t_1, t_2, \ldots, t_n)^\top$$

が存在するとする.このとき,偏微分と期待値の交換が可能で,(2.24) から

$$\pi(X_j) = \frac{\partial_j m_X(\lambda \mathbf{1})}{m_X(\lambda \mathbf{1})} = \partial_j \log m_X(\lambda \mathbf{1}) \qquad (2.28)$$

が得られる.ここで,$\mathbf{1}$ はすべての成分が 1 のベクトル,∂_j は j 番目の変数に関する偏微分を表わす.したがって,リスク Y が X のポートフォリオ,すなわち $Y = \sum_{j=1}^n w_j X_j$ であるならば,リスク Y の均衡価格は

$$\pi(Y) = \sum_{j=1}^n w_j \partial_j \log m_X(\lambda \mathbf{1}) \qquad (2.29)$$

で与えられる.すなわち,このセッティングでは,リスクの価格付けは全リスク X の多変量積率母関数を決定することに帰着される.

特に,全リスク X が n 変量正規分布に従う場合には,以下で示すように,Bühlmann の均衡価格 (2.27) は CAPM と関連付けられる.いま,X の平均ベクトルを $\boldsymbol{\mu} = (\mu_1, \mu_2, \ldots, \mu_n)^\top$,共分散行列を $\boldsymbol{\Sigma} = (\sigma_{ij})$ とする.多変量正規分布の積率母関数は

$$m_X(t) = \exp\left\{\boldsymbol{\mu}^\top t + \frac{t^\top \boldsymbol{\Sigma} t}{2}\right\} \qquad (2.30)$$

で与えられることを思い出そう.このとき,

$$\partial_j \log m_X(\lambda \mathbf{1}) = \mu_j + \lambda \sum_{i=1}^n \sigma_{ij}$$

したがって,正規分布のケースでは,(2.29) は

$$\pi(Y) = E[Y] + \lambda C(Y, Z) \qquad (2.31)$$

となり,リスクマージンは

$$\kappa \equiv \lambda C(Y, Z) = \lambda \sum_{i=1}^n \sum_{j=1}^n w_i \sigma_{ij}, \qquad \lambda > 0$$

で与えられる．もちろん，Z を市場ポートフォリオと捉えれば，

$$\pi(Z) = E[Z] + \lambda V[Z] \tag{2.32}$$

となるから，(2.31) と (2.32) から，

$$\frac{\pi(Y) - E[Y]}{\pi(Z) - E[Z]} = \frac{C(Y,Z)}{V[Z]}$$

が得られる．この右辺は CAPM における Y のベータである．したがって，次の結果が成立する．

定理 2.4 市場の全リスク $(X_1, X_2, \ldots, X_n)^\top$ は n 変量正規分布に従っているとし，あるリスク Y はこれらの線形結合で表わされるとする．このとき，Bühlmann の均衡価格に基づいて計算されるリスク Y の価格は

$$\pi(Y) = E[Y] + \beta_Y (\pi(Z) - E[Z]), \qquad \beta_Y = \frac{C(Y,Z)}{V[Z]} \tag{2.33}$$

で与えられる．

価格式 (2.33) は代表的投資家のリスク回避係数 λ に依存していないことに注意しよう．また，ベータ値の線形性より，価格式 (2.33) は線形性を満たすことが示される（章末問題 2.4）．

2.3.1 多変量エッシャー変換

価格公式 (2.27) を測度変換の観点から記述する．簡単化のために，$\boldsymbol{X}$ には同時密度関数 $f(\boldsymbol{x})$ が存在するとする．このとき，

$$f^*(\boldsymbol{x}) = \frac{e^{\lambda z}}{E[e^{\lambda Z}]} f(\boldsymbol{x}), \qquad z = \sum_{j=1}^n x_j \tag{2.34}$$

で定義される関数 $f^*(\boldsymbol{x})$ は同時密度関数である．なぜならば，$f^*(\boldsymbol{x})$ は非負で，かつ

$$\int_{\mathbb{R}^n} f^*(\boldsymbol{x}) d\boldsymbol{x} = \frac{E[e^{\lambda Z}]}{E[e^{\lambda Z}]} = 1$$

が成立するからである．したがって，Bühlmann の均衡価格 (2.27) は

$$\pi(Y) = \int_{\mathbb{R}^n} \frac{h(\boldsymbol{x})\mathrm{e}^{\lambda z}}{E[\mathrm{e}^{\lambda Z}]} f(\boldsymbol{x})\mathrm{d}\boldsymbol{x} = \int_{\mathbb{R}^n} h(\boldsymbol{x})f^*(\boldsymbol{x})\mathrm{d}\boldsymbol{x}$$

と書き直すことができて,同時密度関数 $f^*(\boldsymbol{x})$ に対応する確率測度を P^* とすれば,

$$\pi(Y) = E^*[h(\boldsymbol{X})]$$

と表現される.ただし,E^* は変換された確率測度 P^* に関する期待値である.変換 (2.34) を**多変量エッシャー変換** (multivariate Esscher transform) と呼ぶ.

一方,Jensen (1995) では,

$$f^*(\boldsymbol{x}) = \frac{\exp\{-\boldsymbol{\theta}^\top \boldsymbol{x}\}}{E[\exp\{-\boldsymbol{\theta}^\top \boldsymbol{X}\}]} f(\boldsymbol{x}), \qquad \boldsymbol{\theta} = (\theta_1, \theta_2, \ldots, \theta_n)^\top$$

で定義される測度を考えている[*11].多変量エッシャー変換 (2.34) はこの変換で $\boldsymbol{\theta} = -\lambda \mathbf{1}$ とおいた特別な場合である.

全リスク $\boldsymbol{X} = (X_1, X_2, \ldots, X_n)^\top$ が正規分布に従っている場合の測度変換 (2.34) を考えよう.平均ベクトルを $\boldsymbol{\mu}$,共分散行列を $\boldsymbol{\Sigma}$ とする.この n 変量正規分布の密度関数は

$$f(\boldsymbol{x}) = K\mathrm{e}^{-Q/2}, \qquad Q = (\boldsymbol{x} - \boldsymbol{\mu})^\top \boldsymbol{\Sigma}^{-1} (\boldsymbol{x} - \boldsymbol{\mu})$$

で与えられる.ただし K は積分値が 1 となる正規化定数である.また,

$$(\boldsymbol{x} - \boldsymbol{\mu} - \boldsymbol{\Sigma}\boldsymbol{t})^\top \boldsymbol{\Sigma}^{-1} (\boldsymbol{x} - \boldsymbol{\mu} - \boldsymbol{\Sigma}\boldsymbol{t}) = Q - 2(\boldsymbol{x} - \boldsymbol{\mu})^\top \boldsymbol{t} + \boldsymbol{t}^\top \boldsymbol{\Sigma}\boldsymbol{t}$$

であるから,(2.30) より

$$\begin{aligned}
&\exp\left\{-\frac{1}{2}Q + \boldsymbol{x}^\top \boldsymbol{t}\right\} \\
&= m_X(\boldsymbol{t})\exp\left\{-\frac{1}{2}(\boldsymbol{x} - \boldsymbol{\mu} - \boldsymbol{\Sigma}\boldsymbol{t})^\top \boldsymbol{\Sigma}^{-1}(\boldsymbol{x} - \boldsymbol{\mu} - \boldsymbol{\Sigma}\boldsymbol{t})\right\}
\end{aligned} \tag{2.35}$$

が成立する.したがって,特に $\boldsymbol{t} = \lambda \mathbf{1}$ のとき,

$$f^*(\boldsymbol{x}) = K\mathrm{e}^{-Q^*/2}, \qquad Q^* = (\boldsymbol{x} - \boldsymbol{\mu} - \lambda\boldsymbol{\Sigma}\mathbf{1})^\top \boldsymbol{\Sigma}^{-1}(\boldsymbol{x} - \boldsymbol{\mu} - \lambda\boldsymbol{\Sigma}\mathbf{1})$$

[*11] Jensen (1995) は,この変換を exponentially tilted measure と呼んでいる.

が得られる．これは平均ベクトルが $\boldsymbol{\mu} + \lambda\boldsymbol{\Sigma}\mathbf{1}$，共分散行列が $\boldsymbol{\Sigma}$ の n 変量正規分布の密度関数であるから，次の結果が成立する．

定理 2.5 市場の全リスク $\boldsymbol{X} = (X_1, X_2, \ldots, X_n)^\top$ は平均ベクトルが $\boldsymbol{\mu}$，共分散行列が $\boldsymbol{\Sigma}$ の n 変量正規分布に従っているとする．このとき，多変量エッシャー変換は，リスク $\boldsymbol{X}$ を平均ベクトルが $\boldsymbol{\mu} + \lambda\boldsymbol{\Sigma}\mathbf{1}$，共分散行列が $\boldsymbol{\Sigma}$ の n 変量正規分布に変換する．

例 2.3 この例では，資産サイドからリスクを評価するための多変量エッシャー変換を考える．この場合の変換は（λ の符号に注意して）

$$f^*(\boldsymbol{x}) = \frac{\mathrm{e}^{-\lambda z}}{E[\mathrm{e}^{-\lambda Z}]} f(\boldsymbol{x}), \qquad z = \sum_{j=1}^{n} x_j$$

である．ここで，簡単化のため，全リスク $\boldsymbol{Z} = (Z_1, Z_2, \ldots, Z_n)^\top$ は標準正規分布に従うとし，相関行列を $\boldsymbol{\Sigma}_\rho = (\rho_{ij})$ とする．定理 2.5 から，この場合の多変量エッシャー変換は，標準正規分布を平均ベクトルが $-\lambda\boldsymbol{\Sigma}_\rho\mathbf{1}$，共分散行列が $\boldsymbol{\Sigma}_\rho$ の正規分布に変換する．各自で確認せよ．

いま，この市場には n 個の証券が存在し，i 番目の証券価格が

$$S_i = K_i \exp\left\{\left(\mu_i - \frac{\sigma_i^2}{2}\right) + \sigma_i Z_i\right\}, \qquad i = 1, 2, \ldots, n$$

で与えられるとする．ここで σ_i は証券 i のボラティリティを表わす．定理 2.5 によると，変換された確率測度 P^* の下で Z_i は平均 $-\lambda(\boldsymbol{\Sigma}_\rho\mathbf{1})_i$，分散 1 の正規分布に従う．したがって，証券 i の現在価値は

$$\begin{aligned} s_i(0) &= E^*\left[K_i \exp\left\{\left(\mu_i - \frac{\sigma_i^2}{2}\right) + \sigma_i Z_i\right\}\right] \\ &= K_i \mathrm{e}^{\mu_i - \lambda \sigma_i C(Z_i, Z_0)} \end{aligned}$$

で与えられる．ただし $Z_0 = \sum_{i=1}^{n} Z_i$ とおいた．各自で確認せよ．以上から，変換前の確率測度 P の下で i 番目の証券価格は

$$S_i = s_i(0) \exp\left\{\left(\lambda \sigma_i C(Z_i, Z_0) - \frac{\sigma_i^2}{2}\right) + \sigma_i Z_i\right\} \tag{2.36}$$

と表わされ，証券 i の期待収益率に関して

$$\mu_i = \lambda \sigma_i C(Z_i, Z_0), \qquad i = 1, 2, \ldots, n$$

が成立することがわかる．本節では金利を 0 とおいていたが，一般に，無リスク金利を r とすれば

$$\mu_i = r + \lambda \sigma_i C(Z_i, Z_0), \qquad i = 1, 2, \ldots, n$$

が成立することに注意しよう．つまり，この均衡モデルにおけるリスク Z_i の市場価格は λ ではなく，$\lambda C(Z_i, Z_0)$ となっている．

ここで $Z_i^* = Z_i + \lambda C(Z_i, Z_0)$ とすれば，測度変換後の確率 P^* の下で Z_i^* は標準正規分布に従い，証券価格は

$$S_i = s_i(0) \exp\left\{-\frac{\sigma_i^2}{2} + \sigma_i Z_i^*\right\}, \qquad i = 1, 2, \ldots, n \qquad (2.37)$$

で与えられる．したがって，証券 i の上に書かれたコールオプションの価格は，期待値

$$\pi(X) = E^*[\max\{S_i - K, 0\}]$$

を評価することで得られる（章末問題 2.5）．ただし，S_i は (2.37) で与えられる．Z_i から Z_i^* への変換は第 3 章で説明するブラウン運動の変換に対応している．

2.3.2 コピュラ

一般に，n 変量確率変数 $\boldsymbol{X} = (X_1, X_2, \ldots, X_n)^\top$ の依存関係はコピュラ (copula) によって規定される．各 X_j の周辺分布関数を $F_j(x)$ とすれば，コピュラ関数 $c(\boldsymbol{x})$, $\boldsymbol{x} = (x_1, x_2, \ldots, x_n)^\top$ は

$$c(\boldsymbol{x}) = P\{F_1(X_1) \leq x_1, F_2(X_2) \leq x_2, \ldots, F_n(X_n) \leq x_n\}$$

によって定義される．すなわち，コピュラは n 変量確率変数

$$(F_1(X_1), F_2(X_2), \ldots, F_n(X_n))$$

の依存性を表現する．ここで，各確率変数 $F_j(X_j)$ は標準一様分布に従うことに注意しよう．さらに

$$P\{X_1 \le x_1, X_2 \le x_2, \ldots, X_n \le x_n\}$$
$$= P\{F_1(X_1) \le F_1(x_1), F_2(X_2) \le F_2(x_2), \ldots, F_n(X_n) \le F_n(x_n)\}$$
$$= c(F_1(x_1), F_2(x_2), \ldots, F_n(x_n))$$

であるから,コピュラ関数 $c(\boldsymbol{x})$ から $\boldsymbol{X}$ の同時分布関数を求めることができる.コピュラの詳細については Nelson (2006) を参照せよ.

コピュラを多変量分布に応用する際には,適当なコピュラをアドホックに選ぶことになる.以下では,比較的簡単で応用範囲の広いコピュラであるアルキメデス・コピュラを説明する.

R を正の確率変数とし,積率母関数が存在するとする.このとき

$$\psi(s) = E[\mathrm{e}^{-sR}], \qquad s \ge 0$$

が存在し,

$$(-1)^n \psi^{(n)}(s) > 0, \qquad s > 0$$

が成立する.ただし $\psi^{(n)}(s)$ は n 次の導関数を表わす.この逆関数を $\psi^{-1}(s)$ とし,$\psi(0) = 1$ および $\psi(\infty) = 0$ と仮定する.このとき,逆関数 $\psi^{-1}(s)$ は s に関して狭義単調に減少し,$\psi^{-1}(0) = \infty$ および $\psi^{-1}(1) = 0$ が成立する.ここで,

$$c(x_1, \ldots, x_n) = \psi(\psi^{-1}(x_1) + \cdots + \psi^{-1}(x_n)), \qquad 0 < x_j < 1 \quad (2.38)$$

とおく.この関数 $c(x_1, \ldots, x_n)$ を**アルキメデス・コピュラ** (Archimedean copula) と呼ぶ[*12].

アルキメデス・コピュラは以下のよく知られたコピュラの一般化になっている.

- ガンベル (Gumbel) コピュラ:$\psi(s) = \exp\{-s^{1/\alpha}\}$, $\alpha > 1$
 このとき,$\psi^{-1}(s) = (-\log s)^\alpha$ であり,

$$c(x_1, \ldots, x_n) = \exp\left\{-\left[\sum_{i=1}^n (-\log s_i)^\alpha\right]^{1/\alpha}\right\}, \qquad \alpha > 1$$

[*12] Marshall and Olkin (1988) によれば,アルキメデス・コピュラでは負の依存関係を記述することはできない.

2.3 保険料計算原理の多変量への拡張

- クレイトン (Clayton) コピュラ：$\psi(s) = (1+s)^{-1/\alpha}$, $\alpha > 0$
  このとき，$\psi^{-1}(s) = s^{-\alpha} - 1$ であり，
  $$c(x_1, \ldots, x_n) = \left[\sum_{i=1}^{n} s_i^{-\alpha} - n + 1\right]^{-1/\alpha}, \quad \alpha > 0$$

- フランク (Frank) コピュラ：$\psi(s) = -\frac{1}{\alpha}\log(1 + e^s(e^{-\alpha} - 1))$, $\alpha > 0$
  このとき，$\psi^{-1}(s) = \log(e^{-\alpha s} - 1)/(e^{-\alpha} - 1)$ であり，
  $$c(x_1, \ldots, x_n) = -\frac{1}{\alpha}\log\left(1 + \frac{\prod_{i=1}^{n}(e^{-\alpha s_i} - 1)}{(e^{-\alpha} - 1)^{n-1}}\right), \quad \alpha > 0$$

詳細は Cherubini, et al. (2004) を参照せよ．ただし，これらのコピュラは簡単な確率変数 R を使って表現できないことに注意せよ．

アルキメデス・コピュラ (2.38) に従う確率ベクトルは以下のようにして生成できる．独立で平均 1 の指数分布に従う確率変数列 $Y_1, Y_2, \ldots, Y_n$ を考える[*13)]．さらに，R と Y_i は独立とし，

$$X_j \equiv F_j^{-1}[\psi(Y_j/R)], \quad j = 1, 2, \ldots, n$$

と定義する．ここで，分布関数 $F_j(x)$ は狭義に単調増加とする．Kijima (2002) によれば，こうして生成された n 変量確率変数 $\boldsymbol{X} = (X_1, X_2, \ldots, X_n)^\top$ はアルキメデス・コピュラ (2.38) を持つことが示される．したがって，以下のようにして，モンテカルロ法により，リスク Y の価格を計算することができる．

アルゴリズム：
1) 乱数 r^k と y_j^k を独立に生成する．
2) $x_j^k = F_j^{-1}[\psi(y_j^k/r^k)]$ とおく．
3) 十分大きな乱数系列を生成し，期待値 (2.27) を
$$\pi(Y) \approx \frac{\sum_{k=1}^{K} h(\boldsymbol{x}^k) e^{\lambda z^k}}{\sum_{k=1}^{K} e^{\lambda z^k}}, \quad z^k = \sum_{j=1}^{n} x_j^k$$
で近似する．

[*13)] 平均 $1/\mu$ の指数分布の密度関数は $f(x) = \mu e^{-\mu x}$, $x \geq 0$ で与えられる．

2.3.3 多変量ワン変換

本項では,全リスク $\boldsymbol{X} = (X_1, X_2, \ldots, X_n)^\top$ の依存関係をガウス・コピュラで記述することで多変量ワン変換を導く.すなわち,

$$U_j \equiv \Phi^{-1}[F_j(X_j)], \qquad j = 1, 2, \ldots, n$$

とおき,$\boldsymbol{U} = (U_1, U_2, \ldots, U_n)^\top$ は n 変量標準正規分布に従うと仮定する.このとき,$\boldsymbol{X}$ はガウス・コピュラ (Gaussian copula) を持つという.ただし,$\Phi(x)$ は 1 変量標準正規分布の分布関数,$F_j(x)$ は X_j の周辺分布関数である.以下では,簡単化のため,$F_j(x)$ は狭義に単調増加とする.また,$\boldsymbol{U}$ の相関行列を $\boldsymbol{\Sigma}_\rho = (\rho_{ij})$ とする.

このセッティングでは,$\boldsymbol{X}$ の同時分布関数は

$$\begin{aligned} F(\boldsymbol{x}) &= P\{X_1 \leq x_1, X_2 \leq x_2, \ldots, X_n \leq x_n\} \\ &= P\{U_1 \leq \alpha_1, U_2 \leq \alpha_2, \ldots, U_n \leq \alpha_n\} \end{aligned}$$

で与えられる.ここで

$$\alpha_j = \Phi^{-1}[F_j(x_j)], \qquad j = 1, 2, \ldots, n$$

とおいた.よって,$\Phi(\alpha_j) = F_j(x_j)$ であることに注意すると,$\boldsymbol{X}$ の同時密度関数は

$$f(\boldsymbol{x}) = \phi_n(\boldsymbol{\alpha}) \prod_{j=1}^{n} \frac{\mathrm{d}\alpha_j}{\mathrm{d}x_j} = \phi_n(\boldsymbol{\alpha}) \prod_{j=1}^{n} \frac{f_j(x_j)}{\phi(\alpha_j)} \tag{2.39}$$

で与えられる.ただし,$\phi_n(\boldsymbol{x})$ は相関行列 $\boldsymbol{\Sigma}_\rho$ を持つ n 変量標準正規分布の同時密度関数,$\phi(x)$ は 1 変量正規分布の密度関数,$f_j(x)$ は X_j の周辺密度関数である.

まず,Wang (2003) と同様に,総リスク Z は多数の個別のリスク X_j から構成され,その結果として,Z は正規分布で近似できるとする.いま,$Z_0 = (Z - \mu_Z)/\sigma_Z$ とおく.ただし,$\mu_Z = E[Z]$ および $\sigma_Z^2 = V[Z]$ である.Z_0 は標準正規分布に従う確率変数である.このとき,(2.27) から,

$$\pi(Y) = \frac{E[h(\boldsymbol{X})\mathrm{e}^{\lambda_0 Z_0}]}{E[\mathrm{e}^{\lambda_0 Z_0}]}, \qquad \lambda_0 = \lambda \sigma_Z \tag{2.40}$$

2.3 保険料計算原理の多変量への拡張

が成立する．

次に，標準正規確率変数 Z_0 が

$$Z_0 \stackrel{\mathrm{d}}{=} \sum_{j=1}^n w_j U_j, \qquad U_j = \Phi^{-1}[F_j(X_j)] \tag{2.41}$$

と表現できるとする．ここで $\stackrel{\mathrm{d}}{=}$ は分布の意味での等号を表わす．このとき，(2.40) から，近似的に次式が成立する[*14]．

$$\pi(Y) = \frac{E[h(\boldsymbol{X})\mathrm{e}^{\lambda_1 U_1 + \cdots + \lambda_n U_n}]}{E[\mathrm{e}^{\lambda_1 U_1 + \cdots + \lambda_n U_n}]}, \qquad \lambda_j = \lambda_0 w_j \tag{2.42}$$

一方，$\boldsymbol{\lambda} = (\lambda_1, \lambda_2, \ldots, \lambda_n)^\top$ とおくと，$U \equiv \sum_{j=1}^n \lambda_j U_j$ が平均 0，分散 $\sigma_U^2 \equiv \boldsymbol{\lambda}^\top \boldsymbol{\Sigma}_\rho \boldsymbol{\lambda}$ の正規分布に従うことから，

$$\pi(Y) = \mathrm{e}^{-\sigma_U^2/2} E\left[h(\boldsymbol{X})\mathrm{e}^{\lambda_1 U_1 + \cdots + \lambda_n U_n}\right]$$

が得られる．また，

$$V[Z_0] = \boldsymbol{w}^\top \boldsymbol{\Sigma}_\rho \boldsymbol{w} = 1, \qquad \boldsymbol{w} = (w_1, w_2, \ldots, w_n)^\top$$

であるから $\sigma_U^2 = \lambda^2 \sigma_Z^2$ が成立する．

近似 (2.42) を使うことで，測度変換 (2.34) は

$$f^*(\boldsymbol{x}) = \mathrm{e}^{-\sigma_U^2/2} \mathrm{e}^{\lambda_1 \alpha_1 + \cdots + \lambda_n \alpha_n} f(\boldsymbol{x}), \qquad \alpha_j = \Phi^{-1}[F_j(x_j)]$$

となる．したがって，(2.39) から，

$$f^*(\boldsymbol{x}) = \mathrm{e}^{-\sigma_U^2/2} \mathrm{e}^{\lambda_1 \alpha_1 + \cdots + \lambda_n \alpha_n} \phi_n(\boldsymbol{\alpha}) \prod_{j=1}^n \frac{f_j(x_j)}{\phi(\alpha_j)} \tag{2.43}$$

であり，(2.43) を $-\infty$ から y_j まで各変数で積分することで，変換後の確率測度 P^* に関する同時分布関数として，

$$F^*(\boldsymbol{y}) = \mathrm{e}^{-\sigma_U^2/2} \int^{\boldsymbol{y}} \mathrm{e}^{\lambda_1 \alpha_1 + \cdots + \lambda_n \alpha_n} \phi_n(\boldsymbol{\alpha}) \prod_{j=1}^n \frac{f_j(x_j)}{\phi(\alpha_j)} \mathrm{d}\boldsymbol{x}$$

を得る．ただし $\boldsymbol{y} = (y_1, y_2, \ldots, y_n)^\top$ とおいた．

[*14] $(h(\boldsymbol{X}), Z_0)$ の同時分布を考える場合には，Z_0 を分布の等しい確率変数 Z' で置き換えたとしても，$(h(\boldsymbol{X}), Z_0)$ の同時分布と $(h(\boldsymbol{X}), Z')$ の同時分布は必ずしも等しくなるとは限らない．

ここで，次の変数変換を行なう．

$$u_j = \Phi^{-1}[F_j(x_j)], \qquad j = 1, 2, \ldots, n$$

このとき，$\alpha_j = u_j$ であるから，

$$F^*(\boldsymbol{y}) = \mathrm{e}^{-\sigma_U^2/2} \int^{\boldsymbol{\beta}} \mathrm{e}^{\lambda_1 u_1 + \cdots + \lambda_n u_n} \phi_n(\boldsymbol{u}) \mathrm{d}\boldsymbol{u} \tag{2.44}$$

が成立する．ただし，$\boldsymbol{\beta} = (\beta_1, \beta_2, \ldots, \beta_n)^\top$, $\beta_j = \Phi^{-1}[F_j(y_j)]$ とおいた．(2.35) から，

$$\mathrm{e}^{-\sigma_U^2/2} \mathrm{e}^{\lambda_1 u_1 + \cdots + \lambda_n u_n} \phi_n(\boldsymbol{u}) = \phi_n(\boldsymbol{u} - \boldsymbol{\Sigma}_\rho \boldsymbol{\lambda})$$

であるから，(2.44) より

$$F^*(\boldsymbol{y}) = \Phi_n(\boldsymbol{\beta} - \boldsymbol{\Sigma}_\rho \boldsymbol{\lambda}) \tag{2.45}$$

が得られる．すなわち，多変量ワン変換として，

$$F^*(\boldsymbol{x}) = \Phi_n\left(\Phi^{-1}[F_1(x_1)] - \sum_{j=1}^n \lambda_j \rho_{1j}, \ldots, \Phi^{-1}[F_n(x_n)] - \sum_{j=1}^n \lambda_j \rho_{nj}\right)$$

が得られた．特に，$n = 1$ のとき $\rho_{11} = 1$ であるから，(2.45) はワン変換 (2.19) に一致する．

全リスク $\boldsymbol{X} = (X_1, X_2, \ldots, X_n)^\top$ が n 変量正規分布に従うとき，(2.42) は近似ではなく等号で成立する．すなわち，$\boldsymbol{X}$ の平均ベクトルを $\boldsymbol{\mu} = (\mu_1, \mu_2, \ldots, \mu_n)^\top$，共分散行列を $\boldsymbol{\Sigma} = (\sigma_{ij})$ とする．このとき，$U_j = (X_j - \mu_j)/\sigma_j$ が成立し，$Z = \sum_{j=1}^n X_j$ であるから

$$Z_0 = \frac{Z - \mu_Z}{\sigma_Z} = \sum_{j=1}^n \frac{X_j - \mu_j}{\sigma_Z}$$

となる．ただし $\sigma_{jj} = \sigma_j^2$ である．したがって，$w_j = \sigma_j/\sigma_Z$ とおけば，(2.42) は通常の等号で成立する．

λ_j の定義から，

$$\lambda_j = \lambda \sigma_Z \frac{\sigma_j}{\sigma_Z} = \lambda \sigma_j, \qquad j = 1, 2, \ldots, n$$

したがって

$$\sum_{j=1}^{n} \lambda_j \rho_{1j} = \lambda C(U_j, Z)$$

よって，正規分布のケースでは，ワン変換 (2.45) は

$$F^*(\boldsymbol{x}) = \Phi_n \bigg(\Phi^{-1}[F_1(x_1)] - \frac{\lambda}{\sigma_1} C(X_1, Z), \ldots \qquad (2.46)$$

$$\ldots, \Phi^{-1}[F_n(x_n)] - \frac{\lambda}{\sigma_n} C(X_n, Z) \bigg)$$

となる．正規分布の場合には $F_j(x_j) = \Phi((x_j - \mu_j)/\sigma_j)$ であるから，多変量ワン変換 (2.46) は正規分布 $N(\boldsymbol{\mu}, \boldsymbol{\Sigma})$ を平均ベクトルが $\boldsymbol{\mu} + \lambda \boldsymbol{\Sigma} \mathbf{1}$，共分散行列が $\boldsymbol{\Sigma}$ の正規分布 $N(\boldsymbol{\mu} + \lambda \boldsymbol{\Sigma} \mathbf{1}, \boldsymbol{\Sigma})$ に変換する．この事実は，正規分布の場合には，ワン変換はエッシャー変換と同じであることを示している．対数正規分布の場合については章末問題 2.6 とする．

章 末 問 題

問題 2.1 (2.1) で定義される集合関数 Q は確率測度であることを示せ．

問題 2.2 定理 2.3 を証明せよ．(ヒント：積率母関数を計算する)

問題 2.3 (2.14) および (2.15) を示せ．

問題 2.4 価格式 (2.33) が線形性を満たすことを確認せよ．

問題 2.5 例 2.3 において，(2.37) に従う証券価格 S_i の上に書かれたコールオプションの価格を求めよ．(ヒント：無リスク金利を 0，満期を 1 としたブラック・ショールズ公式が得られる)

問題 2.6 多変量ワン変換 (2.45) において，対数正規分布は対数正規分布に変換されることを示せ．ただし，対数正規分布の場合には (2.42) は近似としてしか成立しないことに注意せよ．

3 正の確率過程による測度変換

前章で説明した正の確率変数を使った測度変換の手法を，本章では正の確率過程に拡張する．すなわち，前章までの1期間モデルに適用した手法を，時間の流れを伴う多期間モデルに適用できるよう拡張する．この際，本書の主題である「測度変換の立場から価格付けの考え方を理解する」ために，二項モデルをランダムウォークで定式化し，ランダムウォークにおける測度変換を考える．第1章で述べたように，二項モデルは金融工学における価格付けの考え方を理解する上で基本的なモデルであり，ランダムウォークはすべての確率過程の基礎となるモデルである．本章では，ブラウン運動やポアソン過程などの連続時点確率過程における測度変換は，ランダムウォークの測度変換の連続化に他ならないことを示す．

3.1 確率過程による測度変換

前章では，確率空間 $(\Omega, \mathcal{F}, P)$ 上の正の確率変数 η（ただし $E^P[\eta] = 1$ とする）を用いて，ラドン・ニコディム微分

$$\frac{dQ}{dP} = \eta$$

から確率測度 Q を定義できることを学んだ．この意味は $\mathcal{F}$ 可測な事象 A に対して，その確率 $Q(A)$ を

$$Q(A) = E^P[1_A \eta], \quad A \in \mathcal{F}$$

で定義することであった．

3.1 確率過程による測度変換

この考え方を正の確率変数 η から正の確率過程 η_t に拡張するために[*1]，確率過程 η_t が満たすべき性質を考えよう[*2]．可算加法族 $\mathcal{F}_t$ は時間の経過とともに情報が増大するので，$t \leq u$ に対して $\mathcal{F}_t \subset \mathcal{F}_u$ となっている．したがって，t 時点で判明している事象 $A \in \mathcal{F}_t$ は u 時点でも判明しているので，新しい確率 $Q(A)$ を定義する際に，η_t あるいは η_u のどちらの確率変数を用いても同じ確率を与えなければならない．すなわち，

$$Q(A) = E^P[1_A \eta_t] = E^P[1_A \eta_u], \qquad A \in \mathcal{F}_t, \quad t \leq u$$

が成立する必要がある．

ここで，もし確率過程 η_t が P の下で $\eta_0 = 1$ なるマルチンゲールであれば，条件付き期待値の性質（定理 A.1）を用いて，$A \in \mathcal{F}_t$ に対して

$$E^P[1_A \eta_u] = E^P\left[E^P[1_A \eta_u | \mathcal{F}_t]\right] = E^P\left[1_A E^P[\eta_u | \mathcal{F}_t]\right] = E^P[1_A \eta_t]$$

であることがわかるので，

$$Q(A) = E^P[1_A \eta_t], \qquad A \in \mathcal{F}_t \tag{3.1}$$

として矛盾なく確率測度 Q を定義できる．このことを

$$\left.\frac{\mathrm{d}Q}{\mathrm{d}P}\right|_{\mathcal{F}_t} = \eta_t \tag{3.2}$$

とも書く．この正値マルチンゲール η_t を測度変換 (3.1) の**ラドン・ニコディム密度過程**（Radon–Nikodym density process）と呼ぶ．特に，有限時間 $[0, T^*]$ の場合には，任意の $\mathcal{F}_{T^*}$ 可測，可積分で正の確率変数 Y に対して，

$$\eta_t = \frac{E^P[Y | \mathcal{F}_t]}{E^P[Y]}, \qquad t \in [0, T^*]$$

によって定義される確率過程 η_t がラドン・ニコディム密度過程になる．

$\mathcal{F}_T$ 可測な確率変数 X_T に対して，測度変換 (3.1) による確率測度 Q に関する X_T の期待値は

[*1] 確率過程とは，時間のインデックスを持つ確率変数の集まりのことであるから，$\{\eta_t\}$ と記述すべきであるが，本書では以後，記号の簡略化のために単に η_t と書くことにする．
[*2] 確率変数を扱う限りでは $E^P[\eta] = 1$ で十分であるが，確率変数の列である確率過程を扱うには整合的に確率を定義できるかどうかを考える必要がある．

3. 正の確率過程による測度変換

$$E^Q[X_T] = E^P[\eta_T X_T] \tag{3.3}$$

として計算できるが，条件付き期待値 $E^Q[X_T|\mathcal{F}_t]$ はどのように計算すればよいのであろうか？この問題に対しては次のベイズの公式 (Bayes' rule) が答えを与えてくれる．

補題 3.1 (ベイズの公式) 確率過程 η_t は P の下でマルチンゲールで，$\eta_0 = 1$ として，確率測度 Q を (3.1) によって定義する．このとき，$\mathcal{F}_T$ 可測な確率変数 X_T の Q に関する条件付き期待値は

$$E^Q[X_T|\mathcal{F}_t] = \frac{E^P[\eta_T X_T|\mathcal{F}_t]}{E^P[\eta_T|\mathcal{F}_t]} = E^P\left[\frac{\eta_T}{\eta_t}X_T\bigg|\mathcal{F}_t\right] \tag{3.4}$$

によって与えられる．

証明： まず，条件付き期待値の定義 (定義 A.5) を述べておこう．$\mathcal{G}$ を $\mathcal{F}$ の部分可算加法族とする．確率空間 $(\Omega, \mathcal{F}, P)$ 上に定義された $\mathcal{F}$ 可測な確率変数 X の部分可算加法族 $\mathcal{G}$ に関する条件付き期待値 $Y = E[X|\mathcal{G}]$ とは，任意の $A \in \mathcal{G}$ に対して，

$$E[1_A Y] = E[1_A X]$$

が成立する $\mathcal{G}$ 可測な確率変数として定義される．

ベイズの公式を証明するために，確率変数 Y を $Y = \eta_t E^Q[X_T|\mathcal{F}_t]$ とおいて，任意の $A \in \mathcal{F}_t$ に対して，上記の定義

$$E^P[1_A Y] = E^P[1_A \eta_T X_T]$$

が成立していることを確認しよう．

$E^P[1_A Y]$
$= E^P[1_A \eta_t E^Q[X_T|\mathcal{F}_t]]$
$= E^P[E^P[\eta_T|\mathcal{F}_t] E^Q[1_A X_T|\mathcal{F}_t]]$ (η_t はマルチンゲール，$A \in \mathcal{F}_t$)
$= E^P[\eta_T E^Q[1_A X_T|\mathcal{F}_t]]$ (定理 A.1 b) および c))
$= E^Q[E^Q[1_A X_T|\mathcal{F}_t]]$ (Q へ測度変換)
$= E^Q[1_A X_T]$ (条件付き期待値の連鎖公式)
$= E^P[1_A \eta_T X_T]$ (P へ測度変換)

が成立する．これは，Y が条件付き期待値 $E^P[\eta_T X_T | \mathcal{F}_t]$ であることを示している．したがって，

$$E^Q[X_T | \mathcal{F}_t] = \frac{E^P[\eta_T X_T | \mathcal{F}_t]}{\eta_t}$$

となり，ベイズの公式が証明できた．

以下の節では金融工学で用いられる代表的なラドン・ニコディム密度過程を提示していく．

3.2 ランダムウォークによる測度変換

$X_1, X_2, \ldots$ を独立で，以下の分布に従う確率変数の列とする．

$$P\{X_n = 1\} = 1 - P\{X_n = -1\} = p, \qquad 0 < p < 1 \tag{3.5}$$

このとき，部分和

$$W_n = \sum_{i=1}^n X_i, \qquad n = 1, 2, \ldots, T \tag{3.6}$$

で定義される確率過程 W_n（ただし $W_0 = 0$ とする）をランダムウォーク (random walk)，あるいは確率 p を明示したいときには p ランダムウォークと呼ぶ．ランダムウォーク W_n は関係式

$$W_n = W_{n-1} + X_n$$

を満たすので，その増分が二項分布に従う X_n である．ランダムウォークは 1 次元の整数上をランダムに動く粒子のモデル化であり，物理学だけでなく経済学をはじめ多くの分野で応用されている．ランダムウォークの詳細については木島 (1994) の第 2 章を参照せよ．以下，本節では，可算加法族（情報系）を $\mathcal{F}_n = \sigma(W_m, m \leq n)$ とする．

ランダムウォークを使った測度変換を考えるために，W_n のエッシャー変換 (2.2) を利用する．測度変換に利用される確率変数は正で可積分でなければならないことを思い出そう．すなわち，ある定数 $\theta \in \mathbb{R}$ を用いて，

$$Y_n = \frac{e^{\theta(W_n-W_0)}}{E^P[e^{\theta(W_n-W_0)}]}, \qquad n=0,1,2,\ldots,T$$

とおく．定義から $Y_0 = 1$ であることに注意しよう．

確率過程 Y_n は P の下でマルチンゲールであることを示そう．X_n は独立で同一かつ

$$E^P[e^{\theta X_n}] = pe^{\theta} + (1-p)e^{-\theta}$$

であるから，$0 \leq n < m \leq T$ に対して，

$$Y_m = Y_n \prod_{k=n+1}^{m} \frac{e^{\theta X_k}}{pe^{\theta} + (1-p)e^{-\theta}}, \qquad n=0,1,\ldots,m-1 \tag{3.7}$$

が成り立つ．また，$X_{n+1}, X_{n+2}, \ldots$ は過去の履歴 $\mathcal{F}_n$ を得ても独立であり，さらに，

$$E^P[e^{\theta X_k}|\mathcal{F}_n] = pe^{\theta} + (1-p)e^{-\theta}, \qquad k=n+1,n+2,\ldots$$

も成立する．よって，

$$\begin{aligned} E^P[Y_m|\mathcal{F}_n] &= Y_n E^P\left[\prod_{k=n+1}^{m} \frac{e^{\theta X_k}}{pe^{\theta} + (1-p)e^{-\theta}} \bigg| \mathcal{F}_n\right] \\ &= Y_n \prod_{k=n+1}^{m} E^P\left[\frac{e^{\theta X_k}}{pe^{\theta} + (1-p)e^{-\theta}} \bigg| \mathcal{F}_n\right] \\ &= Y_n \end{aligned}$$

すなわち，Y_n は P に関してマルチンゲールである．したがって，(3.1) より，測度 Q を

$$Q(A) = E^P[1_A Y_n], \qquad A \in \mathcal{F}_n \tag{3.8}$$

と定義できて，Y_n は測度変換 (3.8) におけるラドン・ニコディム密度過程である．

ここで，ある m における事象 $A = \{X_m = 1\}$ を考える．確率測度 P の下では，$P\{X_m = 1\} = p$ であった．X_n の独立性から

3.2 ランダムウォークによる測度変換

$$E^P[1_A Y_m] = \frac{pe^\theta}{pe^\theta + (1-p)e^{-\theta}} \tag{3.9}$$

が成立するので，測度変換後の事象 A の確率は

$$Q\{X_m = 1\} = q, \qquad q = \frac{pe^\theta}{pe^\theta + (1-p)e^{-\theta}} \tag{3.10}$$

で与えられる（章末問題 3.1）．q は θ に関して連続，単調増加かつ $0 < q < 1$ であるから，θ を適当に選ぶことで，上昇確率 p を任意の上昇確率 q に変換することができる．

一般に，測度変換後の確率変数列 $\{X_n\}$ も互いに独立で同一分布に従うことが示される（章末問題 3.2）．したがって，p ランダムウォーク W_n は，測度変換 (3.8) により q ランダムウォークに変換される．ただし，確率 q は (3.10) で与えられる．これがランダムウォークにおける測度変換の原理である．

第 1 章で定義した二項モデルをランダムウォーク W_n を使って表現しよう．簡単化のため，この二項モデルは，すべての時点と状態で独立かつ同一の上昇ファクター u と下落ファクター d を持つと仮定する．したがって，(3.5) で定義された X_n を使って，リスク証券の価格過程を

$$\begin{aligned} S_n &= S_{n-1} u^{(1+X_n)/2} d^{(1-X_n)/2} \\ &= S_0 u^{(n+W_n)/2} d^{(n-W_n)/2}, \qquad n = 0, 1, 2, \ldots, T \end{aligned} \tag{3.11}$$

と定義する．測度変換 (3.8) により p ランダムウォークが q ランダムウォークに変換されるので，二項モデルにこの測度変換を適用すると，価格の上昇確率が q に変換された二項モデルが得られることになる．

例 3.1 以上のように，二項モデルはランダムウォークを使って表現できるので，この例では，デリバティブの価格付けを測度変換のフレームワークで記述する．

ここでは，簡単化のために 1 期間二項モデル (1.9) を考える．無リスク金利を $r > 0$ とし，原資産価格が上昇する確率を p でそのときのデリバティブ価値を C_u，また下落する確率を $(1-p)$ でそのときのデリバティブ価値を C_d とする．すなわち，デリバティブ価値の 1 期間における変動は

$$C \begin{cases} C_u & \text{確率 } p \\ C_d & \text{確率 } (1-p) \end{cases}$$

で与えられる．第1章と同じ複製の議論を使えば，2元連立方程式

$$\begin{cases} xuS + RB = C_u \\ xdS + RB = C_d \end{cases}$$

が得られる．ただし，$R = 1 + r$ で原資産 S への投資枚数を x，無リスク証券への投資額を B とした．このとき，

$$x = \frac{C_u - C_d}{(u-d)S}, \qquad B = \frac{uC_d - dC_u}{(u-d)R}$$

が得られ，無裁定の仮定から，デリバティブの価格は

$$C = \frac{R-d}{(u-d)R}C_u + \frac{u-R}{(u-d)R}C_d$$

で与えられる．各自で確認せよ．したがって，

$$q = \frac{R-d}{u-d}, \qquad 1-q = \frac{u-R}{u-d} \tag{3.12}$$

を使えば，デリバティブの価格は

$$C = R^{-1}E^Q[C_1]$$

と表現することができる．ここで，E^Q は確率 q に関する期待値，C_1 は1期後のデリバティブの価値を表わす確率変数である．(3.12) で定義される q が確率であることは，無裁定の条件 (1.8) から保証される．すなわち，デリバティブの価格は，実際の確率 p を (3.12) で定義される確率 q に変換し，その確率の下でデリバティブの将来価値の割引期待値を計算することで与えられる．

さて，この価格付け手法を測度変換の立場から検討しよう．$T = 1$ として，測度変換 (3.8) を考える．これまで定数 θ を特に定めなかったが，ここでは，1期間二項モデル (1.9) で与えられた確率 p と (3.12) で与えられる確率 q に対して (3.10) を満たす θ を選ぶ．このようにして選ばれた θ に対して，(3.7) から，ラドン・ニコディム密度過程は

$$Y_1 = \frac{e^{\theta X_1}}{pe^\theta + (1-p)e^{-\theta}}$$

であり，

$$E^P[C_1Y_1] = C_u \frac{e^\theta}{pe^\theta + (1-p)e^{-\theta}}p + C_d \frac{e^{-\theta}}{pe^\theta + (1-p)e^{-\theta}}(1-p)$$
$$= C_u q + C_d(1-q)$$

であるから，デリバティブの価格は

$$C = E^P[C_1Y_1R^{-1}] = R^{-1}E^Q[C_1]$$

で与えられる．したがって，$\rho_1 = Y_1 R^{-1}$ が状態価格密度である．

一般に，測度変換 (3.8) において，状態価格密度を

$$\rho_n = Y_n R^{-n}, \qquad n = 0, 1, \ldots, T$$

とおくと，T 期間二項モデルにおけるヨーロピアンタイプのデリバティブ価格は

$$\pi = R^{-T}E^Q[C_T] = E^P[C_T\rho_T], \qquad q = \frac{R-d}{u-d} \tag{3.13}$$

で与えられる．ここで，θ の選び方から，P の下で確率過程 $\rho_n S_n$ はマルチンゲールである．すなわち，$T=1$ の場合には，

$$E^P[\rho_1 S_1] = R^{-1}\left[S_0 u \frac{pe^\theta}{pe^\theta + (1-p)e^{-\theta}} + S_0 d \frac{(1-p)e^{-\theta}}{pe^\theta + (1-p)e^{-\theta}}\right]$$
$$= S_0 \frac{uq + d(1-q)}{R} = S_0$$

であり，一般の場合にも同様に繰り返していけば，

$$E^P[\rho_k S_k | \mathcal{F}_n] = \rho_n S_n, \qquad k = n+1, n+2, \ldots, T$$

であることがわかる．各自確認せよ．逆にいうと，確率過程 $\rho_n S_n$ をマルチンゲールにするように測度変換 (3.8) を定めている．

$S_n^* = S_n R^{-n}$ とおくと，ベイズの公式（補題 3.1）を用いれば，S_n^* は Q の下でマルチンゲールとなることがわかる．すなわち，$k \geq n$ に対して，

$$E^Q[S_k^* | \mathcal{F}_n] = E^P\left[\frac{Y_k}{Y_n}S_k^* \middle| \mathcal{F}_n\right] = \frac{1}{Y_n}E^P[\rho_k S_k | \mathcal{F}_n] = \frac{\rho_n S_n}{Y_n} = S_n^*$$

したがって，確率過程 S_n^* をマルチンゲールにするように確率 q を定めれば，適切な測度変換 Q が得られることになる．すなわち，

$$E^Q[S_1^*] = R^{-1}[S_0 uq + S_0 d(1-q)] = S_0 \frac{uq + d(1-q)}{R} = S_0$$

したがって，(3.12) が得られる．

以上の結果は，金利や上昇ファクター，下落ファクターが $\mathcal{F}_n$ 可測な確率過程としても成立する[*3)]．すなわち，時点 n における無リスク金利を r_n とし，

$$B_n = \prod_{t=1}^{n}(1 + r_t), \qquad n = 0, 1, 2, \ldots \tag{3.14}$$

とおく．ただし $B_0 = 1$ とする．B_n を**無リスク預金** (money-market account) と呼ぶ．また，与えられた価格過程 S_n に対して

$$S_n^* = \frac{S_n}{B_n}, \qquad n = 0, 1, 2, \ldots \tag{3.15}$$

を考える．S_n^* は（無リスク預金に関する）**相対価格** (relative price) と呼ばれる．

定義 3.1 (マルチンゲール確率) 確率測度 Q の下で任意の相対価格過程 S_n^* がマルチンゲールとなるとき，Q をマルチンゲール確率と呼ぶ．すなわち，

$$E_n^Q[S_{n+1}^*] = S_n^*, \qquad n = 0, 1, 2, \ldots$$

ここで E_n^Q は確率 Q に関する $\mathcal{F}_n$ 条件付き期待値を表わす．

定義 3.2 (状態価格密度) 任意の価格過程 S_t に対して，$\rho_t S_t$ が P の下でマルチンゲールになる正の確率過程 ρ_t を状態価格密度と呼ぶ．

このセッティングにおいても，資産価格の基本定理は成立する．

定理 3.1 (資産価格の基本定理) 市場に裁定機会がないことと同値マルチンゲール確率（すなわち，状態価格密度）が存在することは同値である．また，市場に裁定機会がない場合には，マルチンゲール確率が唯一つ存在することと市場が完備であることは同値である．

[*3)] より一般的な離散モデルへの拡張については Pliska (1997) を参照せよ．

3.3 ブラウン運動による測度変換

(3.5), (3.6) で定義されるランダムウォーク W_n では，増分 X_n の変位を ± 1 としたが，ここでは X_n の変位を $\pm \Delta x$ とし，Δx と時間の間隔 Δt を

$$\Delta t = (\Delta x)^2$$

という関係を保ちながら同時に小さくする．すなわち，対称な ($p = 1/2$) ランダムウォークにおいて

$$P\{X_n = \Delta x\} = 1 - P\{X_n = -\Delta x\} = 0.5$$

とおき $\Delta x \to 0$ とする．このとき，中心極限定理により，ランダムウォーク W_n は標準ブラウン運動に法則収束することが示される．本書で必要となるブラウン運動の性質については付録 A.4 を，またブラウン運動の詳細については木島 (1994) の第 4 章を参照せよ．

ブラウン運動の増分は正規分布に従うので，正規分布の標準化と同じ手続きを踏むことで，ドリフトを持つ一般的なブラウン運動を以下のようにして作ることができる．すなわち，

$$X(t) = \mu t + \sigma z(t), \qquad t \geq 0$$

で定義される確率過程 $X(t)$ を**ドリフト** (drift) μ, **拡散係数** (diffusion coefficient) σ を持つブラウン運動と呼ぶ．

ランダムウォークはブラウン運動に法則収束するので，ランダムウォークの確率法則に関する結果はすべてブラウン運動の結果に変換される．すなわち，ランダムウォークにおける測度変換 (3.8) では上昇確率 p を q に変換したが，このアナロジーを考えれば，ブラウン運動における測度変換ではドリフト μ を変換する（拡散係数は不変）ことが予想される．このことを確認しよう．

時間の間隔を Δt とおき，ブラウン運動の増分を $\Delta z(t)$ とする．(3.7) から，ランダムウォークのラドン・ニコディム密度過程 Y_t に関して

$$Y_{t+1} = Y_t \frac{e^{\theta X_{t+1}}}{E^P[e^{\theta X_{t+1}}]}, \qquad X_{t+1} = \Delta W_t$$

が成立する（ただし $\Delta W_n = W_{n+1} - W_n$）ので，このアナロジーとして

$$Y_{t+\Delta t} = Y_t \frac{e^{\theta \Delta z(t)}}{E^P[e^{\theta \Delta z(t)}]} \tag{3.16}$$

とおく．増分 $\Delta z(t)$ は正規分布 $N(0, \Delta t)$ に従うので，積率母関数の公式 (A.14) から

$$E^P[e^{\theta \Delta z(t)}] = e^{\theta^2 \Delta t/2}$$

が得られる．したがって，(3.16) から，

$$\Delta \log Y_t = \theta \Delta z(t) - \frac{1}{2}\theta^2 \Delta t$$

ただし，$\Delta \log Y_t = \log Y_{t+\Delta t} - \log Y_t$ とおいた．$\Delta t \to 0$ のとき，

$$d \log Y_t = \theta dz(t) - \frac{1}{2}\theta^2 dt$$

であるから，この両辺を t で積分することで，ブラウン運動による測度変換

$$Q(A) = E^P[1_A Y_t], \qquad Y_t = e^{\theta z(t) - \theta^2 t/2}; \qquad A \in \mathcal{F}_t \tag{3.17}$$

が得られる．(3.17) におけるラドン・ニコディム密度過程 Y_t は指数形なので正値をとる．また，確率測度 P の下でマルチンゲールである（章末問題 3.3）から，Y_t は**指数マルチンゲール**（exponential martingale）と呼ばれる．測度変換におけるラドン・ニコディム密度過程は正値マルチンゲールでなければならない．一般に，サンプルパスの連続な正値マルチンゲールは指数マルチンゲールである[*4]．

測度変換 (3.17) はエッシャー変換 (2.2) と同じであるから，定理 2.3 より，P の下での標準ブラウン運動 $z(t)$ は Q の下ではドリフト θ を持つ．したがって，

$$dz^*(t) = -\theta dt + dz(t), \qquad 0 \leq t \leq T \tag{3.18}$$

で定義された $z^*(t)$ は Q の下で標準ブラウン運動となる．

以上から，次のギルサノフの定理が得られた．

[*4] 詳細は，たとえば，Hunt and Kennedy (2004) の 98 ページを参照せよ．

定理 3.2 (Girsanov) $z(t)$ を標準ブラウン運動とすれば，(3.18) で定義される確率過程 $z^*(t)$ は (3.17) で定義される確率測度 Q の下で標準ブラウン運動である．

例 3.2 (ブラック・ショールズのモデルとリスクの市場価格) ブラック・ショールズのモデルでは，リスク証券の価格変動を確率微分方程式

$$\frac{\mathrm{d}S(t)}{S(t)} = \mu\mathrm{d}t + \sigma\mathrm{d}z(t), \qquad 0 \leq t \leq T$$

により，また，無リスク証券の価格変動を通常の微分方程式

$$\frac{\mathrm{d}B(t)}{B(t)} = r\mathrm{d}t, \qquad 0 \leq t \leq T$$

によりモデル化する．ただし，μ, r はそれぞれの期待収益率，σ はリスク証券のボラティリティで，これらはすべて正の定数である．ここで，無リスク証券を基準財に選んだ相対価格 $S^*(t) = S(t)/B(t)$ を考えよう．相対価格の従う確率微分方程式は，伊藤の商公式（定理 A.8）より

$$\frac{\mathrm{d}S^*(t)}{S^*(t)} = (\mu - r)\mathrm{d}t + \sigma\mathrm{d}z(t), \qquad 0 \leq t \leq T$$

となる．資産価格の基本定理（定理 3.1）によると，無裁定であることと相対価格 $S^*(t)$ がマルチンゲールであることは同値である．したがって，

$$(\mu - r)\mathrm{d}t + \sigma\mathrm{d}z(t) = \sigma\mathrm{d}z^*(t)$$

で定義される $z^*(t)$ が標準ブラウン運動になるように確率測度 Q を決める必要がある．ギルサノフの定理（定理 3.2）から，このためには

$$\theta = -\lambda, \qquad \lambda = \frac{\mu - r}{\sigma}$$

とおき，測度変換 (3.17) により確率測度 Q を定義すればよい．λ はリスクの市場価格 (market price of risk) と呼ばれる．マルチンゲール確率が唯一つなので，この市場は完備である．また，満期 T，行使価格 K のコールオプションの価格 π は，(3.13) から，ペイオフのリスク中立確率に関する割引期待値として

$$\pi = \mathrm{e}^{-rT}E^Q[\max\{S(T) - K, 0\}]$$

で与えられる．この期待値を計算すればブラック・ショールズの公式 (2.17) が得られる．各自で確認せよ．

3.4 伊藤過程への拡張

前節では，ランダムウォーク (3.6) の増分 X_n は独立で同一の分布に従うと仮定し，中心極限定理を使って，増分が正規分布に従うブラウン運動を得た．結果として，ブラウン運動のドリフトおよび拡散係数は定数であったが，測度変換の議論では微小な時間間隔 Δt を考え，その期間で (3.16) のような測度変換を行えばよかった．このことは，ドリフトおよび拡散係数が時点および状態に依存していても同じ議論が適用できることを意味している．本節では，前節のブラウン運動における測度変換を一般の伊藤過程へ拡張する．

まず，一般化されたランダムウォークを考える．すなわち，ランダムウォーク (3.6) の増分 X_n は時点および状態に依存できるとする．このために，ランダムウォーク W_n から生成される履歴（可算加法族）を $\mathcal{F}_n = \sigma(W_m, m \le n)$ とし，増分 X_n の上昇確率 p_n は $\mathcal{F}_{n-1}$ に可測な確率変数であるとする[*5)]．すなわち，

$$P\{X_n = 1 | \mathcal{F}_{n-1}\} = 1 - P\{X_n = -1 | \mathcal{F}_{n-1}\} = p_n \tag{3.19}$$

とし，部分和

$$W_n = W_{n-1} + X_n = W_0 + \sum_{i=1}^{n} X_i, \qquad n = 1, 2, \ldots$$

で定義される確率過程 W_n を考える．ただし $W_0 = 0$ とおく．

通常のランダムウォークの場合と異なり，時点に依存したエッシャー変換を考えよう．(3.19) で定義される X_n に対して，

$$Y_0 = 1, \qquad Y_n = Y_{n-1} \frac{\mathrm{e}^{\theta_n X_n}}{p_n \mathrm{e}^{\theta_n} + (1-p_n)\mathrm{e}^{-\theta_n}}, \qquad n = 1, 2, \ldots, T \tag{3.20}$$

とおく．ただし，θ_n は $\mathcal{F}_{n-1}$ に可測な確率変数である．条件 $\mathcal{F}_{n-1}$ の下で，

[*5)] $\mathcal{F}_{n-1}$ 可測な確率変数を**可予測** (predictable) と呼ぶ．

(3.19) から

$$E^P\bigl[e^{\theta_n X_n}|\mathcal{F}_{n-1}\bigr] = p_n e^{\theta_n} + (1-p_n)e^{-\theta_n}$$

であることに注意しよう. Y_n が P に関して正値マルチンゲールであることは，(3.20) と条件付き期待値の連鎖公式（定理 A.1）から示される．各自で確認せよ．

(3.20) で定義される Y_n をラドン・ニコディム密度過程とする測度変換は，ランダムウォークの上昇確率 p_n を変換する．このことを示すために，条件付き期待値の議論を使うので，1期間だけ考えれば十分である．たとえば，事象 $A = \{X_m = 1\}$, $m < T$ に対して，測度変換 (3.8) を考える．このとき，ベイズの公式（補題 3.1）より，

$$E^Q[1_A|\mathcal{F}_{m-1}] = E^P\left[1_A\frac{Y_m}{Y_{m-1}}\,\bigg|\,\mathcal{F}_{m-1}\right] = \frac{E^P\bigl[1_A e^{\theta_m X_m}\,\big|\,\mathcal{F}_{m-1}\bigr]}{p_m e^{\theta_m} + (1-p_m)e^{-\theta_m}}$$

であるから，測度変換後の事象 A の条件付き確率は

$$Q\{X_m = 1|\mathcal{F}_{m-1}\} = q_m, \qquad q_m = \frac{p_m e^{\theta_m}}{p_m e^{\theta_m} + (1-p_m)e^{-\theta_m}}$$

で与えられる．q_m は θ_m に関して連続，単調増加かつ $0 < q_m < 1$ であるから，$\mathcal{F}_{m-1}$ の下で θ_m を適当に選ぶことで，上昇確率 p_m を任意の q_m に変換することができる．

ブラウン運動による測度変換の拡張もまったく同じアイデアを使えばよい．すなわち，時間の間隔を Δt とおき，ブラウン運動の増分を $\Delta z(t)$ とする．また，標準ブラウン運動 $z(t)$ の履歴を $\mathcal{F}_t = \sigma(z(u), u \le t)$ とおき，前節 (3.16) のアナロジーとして，

$$Y_{t+\Delta t} = Y_t\, e^{\theta(t)\Delta z(t) - \theta^2(t)\Delta t/2}$$

とおく．ただし $\theta(t)$ は $\mathcal{F}_t$ に可測な確率過程である．このとき，条件 $\mathcal{F}_t$ の下で，

$$\Delta \log Y_t = \theta(t)\Delta z(t) - \frac{1}{2}\theta^2(t)\Delta t$$

が得られる．$\Delta t \to 0$ のとき，ある条件の下で Y_t は以下の**伊藤過程** (Ito process) の解となる．

$$d\log Y_t = \theta(t)dz(t) - \frac{1}{2}\theta^2(t)dt \qquad (3.21)$$

したがって，この両辺を t で積分することで，伊藤過程による測度変換

$$Q(A) = E^P[1_A Y_t], \qquad A \in \mathcal{F}_t; \qquad (3.22)$$

$$Y_t = \exp\left\{\int_0^t \theta(s)\mathrm{d}z(s) - \int_0^t \frac{1}{2}\theta^2(s)\mathrm{d}s\right\}$$

が得られる（章末問題 3.4 を見よ）．ただし，正規化条件として

$$\int_0^T \theta^2(t)\mathrm{d}t < \infty, \qquad E\left[\exp\left\{\int_0^T \frac{1}{2}\theta^2(t)\mathrm{d}t\right\}\right] < \infty$$

を仮定する．

測度変換 (3.22) はドリフトを $\theta(t)$ だけ変換する．すなわち，P の下での標準ブラウン運動 $z(t)$ に対して

$$\mathrm{d}z^*(t) = -\theta(t)\mathrm{d}t + \mathrm{d}z(t), \qquad 0 \le t \le T \qquad (3.23)$$

で定義される $z^*(t)$ は Q の下で標準ブラウン運動である．証明は条件 $\mathcal{F}_t$ を付けることで前節と同様に行われる．

3.5 ポアソン過程による測度変換

ランダムウォーク (3.6) の状態確率は二項分布に従うが，$np = $ 一定とした場合の二項分布の極限はポアソン分布である（定理 A.5）．したがって，ランダムウォークの測度変換の極限としてポアソン過程の測度変換が得られることが期待される．本節では，ポアソン過程における測度変換を導く．

離散時点ポアソン過程をランダムウォークで表現するために，

$$P\{X_n = 1\} = 1 - P\{X_n = 0\} = p, \qquad 0 < p < 1 \qquad (3.24)$$

とおく．X_n が取る値は 0 または 1 であり，通常のランダムウォークにおける増分 (3.5) との差に注意せよ．このとき，部分和

$$W_n = \sum_{i=1}^n X_i, \qquad n = 1, 2, \ldots \qquad (3.25)$$

で定義される確率過程 W_n（ただし $W_0 = 0$ とする）を離散時点ポアソン過程

と呼ぶ．ポアソン過程は非減少で非負の整数値のみを取る確率過程であり，関係式

$$W_n = W_{n-1} + X_n$$

を満たす．

離散時点ポアソン過程 W_n において，W_n のエッシャー変換 (2.2) を考える．すなわち，

$$Y_n = \frac{e^{\theta W_n}}{E^P[e^{\theta W_n}]} \qquad (3.26)$$

X_n は独立で同一かつ (3.24) に従うので，

$$E^P[e^{\theta X_n}] = pe^{\theta} + (1-p)$$

および

$$Y_m = Y_n \prod_{k=n+1}^{m} \frac{e^{\theta X_k}}{pe^{\theta} + (1-p)}, \qquad n = 0, 1, \ldots, m-1 \qquad (3.27)$$

が得られる．(3.7) と比較せよ．したがって，Y_n は P に関して正値マルチンゲールであり[*6]，Y_n をラドン・ニコディム密度過程とした測度変換

$$Q(A) = E^P[1_A Y_n], \qquad A \in \mathcal{F}_n \qquad (3.28)$$

を定義できる．

(3.10) と同様に，測度変換 (3.28) の下で，W_n は上昇確率が

$$q = \frac{pe^{\theta}}{pe^{\theta} + (1-p)} \qquad (3.29)$$

を持つ離散時点ポアソン過程となることが示される．各自で確認せよ．q は θ に関して連続，単調増加かつ $0 < q < 1$ であるから，θ を適当に選ぶことで，上昇確率 p を任意の q に変換することができる．

連続時点ポアソン過程を導くために，(3.25) で定義される離散時点ポアソン過程 W_n の時間間隔を Δt，上昇確率を $\lambda \Delta t$ として $\Delta t \to 0$ とする．この極限

[*6)] ポアソン過程 W_n は非負であるが，対応するマルチンゲール $M_n = W_n - np$ は非負とは限らない．したがって，ポアソン過程における測度変換もエッシャー変換を利用する必要がある．

過程 $N(t)$ は定義 A.8 を満たすので,これは(連続時点の斉時的)ポアソン過程である.ポアソン過程の詳細は森村・木島 (1991) を参照せよ.

離散時点ポアソン過程はポアソン過程に法則収束するので,離散時点ポアソン過程の確率法則に関する結果はすべてポアソン過程の結果に変換される.すなわち,離散時点ポアソン過程における測度変換 (3.28) では上昇確率 p を q に変換したが,このアナロジーを考えれば,ポアソン過程における測度変換では強度 λ を変換することが予想される.

時間の間隔を Δt とおき,期間 $[0,t]$ を間隔 Δt で等分割した $(n = t/\Delta t)$ とする.(3.27) から,離散時点ポアソン過程では

$$Y_n = \frac{e^{\theta W_n}}{(pe^\theta + (1-p))^n}$$

であった.これに上記の変換 $(p = \lambda \Delta t)$ を代入することで

$$Y_n = \frac{e^{\theta W_n}}{(1 - \lambda(1 - e^\theta)\Delta t)^{t/\Delta t}}$$

が得られる.したがって,$\Delta t \to 0$ のとき離散時点ポアソン過程 W_n がポアソン過程 $N(t)$ に法則収束する[*7]ので,Y_n は

$$Y_t = \frac{e^{\theta N(t)}}{e^{-\lambda t(1-e^\theta)}} = e^{\theta N(t) + \lambda t(1-e^\theta)} \qquad (3.30)$$

に収束する.もちろん,Y_t は指数マルチンゲールである(章末問題 3.5).

ここで,事象 $A = \{N(t) = n\}$ を考えよう.(3.30) とポアソン過程の独立増分性から

$$Q(A) = E^P\left[1_{\{N(t)=n\}} Y_t\right] = \frac{(\mu t)^n}{n!} e^{-\mu t}, \qquad \mu = \lambda e^\theta \qquad (3.31)$$

が得られる[*8].各自で確認せよ.μ は θ に関して連続,単調増加かつ $\mu > 0$ であるから,θ を適当に選ぶことで,強度 λ を任意の強度 μ に変換することができる.すなわち,

---

[*7] このことは,$np = \lambda t$ を一定にしたまま $n \to \infty$ とすれば,二項分布がポアソン分布に法則収束することに対応している.

[*8] (3.29) において $q = \mu \Delta t$, $p = \lambda \Delta t$ として $\Delta t \to 0$ とすることで,(3.31) における λ から μ への変換 $\mu = \lambda e^\theta$ が得られる.

3.5 ポアソン過程による測度変換

$$\theta = \log\frac{\mu}{\lambda} = \log\mu - \log\lambda$$

とおくと，(3.30) から，（斉時的）ポアソン過程における測度変換

$$Q(A) = E^P[1_A Y_t], \qquad Y_t = \left(\frac{\mu}{\lambda}\right)^{N(t)} e^{(\lambda-\mu)t} \tag{3.32}$$

が得られる．これがポアソン過程における測度変換の原理である．

定理 3.3 (ポアソン過程の測度変換) 測度変換 (3.32) により，強度 λ のポアソン過程 $N(t)$ は強度 μ のポアソン過程に変換される．

では一般のポアソン過程の場合には測度変換はどうなるであろうか？ このために，前節における議論のアナロジーを考える．すなわち，$\mathcal{F}_t$ をポアソン過程の履歴とし，条件 $\mathcal{F}_t$ の下で (3.27) を考えればよい．このとき，

$$\Delta \log Y_t = \theta(t)\Delta N(t) - \log\Big[1 - \lambda(t)(1-e^{\theta(t)})\Delta t\Big]$$

が得られる．ただし $\Delta N(t) = N(t+\Delta t) - N(t)$ である．各自で確認せよ．また，$\theta(t)$ および $\lambda(t)$ は $\mathcal{F}_t$ 可測な確率過程である．対数関数の 1 次のテーラー展開 ($\log(1+x) = x + o(x)$) を使うと

$$\log\Big[1 - \lambda(t)(1-e^{\theta(t)})\Delta t\Big] = -\lambda(t)(1-e^{\theta(t)})\Delta t + o(\Delta t)$$

であるから，$\Delta t \to 0$ のとき，ある正規化条件の下で Y_t は以下の確率微分方程式の解となる．

$$d\log Y_t = \theta(t)dN(t) + \lambda(t)(1-e^{\theta(t)})dt \tag{3.33}$$

特に，$\theta(t) = \log[\mu(t)/\lambda(t)]$ とおけば，

$$d\log Y_t = \log\frac{\mu(t)}{\lambda(t)}dN(t) + (\lambda(t) - \mu(t))dt$$

となるので，この両辺を t で積分することで，ポアソン過程における測度変換の公式

$$\begin{aligned}Q(A) &= E^P[1_A Y_t], \qquad A \in \mathcal{F}_t; \\ Y_t &= \exp\left\{\int_0^t \log\frac{\mu(s)}{\lambda(s)}dN(s) + \int_0^t (\lambda(s)-\mu(s))ds\right\}\end{aligned} \tag{3.34}$$

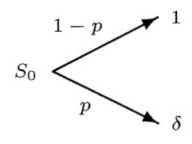

図 3.1 二項モデルによるデフォルトのモデル化 (1 期間)

が得られる．測度変換 (3.34) により，強度過程 $\lambda(t)$ を持つ連続時点ポアソン過程は強度過程 $\mu(t)$ を持つ連続時点ポアソン過程に変換される (章末問題 3.6)．

例 3.3 二項モデル (1.9) は社債のモデル化にも利用できる．すなわち，ある社債は確率 p でデフォルトし，その回収率を $0 < \delta < 1$ とする．もちろん，確率 $(1-p)$ でデフォルトしないで，1 期間後に額面 1 を受け取ることができる (図 3.1 を参照)．この社債の価格を S_n とし，これをランダムウォークで表現するために，(3.24) と同様に，

$$P\{X_1 = 1\} = 1 - P\{X_1 = 0\} = p$$

とおく．このとき，時点 1 における社債の価値は

$$S_1 = \delta^{X_1}$$

と表現される．

無リスク金利を r とすれば，この社債の価格は，無裁定の仮定の下で

$$S_0 = R^{-1} E^Q[S_1] = R^{-1}\{q\delta + (1-q)\}$$

と与えられる．ただし，$R = 1 + r$ で，リスク中立確率は

$$Q(A) = E^P[1_A Y_1], \qquad Y_1 = \frac{e^{\theta X_1}}{pe^\theta + (1-p)}$$

で定義される．測度変換後の確率 q は (3.29)，すなわち

$$q = \frac{pe^\theta}{pe^\theta + (1-p)}$$

で与えられるが，この場合には原資産がないので，リスク中立確率 q (すなわち θ) は一意には定まらないことに注意しよう．

章 末 問 題

問題 3.1 Q を測度変換 (3.8) で与えられる確率測度とする．以下の問に答えよ．
1. (3.9) が成立することを示せ．
2. (3.10) で定義される q は，θ に関して連続，単調増加かつ $0 < q < 1$ であることを示せ．
3. $i \neq j$ のとき，$Q\{X_i = -1, X_j = 1\} = q(1-q)$ であることを示せ．

問題 3.2 Q を測度変換 (3.8) で与えられる確率測度とする．ランダムウォーク W_n における増分 X_n は，Q の下でも独立で同一分布に従うことを示せ．

問題 3.3 (3.17) における Y_t は指数マルチンゲールであることを示せ．

問題 3.4 (3.21) で定義される Y_t に対して $\rho(t) = Y_t/B(t)$ とおく．ただし，$B(t)$ は金利過程 $r(t)$ を持つ無リスク預金（すなわち，$\mathrm{d}B(t) = r(t)B(t)\mathrm{d}t$）である．このとき，$\rho(t)$ は次の確率微分方程式に従うことを示せ．

$$\frac{\mathrm{d}\rho(t)}{\rho(t)} = -r(t)\mathrm{d}t + \theta(t)\mathrm{d}z(t)$$

問題 3.5 以下の問に答えよ．
1. パラメータ λ のポアソン分布の積率母関数を求めよ．
2. (3.30) における Y_t は指数マルチンゲールであることを示せ．
3. より一般的に，(3.33) で与えられるラドン・ニコディム密度過程 Y_t に対して以下を示せ．

$$\frac{\mathrm{d}Y_t}{Y_t} = (\mathrm{e}^{\theta(t)} - 1)(\mathrm{d}N(t) - \lambda(t)\mathrm{d}t)$$

したがって，Y_t は指数マルチンゲールである．（ヒント：付録 A.4 のポアソン過程における伊藤の公式を利用する）

問題 3.6 ある t と十分小さな $\Delta t > 0$ に対して $A = \{\Delta N(t) = 1\}$ とおく．ただし $\Delta N(t) = N(t + \Delta t) - N(t)$ である．測度変換 (3.34) について以下の問に答えよ．

1. 次の近似式が成立することを示せ.
$$Y_{t+\Delta t} = Y_t \left(\frac{\mu(t)}{\lambda(t)}\right)^{\Delta N(t)} e^{(\lambda(t)-\mu(t))\Delta t}$$
2. $P(A \mid \mathcal{F}_t) = \lambda(t)\Delta t\, e^{-\lambda(t)\Delta t}$ が近似的に成立することを示せ.
3. $Q(A \mid \mathcal{F}_t) = \mu(t)\Delta t\, e^{-\mu(t)\Delta t}$ が近似的に成立することを示せ.

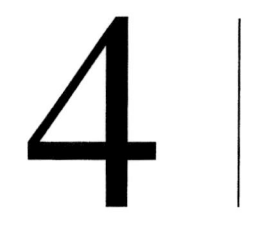

4 測度変換の価格付けへの応用

ここまでは，主に離散モデルを使って測度変換とその価格付けへの応用を説明してきたが，本章では連続時間モデルを考える．連続時間モデルでは，時間が連続であるがために細心の注意を払う必要があり，数学的な扱いは格段に難しくなる．しかし，ある正規化条件の下で，ここまでの主要な結果はそのまま適用され，たとえば資産価格の基本定理は（ある条件の下で）成立する．本章では，数学的に繊細な部分の説明は他書に譲り，資産価格の基本定理が成立すると仮定して話を進めることにする．

本章では，簡単化のため特に断らない限り，不確実性のソースは1つの1次元ブラウン運動 $z(t)$ とする．多次元への拡張は容易である．たとえば木島 (1994) を参照せよ．したがって，情報系として $\mathcal{F}_t = \sigma(z(s), s \leq t)$ を定める．以下，本章では，特に断らない限り，パラメータはすべて $\{\mathcal{F}_t\}$ 適合な確率過程であるとする．

4.1 完備市場における価格付け

まず，完備な市場を考えよう．すなわち，市場には取引可能なリスク資産が1つだけ存在し，価格過程 $S(t)$ は以下の確率微分方程式に従うとする[*1)]．

$$\frac{\mathrm{d}S(t)}{S(t)} = \mu(t)\mathrm{d}t + \sigma(t)\mathrm{d}z(t), \qquad t \geq 0 \qquad (4.1)$$

また，市場には安全資産（無リスク預金）が存在し，その収益率を $r(t)$ とする．

[*1)] もちろん，確率微分方程式に解が存在するために，期待収益率 $\mu(t)$ とボラティリティ $\sigma(t)$ はある条件を満たさなければならない．また，すべての t に対して $\sigma(t) \geq \varepsilon > 0$ と仮定する．

すなわち，無リスク預金は以下の微分方程式に従う．

$$\frac{dB(t)}{B(t)} = r(t)dt, \qquad t \geq 0 \tag{4.2}$$

ここで，市場は完備なので状態価格密度が**一意に存在**し，章末問題 3.4 から，状態価格密度は以下の確率微分方程式に従うことがわかっている．

$$\frac{d\rho(t)}{\rho(t)} = -r(t)dt + \theta(t)dz(t), \qquad t \geq 0 \tag{4.3}$$

このセッティングでは，$\theta(t)$ を定めることが問題である．

このために，状態価格密度の定義から，確率過程 $S(t)\rho(t)$ がマルチンゲールであることを利用する．すなわち，伊藤の積公式（定理 A.8）から，

$$\frac{d[S(t)\rho(t)]}{S(t)\rho(t)} = [\mu(t) - r(t) + \sigma(t)\theta(t)]dt + [\sigma(t) + \theta(t)]dz(t), \qquad t \geq 0$$

が得られるので，$S(t)\rho(t)$ がマルチンゲールであるためには，$S(t)\rho(t)$ の期待収益率が 0 であればよい．したがって，$\theta(t)$ は以下のように一意に決定される．

$$\theta(t) = -\lambda(t), \qquad \lambda(t) = \frac{\mu(t) - r(t)}{\sigma(t)} \tag{4.4}$$

ここで，証券 $S(t)$ のボラティリティ $\sigma(t)$ をリスクと捉えれば，$\lambda(t)$ は単位リスクあたり超過収益率を表わしており，$\lambda(t)$ を**リスクの市場価格**と呼んでいる．すなわち，状態価格密度の定義から，状態価格密度 $\rho(t)$ は確率微分方程式 (4.3) に従い，そのボラティリティはリスクの市場価格である[*2)]．

以上のことから，完備市場では，リスクの市場価格 $\lambda(t)$ を使って状態価格密度 $\rho(t)$ を定めることができて，任意のリスク資産の価格付けが可能になることがわかった．すなわち，時点 t_i でキャッシュフロー $X_i, i = 1, 2, \ldots, N$ を発生する証券の時点 t における価格はベイズ公式（補題 3.1）を用いれば

$$\pi(t, \{X_i\}) = \frac{1}{\rho(t)} E_t^P\left[\sum_{i=1}^{N} \rho(t_i) X_i\right], \qquad t_i > t \tag{4.5}$$

で与えられる．ここで，E_t^P は条件 $\mathcal{F}_t$ の下で P に関する条件付き期待値を表

[*2)] キャッシュフローに不確実性のある証券（すなわち，リスク資産）の価格には，そのリスクに応じたリスクプレミアムが価格に織り込まれていると考えられる．(4.3) で定義される状態価格密度では，その期待収益率（$-r(t)$）が時間価値（金利）を割り引き，ボラティリティ（$\lambda(t)$）がリスクを調整していることになる．

4.1 完備市場における価格付け

わし,右辺の期待値は存在するものとする.もちろん,測度変換の公式 (3.22) から,(4.5) は以下と同値である.各自で確認せよ.

$$\pi(t, \{X_i\}) = B(t) E_t^Q \left[\sum_{i=1}^N \frac{X_i}{B(t_i)} \right], \qquad t_i > t \tag{4.6}$$

ただし,E_t^Q はラドン・ニコディム密度過程 $Y_t = \rho(t)B(t)$ で変換された確率測度 Q に関する条件付き期待値を表わす.(3.19) から,

$$dz^*(t) = \lambda(t)dt + dz(t), \qquad 0 \le t \le T \tag{4.7}$$

で定義される $z^*(t)$ は測度 Q の下で標準ブラウン運動である.したがって,完備市場では,(4.4) で一意に定められるリスクの市場価格 $\lambda(t)$ を使って,(4.5) または (4.6) の価格公式で任意のリスク資産の価格付けが可能となる.通常は (4.6) を使うほうが計算は簡単になる.

完備市場では,任意のデリバティブが原資産と無リスク預金で複製される.すなわち,自己充足的なポートフォリオ (b, η) により,あるデリバティブが複製されるとする.ここでは簡単化のため,このデリバティブは満期 T においてのみペイオフ X を発生するとする.上述のリスク資産(価格式 (4.5) または (4.6))は,このような単一ペイオフを持つデリバティブのポートフォリオにすぎないことに注意しよう.

いま,$C(t)$ を複製ポートフォリオ (b, η) の時点 t における価格とする.すなわち,その定義から

$$\begin{aligned} C(t) &= b(t)B(t) + \eta(t)S(t) \\ &= C(0) + \int_0^t b(s)dB(s) + \int_0^t \eta(s)dS(s), \qquad 0 \le t \le T \end{aligned} \tag{4.8}$$

が成立し[*3],満期において $C(T) = X$ である.無裁定の条件から,このデリバティブの時点 t における無裁定価格は,複製ポートフォリオ (b, η) の時点 t における価格 $C(t)$ と等しくなければならない.

ところで,(4.8) において,すべての価格を無リスク預金の相対価格で考えれば $B^*(t) = 1$ であるから,(4.8) に対応して

[*3] (4.8) の2番目の等号が**自己充足的** (self-financing) の定義である.

$$C^*(t) = b(t) + \eta(t)S^*(t)$$
$$= C^*(0) + \int_0^t \eta(s)\mathrm{d}S^*(s), \qquad 0 \leq t \leq T \qquad (4.9)$$

が得られる．(4.9) のポートフォリオ (b,η) と (4.8) のポートフォリオは同じであることに注意せよ．また $C^*(0) = C(0)$ である．

デリバティブの価格付けにおいては $C^*(0)$ の値を求めることが目標である．(4.9) の第 2 項は確率積分であるから，相対価格 $S^*(t)$ がマルチンゲールであればこの確率積分の期待値は 0 となる．一方，このデリバティブは満期 T において利得が確定され，満期 T で

$$C^*(T) = \frac{X}{B(T)}$$

となる．以上から，(4.9) における確率積分の期待値が 0 となる確率測度 Q に対して

$$C^*(0) = E^Q\left[\frac{X}{B(T)}\right]$$

が成立するが，これは (4.6) そのものである．ただし $B(0) = 1$ とする．

相対価格 $S^*(t)$ が満たす確率微分方程式は，伊藤の商公式（定理 A.8）から

$$\frac{\mathrm{d}S^*(t)}{S^*(t)} = (\mu(t) - r(t))\mathrm{d}t + \sigma(t)\mathrm{d}z(t), \qquad 0 \leq t \leq T \qquad (4.10)$$

となる．各自で確認せよ．この式に変換 (4.7) を代入すると，相対価格 $S^*(t)$ の Q に関する確率微分方程式

$$\frac{\mathrm{d}S^*(t)}{S^*(t)} = \sigma(t)\mathrm{d}z^*(t), \qquad 0 \leq t \leq T \qquad (4.11)$$

が得られ，相対価格 $S^*(t)$ がマルチンゲールとなるような確率測度は上述の Q であることが確認できた．逆にいえば，デリバティブの価格付けのためには，

- 相対価格 $S^*(t)$ がマルチンゲールとなるような確率測度 Q に関して，
- 満期での利得の相対価格の期待値を計算

すればよい．

価格 $C(t)$ がわかれば，複製ポートフォリオは以下のようにして決定される．デリバティブとは原資産の値に依存して価値が変動する金融資産であるから，

4.1 完備市場における価格付け

$C(t) = f(S(t), t)$ のように表現されるはずである．したがって，伊藤の公式（定理 A.6) から,

$$dC(t) = f_S(S(t),t)dS(t) + f_t(S(t),t)dt + \frac{1}{2}f_{SS}(S(t),t)(dS(t))^2 \quad (4.12)$$

が得られる．(4.12) と (4.8) の下段の式を比べることで，

$$\eta(t) = f_S(S(t),t), \qquad 0 \leq t \leq T \quad (4.13)$$

が得られる（章末問題 4.1)．

例 4.1 (状態価格密度とブラック・ショールズの公式) 以上の完備市場モデルにおいて，すべてのパラメータが定数であるとする．このとき，確率微分方程式 (4.1) は解析的に解くことができて，

$$S(t) = S e^{(\mu - \sigma^2/2)t + \sigma z(t)}, \qquad t \geq 0$$

ただし $S(0) = S$ とおいた．同様に，$\rho(0) = 1$ であるから，

$$\rho(t) = e^{-(r + \lambda^2/2)t - \lambda z(t)}, \qquad t \geq 0$$

が得られる．各自で確認せよ．もちろん，リスクの市場価格 $\lambda = (\mu - r)/\sigma$ も定数である．また，無リスク預金は $B(t) = e^{rt}$ となる．

状態価格密度が定まったので，リスク資産 $S(t)$ の上に書かれた任意のデリバティブの価格付けが可能になる．ここでは満期 T，行使価格 K のコールオプションを考えよう．満期におけるペイオフは $C = \max\{S(T) - K, 0\}$ であるから，価格付けの公式 (4.5) を使えば，コールオプションの価格は

$$\pi(C) = E^P[\max\{S(T) - K, 0\} \rho(T)] \quad (4.14)$$

で与えられる．この期待値を直接計算するのは面倒なので，ここでは付録 A.3 の定理 A.3 を利用する．すなわち，(X, Y) を 2 変量正規分布に従う確率変数としたとき，任意の関数 $f(x)$ に対して

$$E^P\left[f(X)e^{-Y}\right] = E^P\left[e^{-Y}\right] E^P[f(X - C(X,Y))]$$

が成立する．ただし，両辺の期待値は存在するものとする．例 2.2 では，測度

変換を利用して期待値を評価したことを思い出そう．

定理 A.3 を (4.14) に適用するために，
$$X = \left(\mu - r - \frac{\sigma^2}{2}\right)T + \sigma z(T)$$
$$Y = \frac{1}{2}\left(\frac{\mu - r}{\sigma}\right)^2 T + \frac{\mu - r}{\sigma}z(T)$$
とおく．このとき，$f(x) = \max\{Se^x - Ke^{-rT}, 0\}$ であり，
$$C(X, Y) = (\mu - r)T, \qquad E^P[e^{-Y}] = 1$$
であるから，期待値 (4.14) は，標準正規分布に従う確率変数 Z を使えば
$$\pi(C) = E^P\left[\max\left\{Se^{-\sigma^2 T/2 + \sigma\sqrt{T}Z} - Ke^{-rT}, 0\right\}\right] \tag{4.15}$$
と変形できる．

期待値 (4.15) の計算は比較的簡単である．
$$d = \frac{\log(S/K) + (r - \sigma^2/2)T}{\sigma\sqrt{T}}$$
とおくと，(4.15) は
$$\pi(C) = \int_{-d}^{\infty}\left(Se^{-\sigma^2 T/2 + \sigma\sqrt{T}x} - Ke^{-rT}\right)\phi(x)dx$$
$$= Se^{-\sigma^2 T/2}\int_{-d}^{\infty} e^{\sigma\sqrt{T}x}\phi(x)dx - Ke^{-rT}\Phi(d)$$
と書ける．ここで $\phi(x)$ は標準正規分布の密度関数，$\Phi(x)$ は分布関数である．さらに，
$$e^{\sigma\sqrt{T}x}\phi(x) = e^{\sigma^2 T/2}\phi(x - \sigma\sqrt{T})$$
が成立することを利用すると，コールオプションの価格としてブラック・ショールズの公式 (2.17)，すなわち
$$\pi(C) = S\Phi(d + \sigma\sqrt{T}) - Ke^{-rT}\Phi(d)$$
が得られる．

一方，マルチンゲール確率 Q の下で相対価格は (4.11)，すなわち

4.1 完備市場における価格付け

$$S^*(T) = Se^{\sigma z^*(T) - \sigma^2 T/2}$$

で与えられる．ここで $z^*(t)$ は Q の下で標準ブラウン運動である．価格付けの公式 (4.6) を使えば，コールオプションの価格は

$$\pi(C) = E^Q\left[\frac{\max\{S(T) - K, 0\}}{e^{rT}}\right] = E^Q\left[\max\left\{S^*(T) - e^{-rT}K, 0\right\}\right]$$

で与えられるが，これは (4.15) とまったく同じである．すなわち，マルチンゲール確率 Q を使えば，定理 A.3 を使うことなく (4.15) に辿り着けるのである．複製ポートフォリオについては章末問題 4.1 とする．

ブラック・ショールズのモデルの応用として，次の例を考えよう．この例では，コーポレートファイナンス分野において重要なテーマである最適資本構成の問題を扱う．

例 4.2 (最適資本構成の問題) ある企業の資産価値を $V(t)$ とし，$V(t)$ は確率微分方程式

$$\frac{dV(t)}{V(t)} = (\mu - \delta)dt + \sigma dz(t), \qquad t \geq 0 \qquad (4.16)$$

に従っているとする．ここで δ は株式への配当比率を表わす定数である．この企業は負債を発行しているとし，負債は永久債でクーポンは連続的にレート c で支払われるとする．この例では，Leland (1994) のように，資産価値が負債額面を下回っても，その不足分はいつでも株式で調達できると仮定し，デフォルトの水準を株主（経営者）が自由に決定できるものとする．したがって，企業の資産価値が負債額面を下回ってもデフォルトは発生しない[*4)]．

株主が決定するデフォルトの閾値を V_B としよう．すなわち，資産価値 $V(t)$ が初めて閾値 V_B を下回った時点がデフォルト時点である．この時点（確率変数）を T_B と書くことにする．

ここで，負債発行に基づく税効果と倒産コストを導入する．すなわち，クーポン支払額の $100\tau\%$ が還付されるとする．また，デフォルトに伴うコストは αV_B であるとする．したがって，負債に関連するキャッシュフローは，デフォ

[*4)] Leland モデルにおける，この欠点を回避するために，EBIT (ernings before interests and taxes) を利用する研究が増えてきている．たとえば，Goldstein, *et al.* (2001) を参照せよ．

ルト時点まで連続的に支払われるクーポン c とデフォルト時点で回収される資産価値だけである．(4.5) によれば，この負債の価値は

$$D = E^P\left[\int_0^{T_B} c\rho(t)\mathrm{d}t + (1-\alpha)V_B\rho(T_B)\right] \quad (4.17)$$

で与えられる．ここで状態価格密度 $\rho(t)$ は既知（同じことであるが，リスクの市場価格 $\lambda(t)$ が既知）とする．この積分の上限は確率変数なので，期待値計算はやっかいである（測度変換を利用して計算する方法を章末問題 4.2 とする[*5)]）．

一方，税効果におけるキャッシュフローはデフォルト時点まで受け取れる還付金であるから，税効果の価値は，(4.5) から

$$TB = E^P\left[\int_0^{T_B} c\tau\rho(t)\mathrm{d}t\right] \quad (4.18)$$

同様に，デフォルトに伴うコストは，デフォルト時点で発生するキャッシュフローだけであるから，デフォルトコストは

$$DC = E^P[\alpha V_B \rho(T_B)] \quad (4.19)$$

となる．

ところで，バランス理論によれば，企業価値 v は，株式価値を E とすれば

$$v = V + TB - DC = E + D \quad (4.20)$$

で与えられる．Leland (1994) では株価 E を最大にするように，株主（経営者）がデフォルト閾値を決定し，その後，企業価値を最大にするようにクーポンレートを決定する．こうして，最適な株式価値 E^* と負債価値 D^* が求められたので，企業の最適な負債比率 $D^*/(E^* + D^*)$ を求めることができる．

ところで，最適な資本構成を選べば，企業価値は資産価値を上回る（すなわち $v \geq V$）が[*6)]，この差額 $v - V$ は株主が保有する経営の柔軟性（この場合はデフォルト閾値の選択）に基づくオプション価値と考えることができる．この差額 $v - V$ は有形資産以外から発生している企業価値なので，企業の無形資産

[*5)] Leland (1994) では，負債や税効果，倒産コストを条件付き請求権（デリバティブ）として，オプション理論に基づいて評価している．本シリーズの鈴木（近刊）を参照せよ．

[*6)] 負債を発行しないという選択肢が存在し，その場合には，後出の例 4.5 から，企業価値は $v = V$ となる．

価値と捉えることができる．

4.2 リスク中立化法と状態価格密度

リスク資産 $S(t)$ が従う確率微分方程式 (4.1) に (4.7) を代入すると，マルチンゲール確率測度 Q の下での確率微分方程式

$$\frac{\mathrm{d}S(t)}{S(t)} = r(t)\mathrm{d}t + \sigma(t)\mathrm{d}z^*(t), \qquad 0 \leq t \leq T \qquad (4.21)$$

が得られる．$z^*(t)$ は確率測度 Q に関して標準ブラウン運動であるから，$S(t)$ は Q の下では期待収益率 $r(t)$ とボラティリティ $\sigma(t)$ を持つリスク資産である．こうして Q に関する価格過程 $S(t)$ がわかったので，原理的には Q に関する $S(T)$ の確率分布を求めることができて，これを評価式 (4.6) に代入することでデリバティブの価格が得られる．

以上のように，観測される期待収益率 $\mu(t)$ を安全資産の収益率 $r(t)$ に置き換えた確率微分方程式 (4.21) を考えてデリバティブの価格評価を行なう方法を**リスク中立化法**（risk-neutral method）と呼ぶ．これは，確率測度 Q の下ではリスク資産 $S(t)$ の期待収益率と安全資産 $B(t)$ の期待収益率が一致しており，確率測度 Q が支配する世界は，あたかも投資家がリスクに中立的であるかのように考えられるからである．

ところで，完備市場では確率微分方程式 (4.21) を考えることで測度変換（すなわち，状態価格密度）が一意に定まり，すべてのデリバティブの価格付けおよび複製ポートフォリオの特定が可能であったが，非完備市場においても無裁定を仮定する限り，相対価格 $S^*(t) = S(t)/B(t)$ はマルチンゲールでなければならない（資産価格の基本定理 3.1）．したがって，状態価格密度（すなわち，測度変換）は一意ではないが，(4.21) は無裁定市場では成立する必要がある．つまり，市場の完備性に関係なく，確率微分方程式 (4.21) を考えてデリバティブの価格評価を行なう方法を（広い意味での）リスク中立化法と呼ぶ．もちろん，この際，リスクの市場価格を何らかの方法で決定する必要があることは言うまでもない．

たとえば，信用リスクのない割引債（以降，割引国債と呼ぶ）の価格付けを

考えよう．満期 T の割引国債の時点 t での価格を $v(t,T)$ とする．割引国債は満期において額面 1 単位円を支払うので，無裁定の仮定の下では

$$v^*(t,T) = \frac{v(t,T)}{B(t)} = E_t^Q\left[\frac{1}{B(T)}\right], \qquad 0 \leq t \leq T \tag{4.22}$$

が成立する．ただし，無リスク預金 $B(t)$ は無リスク金利を $r(t)$ として

$$B(t) = \exp\left\{\int_0^t r(u)\mathrm{d}u\right\}, \qquad t \geq 0$$

で与えられる．(4.22) はドゥーブのマルチンゲール（章末問題 A.6 を見よ）であるから，マルチンゲール表現定理（定理 A.9）より，

$$\frac{\mathrm{d}v(t,T)}{v(t,T)} = r(t)\mathrm{d}t + \sigma_v(t)\mathrm{d}z^*(t), \qquad 0 \leq t \leq T$$

と表現される．(4.21) と比較せよ．ただし，この場合には，ボラティリティ $\sigma_v(t)$ はパラメータとして外生的に与えられるのではなく，無リスク金利 $r(t)$ の確率モデルに依存して決まることに注意しよう．つまり，$r(t)$ の確率微分方程式を定め，それに対応した測度変換を決めなければ割引国債の価格変動を定めることはできない．

ところが，無リスク金利 $r(t)$ は金融商品ではないので，これは市場で取引できない．したがって，確率過程 $\rho(t)r(t)$ はマルチンゲールである必要はなく，無裁定の議論で状態価格密度（すなわち，ラドン・ニコディム密度過程）を決定することはできないのである．このことを次の例を使ってみてみよう．

例 4.3 (スポットレートモデル) この例では，金利の期間構造はスポットレート（無リスク金利）過程 $r(t)$ により完全に定まるとし，$r(t)$ は確率微分方程式

$$\mathrm{d}r(t) = \mu_r(t)\mathrm{d}t + \sigma_r(t)\mathrm{d}z(t), \qquad t \geq 0 \tag{4.23}$$

に従っているとする．このスポットレートの上に書かれた満期 T の割引国債の価格がある 2 変数関数 $F^T(r,t)$ により $F_T(t) = F^T(r(t), t)$ で与えられているとすると，伊藤の公式より，$F_T(t)$ は確率微分方程式

$$\frac{\mathrm{d}F_T}{F_T} = \mu_T \mathrm{d}t + \sigma_T \mathrm{d}z \tag{4.24}$$

$$\mu_T = \frac{1}{F_T}(\mu_r F_r^T + F_t^T + F_{rr}^T \sigma_r^2/2)$$

4.2 リスク中立化法と状態価格密度

$$\sigma_T = \frac{F_r \sigma_r}{F_T}$$

を満足する．ただし，記号の簡略化のため変数を省略した．

この満期 T の割引国債は市場で取引できるので，満期の異なる（満期を τ とする）別の割引国債を考えて，これらを使って無リスク預金を複製することを考えよう．すなわち，満期 T の割引国債への投資比率を w とすれば，

$$w\frac{\mathrm{d}F_T}{F_T} + (1-w)\frac{\mathrm{d}F_\tau}{F_\tau} = r\mathrm{d}t$$

となるように投資比率 w を設定する．(4.24) から，このためには

$$w\sigma_T + (1-w)\sigma_\tau = 0 \iff w = \frac{\sigma_\tau}{\sigma_\tau - \sigma_T}$$

とおけばよい．一方，もう1つの関係式 $w\mu_T + (1-w)\mu_\tau = r$ から，

$$\frac{\mu_T - r}{\sigma_T} = \frac{\mu_\tau - r}{\sigma_\tau} \tag{4.25}$$

が得られる．各自で確認せよ．(4.25) は，左辺は満期 T の割引国債のリスクの市場価格，右辺は満期 τ の割引国債のリスクの市場価格で，これらが一致していることを示している．ところが，この例で考えている市場には，割引国債以外に取引可能な金融資産がないため，リスクの市場価格を外生的に決める手立てがないのである．金利期間構造モデルの詳細については木島 (1999) を参照せよ．

もう1つ，証券価格がジャンプ過程に従う場合を考えよう．

例 4.4 (ジャンプモデル) この例では，証券価格は以下の確率微分方程式に従うとする．

$$\frac{\mathrm{d}S(t)}{S(t)} = m\mathrm{d}t + (\mathrm{e}^{Y(t)} - 1)(\mathrm{d}N(t) - \lambda\mathrm{d}t), \qquad t \geq 0 \tag{4.26}$$

ここで，m は定数，$N(t)$ は強度 λ のポアソン過程，ジャンプ幅 $Y(t)$ は $\mathcal{F}_t = \sigma(N(s), s \leq t)$ に可測な確率過程とする．無リスク金利を定数 r とすれば，相対価格が従う確率微分方程式は

$$\frac{\mathrm{d}S^*(t)}{S^*(t)} = (m-r)\mathrm{d}t + (\mathrm{e}^{Y(t)} - 1)(\mathrm{d}N(t) - \lambda\mathrm{d}t), \qquad t \geq 0$$

となる．各自で確認せよ．

リスク中立化法によれば，この相対価格がマルチンゲールになるように測度変換を行なう必要がある．すなわち，

$$\frac{dS^*(t)}{S^*(t)} = \left[(m-r) + (\mu(t)-\lambda)(e^{Y(t)}-1)\right]dt + (e^{Y(t)}-1)(dN^*(t) - \mu(t)dt), \quad t \geq 0$$

において，ドリフトが 0 であればよい．ただし，$N^*(t)$ は強度過程 $\mu(t)$ を持つポアソン過程である．このとき，

$$\mu(t) = \lambda - \frac{m-r}{e^{Y(t)}-1} \tag{4.27}$$

となり，ジャンプ幅 $Y(t)$ が $\mathcal{F}_t$ 可測という仮定の下では，(4.27) が成立するように測度変換を行えば市場は無裁定かつ完備である．ジャンプ幅がポアソン過程と独立（したがって $\mathcal{F}_t$ 可測でない）の場合については章末問題 4.3 とする．

では，リスクプレミアム（リスクの市場価格）の選択が証券価格にどのように影響するのであろうか？ 次の例を使って考えよう．スポットレートモデルにおけるリスクプレミアムの役割については木島 (1999) を参照せよ．

例 4.5 (割引配当モデル)　ある企業の資産価値を $V(t)$ とし，$V(t)$ は確率微分方程式 (4.16) に従っているとする．例 4.2 とは異なり，この企業は負債を持っていないとすれば（デフォルトは起こらないので），(4.5) から，この企業の発行している株式の価値は

$$\pi(t) = \frac{1}{\rho(t)} E_t^P\left[\int_t^\infty \delta V(u)\rho(u)du\right]$$

で与えられる．ここで，$\delta V(t)$ は時点 t における配当を表わす．この公式のため，この評価モデルを**割引配当モデル**と呼ぶことが多い．

まず，$V(t)$ は市場で取引できると仮定する．このとき，$S(t) = e^{\delta t}V(t)$ とおけば，伊藤の積公式（定理 A.7）より，$S(t)$ はブラック・ショールズのモデルとまったく同じである．$S(t)\rho(t)$ はマルチンゲールであるから，

$$E_t^P[e^{\delta u}V(u)\rho(u)] = e^{\delta t}V(t)\rho(t)$$

したがって，フビニ（Fubini）の定理[*7]より，この株価は
$$\pi(t) = \frac{\delta}{\rho(t)} e^{\delta t} V(t) \rho(t) \int_t^\infty e^{-\delta u} du = \delta V(t) \int_t^\infty e^{-\delta(u-t)} du = V(t)$$
すなわち，資産価値が市場で取引できるならば，株式のみを発行している企業の株価は当該企業の資産価値に等しい[*8]．

では，資産価値が市場で取引できないとしたら株価はどうなるであろうか？簡単化のため，この場合でもリスクの市場価格 λ は定数であるとする．資産価値は，(4.16) から，
$$V(t) = V(0) e^{(\mu - \delta - \sigma^2/2)t + \sigma z(t)}$$
であり，状態価格密度は
$$\rho(t) = e^{-(r + \lambda^2/2)t - \lambda z(t)}$$
であるから，(4.5) とフビニの定理より，この企業の株価は
$$\pi(0) = \delta V(0) \int_0^\infty e^{(\mu - \delta - r - (\sigma^2 + \lambda^2)/2)t} E_0[e^{(\sigma - \lambda)z(t)}] dt$$
$$= \delta V(0) \int_0^\infty e^{(\mu - \delta - r - \sigma\lambda)t} dt$$
$$= \frac{\delta}{\delta - (\mu - r - \sigma\lambda)} V(0)$$
で与えられる．リスクプレミアム λ に関して株価は単調減少である．また，リスクプレミアム λ が $\lambda_0 \equiv (\mu - r)/\sigma$ よりも大きい（投資家がリスクを大きく評価する）場合には，株価は企業の資産価値よりも安く評価され，リスクプレミアムが λ_0 よりも小さい（投資家がリスクを小さく評価する）場合には，株価は企業の資産価値よりも高く評価される．

完備でない市場では，何らかの方法でリスクの市場価格を定める必要があるが，状態価格密度をどのように（合理的に）決めればよいのかを考えよう．もっとも直接的な解答は，状態価格密度（あるいはラドン・ニコディム密度過程）の

[*7] 累次積分における積分順序の交換可能性に関する定理を総称してフビニの定理と呼ぶ．期待値も積分の概念であることを思い出そう．ここでは，期待値と積分の順序交換を保証する定理を意味している．

[*8] このため，株価のボラティリティを企業価値ボラティリティの代理パラメータとする場合がある．

モデルを仮定し，パラメータを市場価格にカリブレートするという方法であろう．たとえば，Constantinides (1992) では，割引国債の価格付けのために，状態価格密度を

$$\rho(t) = \exp\left\{\beta_0(t) + \sum_{i=1}^{N} \beta_i y_i(t)\right\}, \qquad 0 \leq t \leq T$$

とおいた．(4.22) と測度変換の公式 (3.13) から，割引国債の価格は

$$v(t,T) = \frac{1}{\rho(t)} E_t[\rho(T)], \qquad t \leq T$$

で与えられることに注意しよう．ただし，$y_i(t)$ は OU 過程の 2 乗，すなわち

$$y_i(t) = (x_i(t) - \alpha_i)^2, \qquad \mathrm{d}x_i(t) = -\lambda_i x_i(t)\mathrm{d}t + \sigma_i \mathrm{d}z_i(t)$$

$\beta_0(t)$ はドリフト付きブラウン運動

$$\beta_0(t) = -\left(g + \frac{\sigma_0^2}{2}\right)t + \sigma_0 z_0(t)$$

に従うと仮定する．また，$z_i(t), i = 0, 1, \ldots, N$ は観測確率 P に関して互いに独立な標準ブラウン運動である．このとき，$z_i(t)$ の独立性から，

$$v(t,T) = E_t^P\left[e^{\beta_0(T) - \beta_0(t)}\right] \prod_{i=1}^{N} E_t^P\left[e^{\beta_i(y_i(T) - y_i(t))}\right] \tag{4.28}$$

が成立するので，積率母関数 $E_t^P[e^{\theta y_i(T)}]$ を計算すれば割引債価格 $v(t,T)$ が得られる（章末問題 4.4）．状態価格密度による割引債価格のモデル化の一般論としては Rogers (1997) を参照せよ．

他のアプローチとして，測度間の"距離"を用いるという考え方がある．元の測度 P と望ましい確率測度 Q の間の距離を最小化させることにより測度を選択するというものである．非完備市場では資産価格は選好に依存するので，そのような測度の選択も効用関数に依存することとなる．最小マルチンゲール測度はその一例であり，Frittelli (2000) は指数型効用関数の期待効用最大化と相対エントロピー最小化の同値性によって最小マルチンゲール測度を特徴付けた．他の距離としては Schweizer (1996) の L^2-距離があるが，Goll and Rüschendorf (2001) はこのような距離を最小化させるマルチンゲール測度を一般化して f-divergence distance マルチンゲール測度を定義した．予算制約下における期待効用最大化問題と関連する minimax 測度は f-divergence distance マルチンゲール測度の特殊な場合である．以下では，相対エントロピーについて若干の説明を加える．

可算加法族 $\mathcal{F}_T$ 上の確率測度 Q が P に関して絶対連続[*9)]であればラドン・ニコディム微分

$$L_T = \left.\frac{dQ}{dP}\right|_{\mathcal{F}_T}$$

が存在する．このラドン・ニコディム微分を用いて P に関する Q の $\mathcal{F}_T$ 上の相対エントロピー $H_{\mathcal{F}_T}(Q|P)$ を

$$H_{\mathcal{F}_T}(Q|P) \equiv E^P[L_T \log L_T]$$

と定義する．Fujiwara and Miyahara (2003) は幾何レビィ（Lévy）過程に従う株価について考察し，エッシャー変換

$$\left.\frac{dP^*}{dP}\right|_{\mathcal{F}_t} = \frac{e^{\beta_* \tilde{R}_t}}{E^P[e^{\beta_* \tilde{R}_t}]}$$

によって定義される確率測度 P^* は P と絶対連続な確率測度の空間（これを $ALMM(P)$ と書く）の中で最小エントロピーとなることを示した．すなわち，

$$\min_{Q \in ALMM(P)} H_{\mathcal{F}_T}(Q|P) = H_{\mathcal{F}_T}(P^*|P)$$

ここで，β_* は定数，$\tilde{R}_t$ は株価の相対価格 $\tilde{S}_t$ の収益率過程を表わす．さらに，特別な場合として株価が幾何ブラウン運動に従う場合には，確率測度 P^* はリスク中立測度と一致し，$\beta_* = -(\mu-r)/\sigma^2$ であり，相対エントロピーの値は

$$\frac{T}{2}\left(\frac{\mu-r}{\sigma}\right)^2$$

となる．

最後に，状態価格密度を決定するためのアプローチを 2 つ紹介する．

例 4.6 市場ポートフォリオ $M(t)$ が従う確率微分方程式を

$$\frac{dM(t)}{M(t)} = \mu_M dt + \sigma_M dz_M(t), \qquad t \geq 0$$

[*9)] $P(A) = 0$ であるすべての $A \in \mathcal{F}_T$ に対して $Q(A) = 0$ が成立すること．

とし，市場化されていない資産の価格は（観測できない）確率微分方程式

$$\frac{\mathrm{d}S(t)}{S(t)} = \mu\mathrm{d}t + \sigma_1\mathrm{d}z_M(t) + \sigma_2\mathrm{d}z(t), \qquad t \geq 0$$

に従うとする．ただし，ブラウン運動 $z_M(t)$ と $z(t)$ は互いに独立とし，パラメータはすべて定数とする．このモデルにおける状態価格密度は

$$\frac{\mathrm{d}\rho(t)}{\rho(t)} = -r\mathrm{d}t - \lambda_M\mathrm{d}z_M(t) - \lambda\mathrm{d}z(t), \qquad t \geq 0 \tag{4.29}$$

と表現できるが，市場ポートフォリオは市場で取引できるので，そのリスク $z_M(t)$ に対応するリスクの市場価格 λ_M は (4.4)，すなわち

$$\lambda_M = \frac{\mu_M - r}{\sigma_M}$$

で与えられる．ここで，原理的には，期待収益率 μ_M，ボラティリティ σ_M および無リスク金利 r はすべて市場データから決定できることに注意しよう．問題はリスク $z(t)$ に対応するリスクの市場価格 λ をどのようにして定めるかである．もちろん，(4.4) と同様にして，

$$\mu - r = \sigma_1\lambda_M + \sigma_2\lambda \tag{4.30}$$

が得られる（章末問題 4.5）．

ここで，資産価格 $S(t)$ は観測できない（あるいは取引できない）が，そのボラティリティおよび市場ポートフォリオとの連動性は，何らかの方法で入手できるとする．たとえば，$S(t)$ と類似のキャッシュフローを生成する証券で，かつ市場で取引されているものがあれば，その類似証券のボラティリティとアルファ，ベータを利用することもできる．いま，ボラティリティを σ_S とし，市場ポートフォリオとの連動性を

$$\mu - r = \alpha + \beta(\mu_M - r), \qquad \beta = \frac{C\left[\dfrac{\mathrm{d}M(t)}{M(t)}, \dfrac{\mathrm{d}S(t)}{S(t)}\right]}{V\left[\dfrac{\mathrm{d}M(t)}{M(t)}\right]} = \frac{\sigma_1}{\sigma_M}$$

とする．$S(t)$ のボラティリティは

$$\sigma_S = \sqrt{\sigma_1^2 + \sigma_2^2}$$

であるから，
$$\sigma_1 = \beta\sigma_M, \qquad \sigma_2 = \sqrt{\sigma_S^2 - \beta^2\sigma_M^2}$$

が得られる．また，(4.30) より $\alpha = \sigma_2 \lambda$ であるから，これで状態価格密度 (4.29) を決定することができた．

例 4.7 (最適消費とポートフォリオの問題)　証券価格のモデルとして，簡単化のために 1 期間モデルを考える．ある投資家の t 時点における消費を c_t とし，所得を w_t とする．この投資家は，証券へ投資することで富を次時点へ持ち越すことができる．投資家の時点 t における効用関数を $u_t(c)$ としたとき，予算制約の下で総期待効用を最大にする消費とポートフォリオを定めることが問題である[*10]．すなわち，無リスク金利を 0 とすると，

$$\text{(MP)} \quad \max_{(c_0,c_1,x)} u_0(c_0) + E^P[u_1(c_1)]$$
$$\text{s.t.} \quad c_0 = w_0 - \sum_{i=0}^M x_i S_i(0)$$
$$c_1 = w_1 + \sum_{i=0}^M x_i S_i(1)$$

ここで，効用関数が単調増加とすれば，予算制約は（不等号ではなく）等号で成立することに注意しよう．また，2 番目の予算制約は，各状態 ω_j ごとに

$$c_{1,j} = w_{1,j} + \sum_{i=0}^M x_i s_{ij}(1), \qquad j = 1, 2, \ldots, N$$

という制約を意味している．ここで，記号を簡略化するために $c_1(\omega_j)$ を $c_{1,j}$ などと記した．ラグランジュ乗数を λ, μ_j とすると，ラグランジュ関数は

$$L = u_0(c_0) + \sum_{j=1}^N p_j u_1(c_j) - \lambda\left(c_0 - w_0 + \sum_{i=0}^M x_i S_i(0)\right)$$
$$- \sum_{j=1}^N \mu_j \left(c_{1,j} - w_{1,j} - \sum_{i=0}^M x_i s_{ij}\right)$$

ただし，p_j は状態 ω_j が生起する（現実の）確率である．1 階の条件は

[*10] もちろん，消費には非負制約が必要であるが，効用関数に稲田条件 $(u'_t(0+) = -\infty)$ を設けることで，この制約は回避できる．

$$\frac{\partial}{\partial c_0}L = \partial u_0 - \lambda = 0$$
$$\frac{\partial}{\partial c_{1,j}}L = p_j\partial u_j - \mu_j = 0, \qquad j = 1,2,\dots,N$$
$$\frac{\partial}{\partial x_i}L = -\lambda S_i(0) + \sum_{j=1}^{N}\mu_j s_{ij} = 0, \qquad i = 1,2,\dots,M$$

ここで $\partial u_0 = u_0'(c_0)$, $\partial u_j = u_1'(c_{1,j})$ と書いた．この連立方程式を解くと，

$$\lambda = \partial u_0, \quad \mu_j = p_j\partial u_j, \quad \lambda S_i(0) = \sum_{j=1}^{N}\mu_j s_{ij}$$

が得られる．最適解が内点となる条件の下で，この連立方程式を満たす解が最適解である．ここで，無リスク金利は 0 であるから，マルチンゲール性 (1.15) より $S_i(0) = \sum_{j=1}^{N} s_{ij}q_j$ であり，

$$\sum_{j=1}^{N} s_{ij}\left(p_j\partial u_j - \partial u_0 q_j\right) = 0, \qquad j = 1,2,\dots,N$$

が得られる．ただし q_j は状態 ω_j に対応するマルチンゲール確率である．各自で確認せよ．行列 $\mathbf{S}(1) = (s_{ij})$ の行ベクトルが線形独立ならば，この連立方程式には自明でない解は存在しない．この場合（たとえば，市場が完備の場合）には，

$$\rho_j \equiv \frac{q_j}{p_j} = \frac{u_1'(c_{1,j})}{u_0'(c_0)}, \qquad j = 1,2,\dots,N$$

となり，状態価格密度（定義 1.3 を見よ）は限界効用の比で与えられる．

この結果は，より一般的なモデルにおいても成立する．すなわち，完備市場における代表的投資家が時点 t に賦与（endowment）$y(t)$ を受け取り，予算制約の下で期待効用を最大化させる問題

$$\max_{\{c_t\}} E^P\left[\int_0^T e^{-\beta t}u(c(t))dt\right]$$
$$\text{s.t.} \quad E^P\left[\int_0^T \rho(t)c(t)dt\right] \le E^P\left[\int_0^T \rho(t)y(t)dt\right]$$

に直面しているとする．この問題の解である需要と経済への供給をバランスさ

せる均衡では最適消費は $c^*(t) = y(t)$ であり，状態価格密度は

$$\rho(t) = \frac{\mathrm{e}^{-\beta t} u'(y(t))}{u'(y(0))}$$

でなければならない．

4.3 基準財の変換

これまでは無リスク預金を**基準財**（ニューメレール，numéraire）にとることで，その相対価格がマルチンゲールであることと裁定機会のないことは同値であること（資産価格の基本定理 3.1）を利用して，デリバティブの価格付けを行なってきた．本節では，問題によっては別の基準財を選ぶほうが便利であることを示し，その場合の測度変換の公式を導出する．より詳細な説明は改めて第 5 章で与えるが，本節がそれへの橋渡しとなるであろう．

まず，2 つの証券 $S(t)$ と $X(t)$ を考えて，それらの価格過程はそれぞれ確率微分方程式

$$\frac{\mathrm{d}S(t)}{S(t)} = \mu_S \mathrm{d}t + \sigma_S \mathrm{d}z(t), \qquad 0 \le t \le T$$

$$\frac{\mathrm{d}X(t)}{X(t)} = \mu_X \mathrm{d}t + \sigma_X \mathrm{d}w(t), \qquad 0 \le t \le T$$

に従うとする．ただし，2 つのブラウン運動 $z(t)$ と $w(t)$ の相関は ρ とする．ここでは，簡単化のためパラメータはすべて定数とするが，これらを情報系 $\mathcal{F}_t = \sigma((z(s), w(s)), s \le t)$ に適合する確率過程としても以下の議論は成立する．

$S(t)$ の $X(t)$ に関する相対価格 $S^*(t) = S(t)/X(t)$ を考える．伊藤の商公式（付録 A.4 の定理 A.8）より，相対価格の従う確率微分方程式は

$$\frac{\mathrm{d}S^*(t)}{S^*(t)} = \mu^* \mathrm{d}t + \sigma^* \mathrm{d}\tilde{z}(t), \qquad 0 \le t \le T \tag{4.31}$$

ただし，相対価格の期待収益率とボラティリティは

$$\mu^* = \mu_S - \mu_X - \sigma_X(\rho\sigma_S - \sigma_X), \qquad \sigma^* = \sqrt{\sigma_S^2 + \sigma_X^2 - 2\rho\sigma_S\sigma_X}$$

で与えられ，$\tilde{z}(t)$ は

$$\sigma^* d\tilde{z}(t) = \sigma_S dz(t) - \sigma_X dw(t)$$

で定義される標準ブラウン運動である．

ここで，相対価格 $S^*(t)$ をマルチンゲールにするように測度変換を行なう．このためには，定理 3.2 から，$\theta = -\mu^*/\sigma^*$ と選べばよい．このとき，

$$-\theta dt + d\tilde{z}(t) = dz^*(t)$$

で定義される $z^*(t)$ は変換後の確率測度 P^* に関して標準ブラウン運動である．したがって，確率測度 P^* の下で，相対価格 $S^*(t)$ は確率微分方程式

$$\frac{dS^*(t)}{S^*(t)} = \sigma^* dz^*(t), \qquad 0 \leq t \leq T \tag{4.32}$$

に従う．

ここまでの議論は単なる数式の変形で，これでは何の役にも立たないようにみえるかもしれない．しかし，以下でみるように，基準財の選び方で計算が格段に簡単になる場合がある．例を使って説明しよう．

例 4.8 (エクスチェンジオプション) 2つの証券を交換するヨーロピアンタイプのデリバティブを考えよう．すなわち，$S(t)$ を $X(t)$ と交換する権利を与えるオプションである．もちろん，交換は満期 T において $S(T) < X(T)$ のときだけ発生する．したがって，このデリバティブのペイオフは

$$Y = \max\{S(T), X(T)\} = X(T) \max\{S^*(T), 1\}$$

であり，このようなオプションをエクスチェンジオプション (exchange option) という．リスク中立化法によれば，エクスチェンジオプションの価格は

$$\pi_E = E^Q \left[\frac{\max\{S(T), X(T)\}}{B(T)} \right]$$

で与えられる．ただし $B(T)$ は無リスク預金である．ここで，仮に金利が一定（すなわち $B(T) = e^{rT}$）であったとしても，価格 π_E を求めるためには $(S(T), X(T))$ の2次元同時分布を評価しなければならないことに注意しよう．

エクスチェンジオプションの価格過程を $C(t)$ とし，($B(t)$ ではなく) $X(t)$ を

基準財とする相対価格 $C^*(t) = C(t)/X(t)$ を考えよう．満期 T において，

$$C^*(T) = \max\{S^*(T), 1\} = 1 + \max\{S^*(T) - 1, 0\}$$

であるから，これは行使価格 1 のコールオプションの評価に帰着される．

リスク中立化法とは異なり，$C(t)$ を $S(t)$ と $X(t)$ で複製することを考えよう．すなわち，(4.8) で $B(t)$ を $X(t)$ に置き換えればよい．これを $X(t)$ で基準化すれば

$$C^*(T) = C^*(0) + \int_0^T \theta(t) \mathrm{d} S^*(t)$$

となり ((4.9) と比較せよ)，$S^*(t) = S(t)/X(t)$ をマルチンゲールにする確率測度 P^* に関して期待値を取れば $C^*(0) = E^{P^*}[C^*(T)]$，すなわち

$$\frac{C(0)}{X(0)} = 1 + E^{P^*}\left[\max\{S^*(T) - 1, 0\}\right]$$

が得られる．$S^*(T)$ は P^* の下で (4.32) に従うので，

$$E^{P^*}\left[\max\{S^*(T) - 1, 0\}\right] = \mathrm{BS}(S^*(0), 1, T, 0, \sigma^*)$$

が成立する．ここで $\mathrm{BS}(S, K, T, r, \sigma)$ はブラック・ショールズの公式 (2.17) を表わす．したがって，エクスチェンジオプションの価格 $C(0)$ は

$$C(0) = S(0)\Phi(d + \sigma^*\sqrt{T}) + X(0)\Phi(-d)$$

で与えられる．ただし，

$$d = \frac{\log(S(0)/X(0)) - \sigma^{*2}T/2}{\sigma^*\sqrt{T}}$$

である．

例 4.9 (確率金利モデル) 割引国債の価格 $v(t, T)$ を基準財とする証券の相対価格を

$$S_T(t) = \frac{S(t)}{v(t, T)}, \qquad 0 \leq t \leq T$$

とする．$S_T(t)$ は $S(t)$ の満期 T の**フォワード価格** (forward price) である．リスク中立化法と同様に，ある確率測度 Q^T に関して標準ブラウン運動 $z^T(t)$ が

存在し，フォワード価格が

$$\frac{\mathrm{d}S_T(t)}{S_T(t)} = \sigma_T(t)\mathrm{d}z^T(t), \qquad 0 \le t \le T \tag{4.33}$$

と書けたとしよう．(4.33) より，Q^T はフォワード価格をマルチンゲールにする確率測度であるから，Q^T を**フォワード測度**（forward measure）と呼ぶことが多い．

例 4.8 と同様に，$C(t)$ を $S(t)$ と $v(t,T)$ で複製することを考える．すなわち，(4.8) で $B(t)$ を $v(t,T)$ に置き換えればよい．これを $v(t,T)$ で基準化すれば，(4.9) に対応して

$$C_T(T) = C_T(0) + \int_0^T \theta(t)\mathrm{d}S_T(t)$$

となり，$S_T(t) = S(t)/v(t,T)$ をマルチンゲールにする確率測度 Q^T に関して期待値を取れば $C_T(0) = E^{Q^T}[C_T(T)]$，すなわち

$$C(0) = v(0,T)E^{Q^T}[C(T)] \tag{4.34}$$

が得られる．ここで $v(T,T) = 1$ より $C_T(T) = C(T)$ であることに注意せよ．このように，フォワード価格をマルチンゲールにする確率測度を利用して価格付けを行なう方法を**フォワード中立化法**という．

フォワード中立化法は金利が確率的に変動する場合に特に有効である．(4.34) とリスク中立化法によれば，

$$C(0) = v(0,T)E^{Q^T}[C(T)] = E^Q\left[\frac{C(T)}{B(T)}\right] \tag{4.35}$$

が成立する．したがって，もし $B(T)$ が確率変数であれば，リスク中立化法では $(C(T), B(T))$ の同時分布を求める必要があるが，フォワード中立化法では $C(T)$ の周辺分布だけがわかればよい．

ところで，この説明は少し注意を要する．金利が確率的に変動する場合，確率変数 $B(T)$ が消えてなくなるわけではないから，当然，$B(T)$ の影響は確率測度 Q^T の中に取り込まれていなければならない．実際，(4.35) より，Q から Q^T への測度変換は

$$\left.\frac{\mathrm{d}Q^T}{\mathrm{d}Q}\right|_{\mathcal{F}_t} = \frac{v(t,T)}{v(0,T)B(t)} \tag{4.36}$$

をラドン・ニコディム密度過程とする測度変換に対応する[*11]．したがって，フォワード中立化法 (4.34) では，見かけ上，金利の影響が消えているだけであり，Q^T に関する確率微分方程式 (4.33) から，この影響はボラティリティ $\sigma_T(t)$ に反映されるはずである．

逆に言うと，もしボラティリティ $\sigma_T(t)$ が金利に依存しない（たとえば，時間 t のみの関数）場合，(4.33) から，フォワード価格 $S_T(t)$ は対数正規分布に従う．したがって，重要な関係式 $S_T(T) = S(T)$ を思い出すと，$S(T)$ もフォワード測度 Q^T の下で対数正規分布に従うことになる．この場合，金利の影響を考えることなく，(4.34) を使ってデリバティブの評価が可能になる（章末問題 4.6）．

章末問題

問題 4.1 リスク資産 $S(t)$ と無リスク預金 $B(t)$ が以下で与えられているとする．

$$\frac{\mathrm{d}S(t)}{S(t)} = \mu \mathrm{d}t + \sigma \mathrm{d}z(t), \qquad \frac{\mathrm{d}B(t)}{B(t)} = r\mathrm{d}t$$

また，$S(t)$ の上に書かれたデリバティブの価格が $C(t) = f(S(t),t)$ で与えられるとする．関数 f は十分なめらかだとして，以下の問に答えよ．

1. (4.13) が成立することを確認せよ．
2. (4.8) と (4.12) の結果において $\mathrm{d}t$ の係数を比較することでブラック・ショールズの偏微分方程式を導出せよ．
3. ブラック・ショールズのモデルにおける $\eta(t)$ と $b(t)$ を求めよ．

問題 4.2 リスクの市場価格を $\lambda = (\mu - r)/\sigma$ として以下の問に答えよ．
1. 状態価格密度を求め，対応する測度変換を定めよ．

[*11] 金利が確定的な場合，$v(t,T) = v(0,T)B(t)$ であるから $Q^T = Q$，すなわちリスク中立化法とフォワード中立化法は一致する．

2. 企業の資産価値 V が (4.16) に従っているとする．1. で定めた確率測度の下で従う確率微分方程式を求めよ．

3. 測度変換と以下の事実を利用して (4.17)〜(4.19) を評価せよ．

   初到達時刻のラプラス変換：$z(t)$ を確率測度 P に関する標準ブラウン運動とする．伊藤過程 $X(t) = \mu t + \sigma z(t)$（ただし，$\sigma > 0$）がある値 $b \in \mathbb{R}$ に最初に到達する時刻を T_b とすれば，
   $$E^P\left[e^{-\lambda T_b}\right] = \exp\left\{b\frac{\mu}{\sigma^2} - |b|\frac{1}{\sigma^2}\sqrt{\mu^2 + 2\lambda\sigma^2}\right\}, \quad \lambda > 0$$
   が成立する．証明は Karatzas and Shreve (1991) p.197 を参照せよ．

問題 4.3 以下のポアソン過程 $N(t)$ に関する確率微分方程式を考える．
$$\frac{\mathrm{d}S(t)}{S(t)} = m\mathrm{d}t + (e^Y - 1)\mathrm{d}N(t), \quad 0 \leq t \leq T$$
ここで，Y はある確率変数で $N(t)$ とは独立とする．また，ポアソン過程 $N(t)$ の強度を λ とする．無リスク金利を定数 r として，以下の問に答えよ．

1. 強度を定数 μ とするポアソン過程への測度変換において，相対価格 $S^*(t)$ がマルチンゲールになるジャンプ幅 Y および強度 μ に関する条件を定めよ．

2. Y, μ が 1. の条件を満たすとき，変換後の価格過程が従う確率微分方程式を定めよ．

問題 4.4 (4.28) から，割引国債の価格は以下で与えられることを示せ．
$$v(t,T) = e^{-g(T-t)} \prod_{i=1}^{N} \frac{1}{\sqrt{H_i(T-t)}}$$
$$\times \exp\left\{\frac{(x_i(t)e^{-\lambda_i(T-t)} - \alpha_i)^2}{H_i(T-t)} - (x_i(t) - \alpha_i)^2\right\}$$
ただし
$$H_i(\tau) = 1 - \frac{\beta_i \sigma_i^2}{\lambda_i}(1 - e^{-2\lambda_i \tau}) > 0$$
とする．

問題 4.5 (4.30) を導出せよ．

問題 4.6 観測確率 P に関するリスク資産の価格過程を
$$\frac{\mathrm{d}S(t)}{S(t)} = \mu(t)\mathrm{d}t + \sigma_1 \mathrm{d}z_1(t) + \sigma_2 \mathrm{d}z_2(t), \qquad t \geq 0$$
満期 T の割引国債のフォワードレート過程を
$$\mathrm{d}f(t,T) = \alpha(t,T)\mathrm{d}t + \sigma_f(t,T)\mathrm{d}z_1(t), \qquad 0 \leq t \leq T$$
とする．ただし，σ_1, σ_2 は定数で $\sigma_f(t,T)$ は確定関数，$z_1(t)$ と $z_2(t)$ は互いに独立な標準ブラウン運動とする．以下の問に答えよ．

1. P の下で，$B(t)$ のフォワード価格 $B_T(t) = B(t)/v(t,T)$ および $S(t)$ のフォワード価格 $S_T(t) = S(t)/v(t,T)$ が従う確率微分方程式を求めよ．
2. $B_T(t)$ および $S_T(t)$ がマルチンゲールになるように測度変換を行え．
3. $S(t)$ の上に書かれた満期 T，行使価格 K のヨーロピアンコールオプションの価格を求めよ．

5 基準財と価格付け測度

 前章の最後で基準財について議論したが,本章では,より一般的な基準財について,相対価格のマルチンゲール性と無裁定および測度変換の関係を説明する.価格がつねに正であれば基準財はどんな証券であってもよく,選択した基準財に応じてマルチンゲール測度が定まる.基準財の変換と測度変換は表裏一体の関係にある.考察する証券のキャッシュフローの特性に合わせて基準財を選べば価格付けは容易になることが多い.なお,本章で扱う連続時間モデルでは,不確実性はブラウン運動のみによってもたらされると仮定する.

5.1 二項モデルにおける基準財の変換

 基準財に関する相対価格と無裁定の関係および基準財の変換を簡単な二項モデルで検討しよう.裁定機会が存在するかどうかは,相対価格を考察することにより判明する.

 2時点 $t=0,1$ の無リスク預金およびリスク証券の価格をそれぞれ $B(t)$, $S(t)$ で表わす.時点 $t=0$ では $B(0)=B, S(0)=S$ であり,時点 $t=1$ では無リスク預金は $B(1)=RB$ であるが,リスク証券は uS, dS のいずれかが生起するとする.uS, dS に対応する状態をそれぞれ ω_1, ω_2 として,生起する観測確率 P は次のように与えられているとする.

ω	ω_1	ω_2
$P\{\omega\}$	p	$1-p$

ここで $0<p<1$ である.つまり,その変動は次の三角構造によって表わされ

5.1 二項モデルにおける基準財の変換

ている.

$$
\begin{array}{cc}
\text{無リスク預金価格 } B(t) & \text{リスク証券価格 } S(t) \\
B \begin{array}{c} \omega_1 \nearrow RB \\ \searrow \\ \omega_2 \;\; RB \end{array} & S \begin{array}{c} \omega_1 \nearrow uS \\ \searrow \\ \omega_2 \;\; dS \end{array}
\end{array} \tag{5.1}
$$

裁定機会は証券価格と保有枚数の合計であるポートフォリオ価値の符号によって定義されていたが,貨幣単位のポートフォリオ価値を基準財価格で除した相対価格で考えても符号は変わらないので裁定機会に変更はない.無リスク預金を基準財とした場合の相対価格の推移は次のようになる.

$$
\begin{array}{cc}
\text{相対価格 } \dfrac{B(t)}{B(t)} & \text{相対価格 } \dfrac{S(t)}{B(t)} \\
1 \begin{array}{c} \nearrow 1 \\ \searrow 1 \end{array} & \dfrac{S}{B} \begin{array}{c} \nearrow \dfrac{uS}{RB} \\ \searrow \dfrac{dS}{RB} \end{array}
\end{array} \tag{5.2}
$$

これで無リスク預金の相対価格はつねに1になった.さらに,時点 $t=0$ のリスク証券の相対価格が無リスク預金と同じ1になるように B/S を掛けて標準化しよう.

$$
\begin{array}{cc}
\text{標準化相対価格 } \dfrac{B(t)}{B(t)} & \text{標準化相対価格 } \dfrac{S(t)}{B(t)}\dfrac{B}{S} \\
1 \begin{array}{c} \nearrow 1 \\ \searrow 1 \end{array} & 1 \begin{array}{c} \nearrow \dfrac{u}{R} \\ \searrow \dfrac{d}{R} \end{array}
\end{array} \tag{5.3}
$$

この結果,時点 $t=0$ における標準化された相対価格は等しくなったので,裁定機会を考えるには,時点 $t=1$ での標準化されたリスク証券の相対価格 $u/R, d/R$ と時点 $t=1$ での無リスク預金の相対価格1の大小関係を考えればよいことになった.裁定機会の有無は容易に

$$\begin{aligned}
\text{裁定機会が存在しない} &\Leftrightarrow \frac{d}{R} < 1 < \frac{u}{R} \\
&\Leftrightarrow d < R < u \\
\text{裁定機会が存在する} &\Leftrightarrow 1 \leq \frac{d}{R} \text{ または } \frac{u}{R} \leq 1 \\
&\Leftrightarrow R \leq d \text{ または } u \leq R
\end{aligned}$$

であることがわかる．裁定機会が存在しないとき（およびそのときに限り），

$$q^B \frac{u}{R} + (1 - q^B) \frac{d}{R} = 1$$

を満たす q^B ($0 < q^B < 1$) が存在する．実際,

$$q^B = \frac{R - d}{u - d} \tag{5.4}$$

であり，条件 (1.8) の下で $0 < q^B < 1$ となる．この q^B を使って確率 Q^B を次のように定める．

ω	ω_1	ω_2
$Q^B\{\omega\}$	q^B	$1 - q^B$

このとき，リスク証券の相対価格は確率 Q^B に関してマルチンゲールになる．すなわち，

$$E^{Q^B}\left[\frac{S(1)}{B(1)}\right] = \frac{S(0)}{B(0)}$$

もちろん，無リスク預金の相対価格は定数だからマルチンゲールである．すなわち，Q^B の下では，すべての証券について，将来時点の無リスク預金に関する相対価格の期待値は現在の無リスク預金に関する相対価格に等しい．したがって，「裁定機会が存在しない」ことと「すべての証券の相対価格がマルチンゲールになる（正の）確率が存在する」ことが同値である．これが資産価格の第一基本定理（定理 1.1）であった．ここで基準財に関する同値マルチンゲール測度の定義を与えておく．

定義 5.1 (同値マルチンゲール測度) 基準財 $A(t)$ に関する同値マルチンゲール測度 Q^A とは，観測確率 P と同値な測度で，かつ，すべての証券価格 $S(t)$ についてその相対価格 $S(t)/A(t)$ がマルチンゲールになる測度である[*1]．特に，

[*1] 同値マルチンゲール測度 Q^A を A を基準財とした**価格付け測度** (pricing measure) ともいう．

無リスク預金 $B(t)$ に関する同値マルチンゲール測度 Q^B をリスク中立確率測度と呼ぶ．

相対価格ではなく元の貨幣単位の証券価格で考えれば，「裁定機会が存在しない」ことと「すべての証券の期待収益率が一致する確率が存在する」ことは同値である．さらに，その対偶を取れば，「裁定機会が存在する」ことと「確率をどのように変更しても証券の期待収益率が異なる」ことが同値になる．

それでは基準財に無リスク預金ではなくリスク証券を取った場合はどうなるであろうか？ 裁定機会を見出すことに基準財は関係ないので，無リスク預金の場合と同様に考えればよい．すなわち，(5.3) と同様にリスク証券に関する相対価格で標準化されたものを考えれば次のとおりになる．

$$\text{標準化相対価格 } \frac{B(t)}{S(t)}\frac{S}{B} \qquad \text{標準化相対価格 } \frac{S(t)}{S(t)}$$

$$1 \begin{matrix} \nearrow \dfrac{R}{u} \\ \searrow \dfrac{R}{d} \end{matrix} \qquad 1 \begin{matrix} \nearrow 1 \\ \searrow 1 \end{matrix} \qquad (5.5)$$

したがって，裁定機会が存在しないことと条件 $d < R < u$ が同値であることがこの場合にも確かめられる．リスク証券を基準財とするマルチンゲール確率 Q^S を次のように定める．

ω	ω_1	ω_2
$Q^S\{\omega\}$	q^S	$1-q^S$

このとき，

$$q^S \frac{R}{u} + (1-q^S)\frac{R}{d} = 1$$

より

$$q^S = \frac{1/R - 1/d}{1/u - 1/d} = \frac{u(R-d)}{R(u-d)} = \frac{u}{R}q^B \qquad (5.6)$$

である．基準財が異なれば，相対価格がマルチンゲールとなる確率が異なるこ

とに注意せよ．

無リスク預金を基準財とした場合のマルチンゲール測度 $Q^B = (q^B, 1-q^B)$ とリスク証券を基準財とした場合のマルチンゲール測度 $Q^S = (q^S, 1-q^S)$ の関係を明らかにしておこう．確率変数 η を以下のように定義する．

$$\eta(\omega_1) = \frac{q^S}{q^B} = \frac{u}{R} = \frac{S(1,\omega_1)}{B(1,\omega_1)}\frac{B(0)}{S(0)}$$

$$\eta(\omega_2) = \frac{1-q^S}{1-q^B} = \frac{d}{R} = \frac{S(1,\omega_2)}{B(1,\omega_2)}\frac{B(0)}{S(0)}$$

このとき，

$$Q^S(A) = E^{Q^B}[1_A \eta], \qquad A \in \mathcal{F}$$

と書けるので，Q^B から Q^S へはラドン・ニコディム微分

$$\frac{dQ^S}{dQ^B} = \eta = \frac{S(1)}{B(1)}\frac{B(0)}{S(0)} \tag{5.7}$$

によって測度変換されている．古い基準財に関する，新しい基準財の標準化相対価格がラドン・ニコディム微分 η である．

観測確率測度 P からリスク中立確率測度 Q^B への測度変換には無裁定の条件を取り込んでいるが，Q^B から Q^S へは単に基準財を変換したことに伴う確率の変換である．これを**基準財の変換**（change of numéraire）に伴う**測度変換**（change of measure）という．

最後に，マルチンゲール測度 Q^B, Q^S の下で行使価格 K $(dS < K < uS)$ のコールオプション価格 $C(t)$ を求めてみよう．Q^B の下で得られる価格を $C^B(t)$ とすると，その相対価格はマルチンゲールなので

$$\begin{aligned}
\frac{C^B(0)}{B(0)} &= E^{Q^B}\left[\frac{C^B(1)}{B(1)}\right] \\
&= E^{Q^B}\left[\frac{\max\{S(1)-K, 0\}}{B(1)}\right] \\
&= q^B \frac{uS-K}{RB} + (1-q^B)\frac{0}{RB}
\end{aligned}$$

が成立する．したがって，

$$C^B(0) = q^B \frac{uS - K}{R} = \frac{(R-d)(uS-K)}{R(u-d)} = Sq^S - \frac{K}{R}q^B \quad (5.8)$$

となる．同様に，Q^S の下で得られる価格 $C^S(t)$ は

$$\frac{C^S(0)}{S(0)} = E^{Q^S}\left[\frac{C^S(1)}{S(1)}\right]$$
$$= E^{Q^S}\left[\frac{\max\{S(1)-K, 0\}}{S(1)}\right]$$
$$= q^S \frac{uS-K}{uS} + (1-q^S)\frac{0}{dS}$$

を満たすので，結局

$$C^S(0) = q^S \frac{uS-K}{u} = \frac{(R-d)(uS-K)}{R(u-d)} = C^B(0) \quad (5.9)$$

となり，これらの価格は一致する．

ここで，(5.8) の最右辺の各項に現れる確率について注意してほしい．第1項の q^S はリスク証券を基準財とするマルチンゲール測度の下でオプションが期日にインザマネーになる確率であり，第2項の q^B は無リスク預金を基準財とするマルチンゲール測度の下でオプションが期日にインザマネーになる確率を意味する．この事実は（ブラック・ショールズの公式を含めて）金利が確定的に変動する連続時間モデルにおいても成立する．ただし，より一般的に金利が確率的に変動する場合には，第2項の確率は割引国債を基準財とするマルチンゲール測度の下での確率と解釈する必要がある（5.3節を参照せよ）．

5.2 連続時間モデルにおける基準財の変換

次に本節で連続時間モデルについて考える．基本的には，連続時間モデルにおいても前節の1期間モデルにおける考え方をそのまま適用できて，同様な結果が得られることを示す．同値マルチンゲール測度が存在すれば裁定機会は存在しないので，観測確率測度 P からリスク中立確率測度 Q への変換は無裁定にするための測度変換である．Q は無リスク預金を基準財とする同値マルチンゲール測度であるが，基準財を変更することにより期待値計算が容易になることが多い．

満期 T にキャッシュフロー X を支払う証券の価格は, リスク中立確率測度 Q の下で

$$\pi(t,X) = E^Q\left[e^{-\int_t^T r_s ds} X \,\middle|\, \mathcal{F}_t\right]$$

によって与えられる. しかし, この期待値の計算には積の期待値, すなわち満期のキャッシュフロー X と割引因子 $e^{-\int_t^T r_s ds}$ の同時分布に関する情報が必要になる. 実際,

$$\begin{aligned}\pi(t,X) &= E^Q\left[e^{-\int_t^T r_s ds} X \,\middle|\, \mathcal{F}_t\right] \\ &= E_t^Q\left[e^{-\int_t^T r_s ds}\right] E_t^Q[X] + C_t^Q\left[e^{-\int_t^T r_s ds}, X\right] \\ &= v(t,T) E_t^Q[X] + C_t^Q\left[e^{-\int_t^T r_s ds}, X\right]\end{aligned}$$

と変形できるので共分散の計算が必要になる. このような割引因子の影響を遮断してより簡単に計算する方法はないのであろうか？ 実は, その問題は割引国債を基準財とするマルチンゲール測度 Q^T (フォワード測度) に変換することで解決できる. すなわち, リスク中立確率測度 Q からフォワード測度 Q^T への変換は, 計算を簡便化するために, 基準財を変換することに伴う測度変換である.

一般的なケースを考えよう. 取引されている証券には2種類の基準財 $A_{\text{old}}(t)$ と $A_{\text{new}}(t)$ が含まれており, 基準財 $A_{\text{old}}(t)$ に関するマルチンゲール測度 Q_{old} が存在すると仮定する. 問題は新しい基準財 $A_{\text{new}}(t)$ に関するマルチンゲール測度 Q_{new} をどのように構成するか, である.

仮定から, Q_{old} の下では, 古い基準財 $A_{\text{old}}(t)$ に関してすべての証券価格 $S(t)$ の相対価格がマルチンゲールであるので

$$\frac{S(t)}{A_{\text{old}}(t)} = E^{Q_{\text{old}}}\left[\frac{S(T)}{A_{\text{old}}(T)}\,\middle|\, \mathcal{F}_t\right] \tag{5.10}$$

が成立している. 新しい基準財に関する相対価格に変換するために, 両辺に $A_{\text{old}}(t)/A_{\text{new}}(t)$ を乗じて新しい基準財に関する相対価格の形でまとめると, 次式が得られる.

$$\frac{S(t)}{A_{\text{new}}(t)} = \frac{A_{\text{old}}(t)}{A_{\text{new}}(t)} E^{Q_{\text{old}}}\left[\frac{S(T)}{A_{\text{old}}(T)}\,\middle|\, \mathcal{F}_t\right]$$

5.2 連続時間モデルにおける基準財の変換

$$= E^{Q_{\text{old}}}\left[\frac{A_{\text{old}}(t)}{A_{\text{new}}(t)}\frac{A_{\text{new}}(T)}{A_{\text{old}}(T)}\frac{S(T)}{A_{\text{new}}(T)}\bigg|\mathcal{F}_t\right]$$

$$= E^{Q_{\text{old}}}\left[\frac{L(T)}{L(t)}\frac{S(T)}{A_{\text{new}}(T)}\bigg|\mathcal{F}_t\right] \qquad (5.11)$$

ここで $L(t)$ は標準化された相対価格

$$L(t) = \frac{A_{\text{new}}(t)}{A_{\text{old}}(t)}\frac{A_{\text{old}}(0)}{A_{\text{new}}(0)} \qquad (5.12)$$

として定義したので, $L(t)$ は正値マルチンゲールである. 3.1 節で議論したように, ラドン・ニコディム微分は $\mathcal{F}_T$ 可測な事象の確率の変換や無条件期待値の計算方法を定めているため, 上記の条件付き期待値の変換には直接適用できない. このため, ベイズの公式およびギルサノフの定理を再掲する.

補題 5.1 $z^{Q_{\text{old}}}$ を確率測度 Q_{old} の下での標準ブラウン運動として, Q_{old} マルチンゲール

$$L(t) \equiv \exp\left\{\int_0^t \varphi(s)\mathrm{d}z^{Q_{\text{old}}}(s) - \frac{1}{2}\int_0^t \varphi^2(s)\mathrm{d}s\right\}$$

を用いて確率測度 Q_{new} を

$$\left.\frac{\mathrm{d}Q_{\text{new}}}{\mathrm{d}Q_{\text{old}}}\right|_{\mathcal{F}_t} = L(t)$$

によって定義する. このとき, 以下が成立する.

1. (ベイズの公式) Q_{new} の下での条件付き期待値は

$$E^{Q_{\text{new}}}[X(T)|\mathcal{F}_t] = E^{Q_{\text{old}}}\left[\frac{L(T)}{L(t)}X(T)\bigg|\mathcal{F}_t\right]$$

として得られる.

2. (ギルサノフの定理) 確率過程

$$z^{Q_{\text{new}}}(t) = z^{Q_{\text{old}}}(t) - \int_0^t \varphi(s)\mathrm{d}s$$

は Q_{new} の下で標準ブラウン運動である.

補題 5.1 の 1. と (5.11) から確率測度 Q_{new} を

$$\left.\frac{\mathrm{d}Q_{\text{new}}}{\mathrm{d}Q_{\text{old}}}\right|_{\mathcal{F}_t} = L(t) = \frac{A_{\text{new}}(t)}{A_{\text{old}}(t)}\frac{A_{\text{old}}(0)}{A_{\text{new}}(0)} \qquad (5.13)$$

によって定義すれば，Q_{new} の下で基準財 $A_{\text{new}}(t)$ に関するすべての証券の相対価格がマルチンゲールになる．すなわち，

$$\frac{S(t)}{A_{\text{new}}(t)} = E^{Q_{\text{new}}}\left[\left.\frac{S(T)}{A_{\text{new}}(T)}\right|\mathcal{F}_t\right]$$

こうして基準財 $A_{\text{new}}(t)$ に関するマルチンゲール測度 Q_{new} が得られた．

3.1 節で説明したとおり，$\mathcal{F}_T$ 可測な確率変数 $X(T)$ に対して，Q_{new} の下での期待値および条件付き期待値は，次のとおり Q_{old} の下での期待値計算に変換することが可能である．

$$E^{Q_{\text{new}}}[X(T)] = E^{Q_{\text{old}}}[L(T)X(T)] \tag{5.14}$$

$$E^{Q_{\text{new}}}[X(T)|\mathcal{F}_t] = E^{Q_{\text{old}}}\left[\left.\frac{L(T)}{L(t)}X(T)\right|\mathcal{F}_t\right] \tag{5.15}$$

ところで，補題 5.1 の $L(t)$ は次の確率微分方程式を満たしている．

$$dL(t) = \varphi(t)L(t)dz^{Q_{\text{old}}}(t) \tag{5.16}$$

各自確認せよ．いま，基準財が次の確率微分方程式を満たしているとしよう．

$$dA_{\text{old}}(t) = A_{\text{old}}(t)\left[\mu_{\text{old}}(t)dt + \sigma_{\text{old}}(t)dz^{Q_{\text{old}}}(t)\right]$$

$$dA_{\text{new}}(t) = A_{\text{new}}(t)\left[\mu_{\text{new}}(t)dt + \sigma_{\text{new}}(t)dz^{Q_{\text{old}}}(t)\right]$$

$$\mu_{\text{new}}(t) = \mu_{\text{old}}(t) + \sigma_{\text{old}}(t)(\sigma_{\text{new}}(t) - \sigma_{\text{old}}(t))$$

このとき，伊藤の商公式から，標準化相対価格 (5.12) は

$$dL(t) = (\sigma_{\text{new}}(t) - \sigma_{\text{old}}(t))L(t)dz^{Q_{\text{old}}}(t), \qquad L(0) = 1 \tag{5.17}$$

に従う．すなわち，$L(t)$ のボラティリティ $\varphi(t)$ は基準財のボラティリティの差 $\varphi(t) = \sigma_{\text{new}}(t) - \sigma_{\text{old}}(t)$ である．ギルサノフの定理（補題 5.1）から，新しい基準財の標準化相対価格 $L(t)$ のボラティリティ $\varphi(t) = \sigma_{\text{new}}(t) - \sigma_{\text{old}}(t)$ を用いて，Q_{new} の下での標準ブラウン運動 $z^{Q_{\text{new}}}(t)$ は，Q_{old} の下でのブラウン運動 $z^{Q_{\text{old}}}(t)$ をボラティリティ $\varphi(t)$ だけずらした確率過程

$$dz^{Q_{\text{new}}}(t) = dz^{Q_{\text{old}}}(t) - (\sigma_{\text{new}}(t) - \sigma_{\text{old}}(t))dt \tag{5.18}$$

として得られる．(5.18) は基準財の変換に伴う測度変換におけるブラウン運動

5.2 連続時間モデルにおける基準財の変換

の構成に用いられる重要な公式である.

特に, 新旧の基準財として, 無リスク預金 $A_{\text{old}}(t) = B(t)$ と満期 T の割引国債 $A_{\text{new}}(t) = v(t, T)$ の場合のマルチンゲール測度 $Q_{\text{old}} = Q, Q_{\text{new}} = Q^T$ を考えよう. すなわち,

$$A_{\text{old}}(t) = B(t) = \exp\left\{\int_0^t r(s)\mathrm{d}s\right\}$$

$$A_{new}(t) = v(t, T) = E^Q\left[\left.\frac{B(t)}{B(T)}\right|\mathcal{F}_t\right]$$

Q はリスク中立確率測度であり, Q^T は満期Tのフォワード測度 (T-forward measure) と呼ばれる. 仮定から, Q^T の下では割引国債を基準財とした相対価格がマルチンゲールになるので, 満期 T にキャッシュフロー X が支払われる証券の価格 $\pi(t, X)$ は

$$\frac{\pi(t, X)}{v(t, T)} = E^{Q^T}\left[\left.\frac{\pi(T, X)}{v(T, T)}\right|\mathcal{F}_t\right] = E^{Q^T}[X|\mathcal{F}_t]$$

すなわち

$$\pi(t, X) = v(t, T)E^{Q^T}[X|\mathcal{F}_t] \tag{5.19}$$

となり, 当初の目的である, 割引因子との同時分布を考える必要がない, 満期のキャッシュフローのみの期待値計算に帰着できた.

リスク中立確率測度 Q からフォワード測度 Q^T へ変換するラドン・ニコディム密度過程は

$$L(t) = \frac{v(t, T)}{B(t)v(0, T)}$$

で与えられる. 新旧の基準財が満たす確率微分方程式は, あるボラティリティ $\sigma^v(t, T)$ を用いて, リスク中立確率測度の下で

$$\mathrm{d}B(t) = r(t)B(t)\mathrm{d}t$$

$$\mathrm{d}v(t, T) = v(t, T)\left[r(t)\mathrm{d}t + \sigma^v(t, T)\mathrm{d}z^Q(t)\right]$$

である. したがって, Q^T の下でのブラウン運動 $z^T(t)$ については (5.18) から

$$\mathrm{d}z^T(t) = \mathrm{d}z^Q(t) - \sigma^v(t, T)\mathrm{d}t \tag{5.20}$$

として得られる.

例 5.1 (リスク証券を基準財とするマルチンゲール測度) 取引資産は無リスク預金 $B(t)$ とリスク証券 $S(t)$ の2種類の資産であり,それらの価格はリスク中立確率測度 Q の下で以下の確率微分方程式を満たしていると仮定しよう.

$$dB(t) = rB(t)dt, \qquad B(0) = 1$$
$$dS(t) = S(t)\left[rdt + \sigma^S dz^Q(t)\right], \qquad S(0) = s$$

リスク証券を基準財とする無リスク預金の相対価格 $B(t)/S(t)$ は,伊藤の商公式を適用すれば

$$d\left(\frac{B(t)}{S(t)}\right) = -\frac{B(t)}{S(t)}\sigma^S\left(dz^Q(t) - \sigma^S dt\right) \tag{5.21}$$

であることがわかる.したがって,リスク証券を基準財とするマルチンゲール測度 Q^S における標準ブラウン運動は

$$dz^S(t) = dz^Q(t) - \sigma^S dt$$

でなければならない.すなわち,リスク中立確率測度 Q の標準ブラウン運動 $z^Q(t)$ から基準財 $S(t)$ のボラティリティだけドリフトをずらした確率過程 $z^S(t)$ がマルチンゲール測度 Q^S の標準ブラウン運動となる.

例 5.2 (別のリスク証券を基準財とするマルチンゲール測度) 次に,例5.1 のリスク証券 $S_1(t)$ に加え別のリスク証券 $S_2(t)$ があり,それらの価格には相関がある場合を考えよう.すなわち,

$$dB(t) = rB(t)dt$$
$$dS_1(t) = S_1(t)\left[rdt + \sigma_1 dz_1^Q(t)\right]$$
$$dS_2(t) = S_1(t)\left[rdt + \sigma_2 dz_2^Q(t)\right]$$

とし,2つの標準ブラウン運動の相関を

$$dz_1^Q(t)dz_2^Q(t) = \rho dt$$

とする.基準財 $S_2(t)$ に関する無リスク預金 $B(t)$ およびリスク証券 $S_1(t)$ の相

対価格が満たす確率微分方程式は，伊藤の商公式から

$$d\left(\frac{B(t)}{S_2(t)}\right) = -\frac{B(t)}{S_2(t)}\sigma_2\left(dz_2^Q(t) - \sigma_2 dt\right) \tag{5.22}$$

$$d\left(\frac{S_1(t)}{S_2(t)}\right) = \frac{S_1(t)}{S_2(t)}\left[\sigma_1\left(dz_1^Q(t) - \rho\sigma_2 dt\right) - \sigma_2\left(dz_2^Q(t) - \sigma_2 dt\right)\right] \tag{5.23}$$

である．ここで，(5.23) 右辺は，$z_2^Q(t)$ について (5.22) 右辺の括弧内と同様にまとめたものが第2項であり，残りの項が第1項であることに注意せよ．したがって，リスク証券 $S_2(t)$ を基準財とするマルチンゲール測度 Q^{S_2} における標準ブラウン運動は

$$dz_1^{S_2}(t) = dz_1^Q(t) - \rho\sigma_2 dt, \qquad dz_2^{S_2}(t) = dz_2^Q(t) - \sigma_2 dt$$

でなければならない．基準財 S_2 の価格を確率的に変動させる標準ブラウン運動 $z_2^Q(t)$ に関しては，例 5.1 と同様に，そのボラティリティ σ_2 だけドリフトをずらすことになる．一方，リスク証券 S_1 の価格を確率的に変動させる標準ブラウン運動 $z_1^Q(t)$ については基準財 $S_2(t)$ との相関を考慮した $\rho\sigma_2$ だけドリフトをずらさなければならない．

例 5.3 (外国為替レート) 通貨が2種類あり，それぞれの通貨建て無リスク預金と外国為替レートによって通貨の売買が可能な状況を考えよう．自国通貨建て無リスク預金の自国通貨建て価格を $B^d(t)$ とし，外国通貨建て無リスク預金の外国通貨建て価格を $B^f(t)$ とする．外国為替レート $X(t)$ は外国通貨1単位と等価な自国通貨単位数量を表わす．それらの価格は観測確率測度 P の下で以下の確率微分方程式に従うとする．

$$dB^d(t) = r^d B^d(t) dt, \qquad B^d(0) = 1$$
$$dB^f(t) = r^f B^f(t) dt, \qquad B^f(0) = 1$$
$$dX(t) = X(t)\left[\mu^X dt + \sigma^X dz^P(t)\right], \qquad X(0) = x$$

まず，自国通貨建て無リスク預金を基準財とするマルチンゲール確率測度 Q^d の下での標準ブラウン運動を求めよう．この設定でリスク証券とみなせるもの

は外国通貨建て無リスク預金を自国通貨建てに転換した価格 $X(t)B^f(t)$ である. その相対価格 $X(t)B^f(t)/B^d(t)$ は確率微分方程式

$$d\left(\frac{X(t)B^f(t)}{B^d(t)}\right) = \left(\frac{X(t)B^f(t)}{B^d(t)}\right)\left[(r^f - r^d + \mu^X)dt + \sigma^X dz^P(t)\right]$$

に従う. 各自で確認せよ. この相対価格がマルチンゲールになるためには,

$$dz^d(t) = dz^P(t) + \frac{r^f - r^d + \mu^X}{\sigma^X}dt$$

がマルチンゲール確率測度 Q^d の下で標準ブラウン運動であればよい. したがって, Q^d の下では外国為替レート $X(t)$ は

$$dX(t) = X(t)\left[\mu^X dt + \sigma^X\left(dz^d(t) - \frac{r^f + \mu^X - r^d}{\sigma^X}dt\right)\right]$$
$$= X(t)\left[(r^d - r^f)dt + \sigma^X dz^d(t)\right]$$

に従うことがわかった.

それでは, 外国通貨建て無リスク預金を基準財とすればどうなるであろうか? すなわち, 外国通貨建てのリスク中立確率測度 Q^f を求めよう. Q^d の場合と同様に, 相対価格 $B^d(t)/(X(t)B^f(t))$ を考えることで Q^f を導くことも可能である (各自確認せよ) が, ここでは基準財の変換を用いる. すなわち, 基準財を $B^d(t)$ から $X(t)B^f(t)$ に変更する. このとき, 伊藤の積公式より

$$\frac{d(X(t)B^f(t))}{X(t)B^f(t)} = r^d dt + \sigma^X dz^d(t)$$

であるから, この基準財の変換では, (5.18) より

$$dz^f(t) = dz^d(t) - \sigma^X dt$$

がマルチンゲール確率測度 Q^f の下での標準ブラウン運動になる.

5.3 ブラック・ショールズの公式: 再訪

これまでの章でブラック・ショールズの公式を数回導出したが, 本節では, 基準財の観点からブラック・ショールズの公式を導出し解釈を与える.

5.3 ブラック・ショールズの公式:再訪

証券 $B(t), S(t)$ がリスク中立確率測度 Q の下で

$$dB(t) = rB(t)dt$$
$$dS(t) = S(t)[rdt + \sigma dz^Q(t)]$$

に従うとき,満期 T, 行使価格 K のコールオプションを考えよう.時点 t におけるコールオプション価格

$$C(t) = \pi(t, \max\{S(T) - K, 0\})$$

を求めるためには,相対価格のマルチンゲール性を利用すればよい.リスク中立確率測度 Q の下での資産価格評価は

$$\frac{C(t)}{B(t)} = E^Q\left[\left.\frac{C(T)}{B(T)}\right|\mathcal{F}_t\right] = E^Q\left[\left.\frac{\max\{S(T) - K, 0\}}{B(T)}\right|\mathcal{F}_t\right]$$

であることを思い出そう.ここで,オプション満期に株価がインザマネーになる事象を A とする.すなわち,

$$A = \{\omega : S(T, \omega) > K\}$$

事象 A の定義関数 1_A を用いると,上式は次のように差の形に分解できる.

$$\begin{aligned}
C(t) &= B(t)E^Q\left[\left.\frac{S(T)}{B(T)}1_A - \frac{K}{B(T)}1_A\right|\mathcal{F}_t\right] \\
&= E^Q\left[\left.\frac{S(T)}{B(T)}\frac{B(t)}{S(t)}S(t)1_A\right|\mathcal{F}_t\right] - E^Q\left[\left.\frac{v(T,T)}{B(T)}\frac{B(t)}{v(t,T)}v(t,T)K1_A\right|\mathcal{F}_t\right]
\end{aligned} \tag{5.24}$$

ただし,$v(t, T)$ は満期 T の割引国債価格である.

ここで,基準財 $B(t)$ に関するリスク証券および割引国債の標準化相対価格をそれぞれ $L^S(t)$ および $L^T(t)$ とする.つまり

$$L^S(t) = \frac{S(t)}{B(t)}\frac{B(0)}{S(0)}, \qquad L^T(t) = \frac{v(t,T)}{B(t)}\frac{B(0)}{v(0,T)}$$

前節の議論(補題 5.1)から,これらの標準化相対価格は,基準財を変換するラドン・ニコディム密度過程 (5.13) であるので,測度変換が可能である.すなわ

ち，(5.24) 第 1 項についてはリスク証券を新しい基準財とするマルチンゲール測度 Q^S に変換し，第 2 項については割引国債を新しい基準財とするマルチンゲール測度 Q^T に変換する．(5.24) の各項の期待値の中の分数部分は，

$$\frac{S(T)}{B(T)}\frac{B(t)}{S(t)} = \frac{L^S(T)}{L^S(t)}, \qquad \frac{v(T,T)}{B(T)}\frac{B(t)}{v(t,T)} = \frac{L^T(T)}{L^T(t)}$$

と表わされる．したがって，(5.15) より，

$$\begin{aligned}C(t) &= E^{Q^S}[S(t)1_A|\mathcal{F}_t] - E^{Q^T}[v(t,T)K1_A|\mathcal{F}_t] \\ &= S(t)Q^S\{S(T) > K|\mathcal{F}_t\} - Kv(t,T)Q^T\{S(T) > K|\mathcal{F}_t\}\end{aligned} \qquad (5.25)$$

が得られる．(5.8) 式と同様に，第 1 項の確率はリスク証券を基準財とするマルチンゲール測度 Q^S の下でオプションが期日にインザマネーになる（条件付き）確率であり，第 2 項の確率は割引国債を基準財とするマルチンゲール測度 Q^T の下でオプションが期日にインザマネーになる（条件付き）確率である．ここまでの結果は金利が確率的に変動する場合でも適用可能である．特に，金利が確定的な場合には測度 Q^T はリスク中立確率 Q に一致する．

これらの確率 $Q^S\{S(T) > K|\mathcal{F}_t\}, Q^T\{S(T) > K|\mathcal{F}_t\}$ をブラック・ショールズのモデルの場合について具体的に求めよう．株価 $S(t)$ は確率測度 Q^S, Q^T の下でそれぞれ

$$dS(t) = (r + \sigma^2)S(t)dt + \sigma S(t)dz^S(t) \qquad (5.26)$$

$$dS(t) = rS(t)dt + \sigma S(t)dz^T(t) \qquad (5.27)$$

に従う．各自で確認せよ．これらの確率微分方程式は同じ形をしているので，一般に以下の確率微分方程式を満たす $S(T)$ についてインザマネーになる条件付き確率 $Q^\mu\{S(T) > K|\mathcal{F}_t\}$ を求めればよい．

$$dS(t) = \mu S(t)dt + \sigma S(t)dz^\mu(t)$$

この確率微分方程式の解から，$S(T)$ と $S(t)$ には

$$S(T) = S(t)\exp\left\{\left(\mu - \frac{1}{2}\sigma^2\right)(T-t) + \sigma\left(z^\mu(T) - z^\mu(t)\right)\right\}$$

の関係が成立する．条件 $\mathcal{F}_t$ の下で $(z^\mu(T) - z^\mu(t))/\sqrt{T-t}$ が標準正規分布に

従うことを利用することにより，インザマネーになる条件付き確率を次のように求めることができる．

$$\begin{aligned}
&Q^\mu\{S(T) > K|\mathcal{F}_t\} \\
&= Q^\mu\left\{\log S(t) + \left(\mu - \frac{1}{2}\sigma^2\right)(T-t) + \sigma\left(z^\mu(T) - z^\mu(t)\right) > \log K \,\bigg|\, \mathcal{F}_t\right\} \\
&= Q^\mu\left\{\frac{z^\mu(T) - z^\mu(t)}{\sqrt{T-t}} > -\frac{\log(S(t)/K) + \left(\mu - \frac{1}{2}\sigma^2\right)T}{\sigma\sqrt{T-t}}\,\bigg|\, \mathcal{F}_t\right\} \\
&= \Phi\left(\frac{\log(S(t)/K) + \left(\mu - \frac{1}{2}\sigma^2\right)(T-t)}{\sigma\sqrt{T-t}}\right)
\end{aligned}$$

(5.26) に対しては $\mu = r + \sigma^2$ として，(5.27) に対しては $\mu = r$ とすることにより，確率 $Q^S\{S(T) > K|\mathcal{F}_t\}$ および $Q^T\{S(T) > K|\mathcal{F}_t\}$ が得られる．

以上から，コールオプション価格は次のようになり，再度ブラック・ショールズの公式が得られた．

$$\begin{aligned}
C(t) &= S(t)Q^S\{S(T) > K|\mathcal{F}_t\} - Kv(t,T)Q^T\{S(T) > K|\mathcal{F}_t\} \\
&= S(t)\Phi(d_1) - Ke^{-r(T-t)T}\Phi(d_2)
\end{aligned}$$

ただし

$$d_1 = \frac{\log(S(t)/K) + \left(r + \frac{1}{2}\sigma^2\right)T}{\sigma\sqrt{T-t}}, \qquad d_2 = d_1 - \sigma\sqrt{T-t}$$

章 末 問 題

問題 5.1 リスク証券 $S(t)$ と無リスク預金 $B(t)$ が取引される 1 期間モデル ($t = 0, 1$) を考える．証券価格は $t = 0$ では $S(0) = S$, $B(0) = 1$ であり，$t = 1$ では以下のとおりとする．ただし $d < R < u$ である．

状態 ω	ω_1	ω_2
無リスク預金 $B(1)$	R	R
リスク証券 $S(1)$	uS	dS

行使価格と満期が同じコールオプションとプットオプションの組合せをストラドル (straddle) という．満期が $t = 1$ で行使価格が K ($dS < K < uS$) のリ

スク証券の上に書かれたストラドルの価格 CP を求めよ.

問題 5.2 問題 5.1 と同様の設定で, 無リスク預金と (リスク証券ではなく) ストラドルのみが取引されているとする.
1. ストラドルを基準財とするマルチンゲール測度 Q^{CP} を求めよ.
2. 状態 ω_1 では uS を, ω_2 では dS を支払う証券の価格 X を Q^{CP} を用いて求めよ.

問題 5.3 2 通貨の金利差と外国為替レートに関する次のような議論 (Siegel のパラドックス[*2)]) に対してその真偽をコメントせよ.

> 日米の金利差は $r^{JPY} - r^{USD} = -3\%$ である. 円からみたドルレートの期待収益率は $r^{JPY} - r^{USD} = -3\%$ だから, ドルからみた円レートの期待収益率は $r^{USD} - r^{JPY} = +3\%$ になる.

問題 5.4 株式 $S(t)$ はドル建てで市場で取引されている. K を時点 0 で定められたドル円レートとして, 将来時点 T に株式 1 単位を $S(T)K$ 円で購入する証券[*3)]を考える. 裁定機会がないように K の値を求めよ. ただし, ドル建て株式 $S(t)$, ドル円レート $X(t)$, 円建て無リスク預金 $B^d(t)$, ドル建て無リスク預金 $B^f(t)$ の各価格は観測確率 P の下で以下の確率微分方程式に従っているとする.

$$dS(t) = S(t)\left[\mu^S dt + \sigma_1^S dz_1(t) + \sigma_2^S dz_2(t)\right], \quad S(0) = s$$
$$dX(t) = X(t)\left[\mu^X dt + \sigma^X dz_1(t)\right], \quad X(0) = x$$
$$dB^d(t) = r^d B^d(t)dt, \quad B^d(0) = 1$$
$$dB^f(t) = r^f B^d(t)dt, \quad B^f(0) = 1$$

問題 5.5 1. 確率変数 S が $\log S \sim N(\mu, \sigma^2)$ であるとき,

$$E\left[S^\lambda 1_{\{S \geq x\}}\right] = e^{\mu\lambda + \frac{1}{2}\sigma^2\lambda^2} \Phi\left(\frac{\mu - \log x}{\sigma} + \sigma\lambda\right)$$
$$\lambda \in \mathbb{R}, \quad x > 0$$

[*2)] Dumas, Jennergren and Näslund (1995) を参照せよ.
[*3)] このような証券を**クオント** (quanto) という.

を証明せよ. ここで Φ は標準正規分布の分布関数である.

2. ブラック・ショールズのモデルにおいて, 満期 T にキャッシュフロー $C_n = \max\{S^n(T) - K, 0\}$ を受け取る証券の価格を求めよ. ただし $n \neq 0$ とする.

問題 5.6 無リスク預金 $B(t)$ と 2 つの株式 $S_1(t)$, $S_2(t)$ が取引されており, それらの価格はリスク中立確率 Q の下で

$$dB(t) = rB(t)dt$$
$$dS_1(t) = rS_1(t)dt + \sigma_1 S_1(t)dz_1(t), \quad S_1(0) = s_1$$
$$dS_2(t) = rS_2(t)dt + \sigma_2 S_2(t)dz_2(t), \quad S_2(0) = s_2$$

に従っているとする. ここで, $z_1(t), z_2(t)$ は相関 $dz_1(t)dz_2(t) = \rho dt$ を持つ標準ブラウン運動である. 以下の問に答えよ.

1. マルチンゲール測度 Q^{S_1} の下における相対価格 $S_2(t)/S_1(t)$ が従う確率微分方程式を導き, 確率

$$Q^{S_1}\left\{\frac{S_2(T)}{S_1(T)} > \alpha\right\}$$

を求めよ. ここで α は正の定数である.

2. 満期 T において, オプションの買手が 1 単位の株式 S_2 を売手から受け取り, 売手に α 単位の株式 S_1 を引き渡すオプション[*4)]の価格を求めよ. (ヒント: 満期における価値は
$$X = \max(S_2(T) - \alpha S_1(T), 0) = 1_{\{S_2(T) > \alpha S_1(T)\}}(S_2(T) - \alpha S_1(T))$$
である)

[*4)] このオプションを S_2 Call/αS_1 Put と呼ぶ.

6 金利モデル

本章では，金利モデルにおける価格付けに関するさまざまな手法を測度変換を用いて解説する．代表的な測度にはリスク中立確率測度とフォワード測度があるが，これらを金融商品の特性に応じて使い分けることにより，デリバティブ商品の無裁定価格を求めることができる．特に，金利商品（あるいは quanto タイプの商品）の価格付けに不可避なコンベキシティアジャストメントを，ある確率測度の下での共分散として理解することは有益であろう．なお，本章では不確実性はブラウン運動のみによってもたらされると仮定する．

6.1 金利派生商品の価格付けに用いられる測度

金利派生商品ではキャッシュフローが複雑なものが多いので，価格を容易に導出できるよう，そのキャッシュフローの特性に合わせて基準財を使い分けることが重要である．本節では，2つの代表的な確率測度について解説する．

6.1.1 リスク中立確率測度

まず，リスク中立確率測度 Q が与えられているとすれば，割引国債では満期 T にキャッシュフロー 1 が生じるので，(5.19) から割引国債価格は無リスク預金を基準財として

$$v(t,T) = B(t)E^Q\left[B(T)^{-1}\big|\mathcal{F}_t\right], \qquad t \leq T \tag{6.1}$$

によって与えられる．この割引国債価格の確率微分方程式を導出しよう．Q の下では相対価格 $v(t,T)/B(t)$ がマルチンゲールになるので，マルチンゲール表

6.1 金利派生商品の価格付けに用いられる測度

現定理（定理 A.9）から

$$d\left(\frac{v(t,T)}{B(t)}\right) = \frac{v(t,T)}{B(t)}\sigma_v(t,T)dz^Q(t)$$

を満たす適当な確率過程 $\sigma_v(t,T)$ が存在する．したがって，伊藤の積公式より，割引国債価格の確率微分方程式は

$$dv(t,T) = r(t)v(t,T)dt + v(t,T)\sigma_v(t,T)dz^Q(t)$$

また，その対数価格 $\log v(t,T)$ は

$$d\log v(t,T) = \left(r(t) - \frac{1}{2}\sigma_v^2(t,T)\right)dt + \sigma_v(t,T)dz^Q(t)$$

を満たすので，

$$\log v(t,T) = \log v(0,T) + \int_0^t \left(r(s) - \frac{1}{2}\sigma_v^2(s,T)\right)ds + \int_0^t \sigma_v(s,T)dz^Q(s) \tag{6.2}$$

という関係式が得られる．

フォワードレート $f(t,T)$ は

$$f(t,T) = -\frac{\partial}{\partial T}\log v(t,T) \tag{6.3}$$

と定義されるので，関係式 (6.2) の両辺を T で微分する．$\sigma_v(t,T)$ が T に関して微分可能であるとし，フビニの定理が使えると仮定すれば，

$$-f(t,T) = -f(0,T) - \int_0^t \sigma^P(s,T)\frac{\partial\sigma_v(s,T)}{\partial T}ds + \int_0^t \frac{\partial\sigma_v(s,T)}{\partial T}dz^Q(s)$$

が得られる．したがって，フォワードレートが従う確率微分方程式は

$$df(t,T) = \sigma_v(t,T)\frac{\partial\sigma_v(t,T)}{\partial T}dt - \frac{\partial\sigma_v(t,T)}{\partial T}dz^Q(t) \tag{6.4}$$

である．

6.1.2 フォワード測度

割引国債に関する無リスク預金の相対価格 $B(t)/v(t,T)$ が満たす確率微分方程式は

$$\mathrm{d}\left(\frac{B(t)}{v(t,T)}\right) = -\left(\frac{B(t)}{v(t,T)}\right)\sigma_v(t,T)(\mathrm{d}z^Q(t) - \sigma_v(t,T)\mathrm{d}t)$$

である．各自で確認せよ．フォワード測度 Q^T の下ではこれがマルチンゲールになるので，

$$\mathrm{d}z^T(t) = \mathrm{d}z^Q(t) - \sigma_v(t,T)\mathrm{d}t$$

と変換すればよい．この変換によりフォワードレートはフォワード測度 Q^T の下では

$$\mathrm{d}f(t,T) = -\frac{\partial \sigma_v(t,T)}{\partial T}\mathrm{d}z^T(t) \tag{6.5}$$

となるので，マルチンゲールになる．実際，(6.1) を T で微分すれば

$$-f(t,T)v(t,T) = E^Q\left[-r(T)\exp\left\{-\int_t^T r(s)\mathrm{d}s\right\}\bigg|\mathcal{F}_t\right]$$

であるから

$$f(t,T) = E^Q\left[\frac{1}{B(T)}\frac{B(t)}{v(t,T)}r(T)\bigg|\mathcal{F}_t\right] = E^{Q^T}[r(T)|\mathcal{F}_t] \tag{6.6}$$

が得られるので，フォワードレートはフォワード測度の下でマルチンゲールである．(6.6) は，フォワードレートがフォワード測度の下で無リスク金利の期待値として表現されることを示している．また，このことは金利の期待仮説を意味するが，金利の期待仮説[*1)]はフォワード測度の下で成立する命題であることを示唆している．

例 6.1 (満期の異なる割引国債の相対価格) 満期 U の割引国債の価格はフォワード測度 Q^T の下では

$$\mathrm{d}v(t,U) = v(t,U)(r(t) + \sigma_v(t,U)\sigma_v(t,T))\mathrm{d}t + v(t,U)\sigma_v(t,U)\mathrm{d}z^T(t)$$

となるので，その相対価格は確率微分方程式

$$\mathrm{d}\left(\frac{v(t,U)}{v(t,T)}\right) = \left(\frac{v(t,U)}{v(t,T)}\right)(\sigma_v(t,U) - \sigma_v(t,T))\mathrm{d}z^T(t)$$

に従う．この結果は基準財の変更に伴うラドン・ニコディム密度過程 (5.17) の

[*1)] フォワードレートは将来の無リスク短期金利の期待値である，という仮説．

特殊な場合である．各自で確認せよ．

例 6.2 (LIBOR)　LIBOR は定義から

$$L(t;T,T+\delta) = \frac{1}{\delta}\left(\frac{v(t,T)}{v(t,T+\delta)} - 1\right) \qquad (6.7)$$

として満期 $(T+\delta)$ の割引国債に関する相対価格によって表現できるので，フォワード測度 $Q^{T+\delta}$ の下でマルチンゲールである．

例 6.3 (フォワード価格と先物価格)　証券のフォワード取引と先物取引のリスクヘッジ機能は概ね同じ効果をもたらす．両者で大きく異なる点は満期までの期間中の含み損益を証拠金として受渡しするかどうかという点である．証拠金には付利されないので，含み益が生じて証拠金を受け取れば金利ゼロで借入れしていることと同じである一方，含み損が生じて証拠金を支払えば金利ゼロで貸し出していることになる．このキャッシュフローの違いと金利の不確実性がフォワード価格と先物価格の差として現れる．

　ある証券の直物価格 $S(t)$ は時点 t で売買取引をして同時点で受け渡す価格である．この証券を時点 t で売買取引をして将来の時点 T で受け渡すフォワード価格 $Fw(t;T)$ を考えよう．フォワード取引で生じるキャッシュフローは満期 T における差額 $S(T) - Fw(t;T)$ であるので，このフォワード取引の価値は

$$E^Q\left[\frac{B(t)}{B(T)}(S(T) - Fw(t;T))\bigg|\mathcal{F}_t\right] = v(t,T)\left(E^{Q^T}[S(T)|\mathcal{F}_t] - Fw(t;T)\right)$$

になる．しかし，時点 t で取引を行なうときには何もキャッシュフローが生じないので，この価値はゼロである．したがって，フォワード価格はフォワード測度を用いて

$$Fw(t;T) = E^{Q^T}[S(T)|\mathcal{F}_t] = \frac{S(t)}{v(t,T)} \qquad (6.8)$$

で与えられる．

　一方，この証券を原資産として期日 T の先物取引が行われていれば，その先物価格はリスク中立確率測度を用いて

$$Fu(t;T) = E^Q[S(T)|\mathcal{F}_t] \qquad (6.9)$$

であることを説明しよう[*2]. すなわち, フォワード価格 (6.8) は満期における証券価格のフォワード測度における期待値である一方, 先物価格 (6.9) はリスク中立確率測度における期待値である. したがって, 金利が確定的な場合は両者の価格は一致する.

先物取引では, 値洗いにより満期 T までの各時点 s に価格変化 $dFu(s;T)$ 分のマージンを受け取り, 満期においては $S(T) - Fu(T;T)$ を受け取る. 時点 t では何もキャッシュフローが生じないので, 先物価格 $Fu(t;T)$ は

$$0 = E^Q\left[e^{-\int_t^T r(u)du}(S(T) - Fu(T;T)) + \int_t^T e^{-\int_t^s r(u)du} dFu(s;T)\bigg| \mathcal{F}_t\right]$$

を満たさなければならない. 満期 T においては先物価格は原資産価格に収束するので $Fu(T;T) = S(T)$ である. したがって,

$$E^Q\left[\int_t^T e^{-\int_t^s r(u)du} dFu(s;T)\bigg| \mathcal{F}_t\right] = 0$$

が成立する. これから

$$0 = e^{-\int_0^t r(u)du} E^Q\left[\int_t^T e^{-\int_t^s r(u)du} dFu(s;T)\bigg| \mathcal{F}_t\right]$$
$$= E^Q\left[\int_0^T e^{-\int_0^s r(u)du} dFu(s;T)\bigg| \mathcal{F}_t\right] - \int_0^t e^{-\int_0^s r(u)du} dFu(s;T)$$

したがって, 確率積分

$$E^Q\left[\int_0^T e^{-\int_0^s r(u)du} dFu(s;T)\bigg| \mathcal{F}_t\right] = \int_0^t e^{-\int_0^s r(u)du} dFu(s;T)$$

はマルチンゲールである. 無リスク金利 r が有界であると仮定すれば $e^{-\int_0^s r(u)du}$ も有界になり, 結局 $Fu(t;T)$ 自身がマルチンゲールである. したがって, 先物価格は (6.9) で与えられる.

6.1.3 金利スワップとスワップ測度

金利スワップは固定金利 (スワップレート) と変動金利を交換する取引である. 以下では, 名目元本 1, 期間 $[T_0, T_N]$ について, 固定金利を受け取り変動

[*2] 以下の説明は Duffie (2001) p.172 に準拠している.

金利を支払う金利スワップを時点 t で考察する．変動金利は (6.7) によって決定される LIBOR とする．変動金利 LIBOR は，金利決定日 (fixing date, reset date) $T_{i-1}, i=1,2,\ldots,N$ に期間 $[T_{i-1}, T_i]$ に適用される金利を決定し，T_i に固定金利と交換するための資金決済が行なわれる．現時点 t はスワップ期間開始以前であるとするので，

$$t \leq T_0 < T_1 < \cdots < T_N$$

と仮定する．したがって，時点 T_i に支払う変動金利部分のキャッシュフローの価値は，フォワード測度 Q^{T_i} を用いて

$$v(t,T_i)E^{Q^{T_i}}[L(T_{i-1};T_{i-1},T_i)|\mathcal{F}_t](T_i - T_{i-1})$$

と評価されるので，固定金利 C のスワップの価値は

$$\pi(t, Swap) = \sum_{i=1}^{N} v(t,T_i)\left(C - E^{Q^{T_i}}[L(T_{i-1};T_{i-1},T_i)|\mathcal{F}_t]\right)(T_i - T_{i-1})$$

である．ここで，フォワード LIBOR $L(t;T_{i-1},T_i)$ はフォワード測度 Q^{T_i} の下でマルチンゲールである[*3)]から，変動金利部分は

$$\sum_{i=1}^{N} v(t,T_i)E^{Q^{T_i}}[L(T_{i-1};T_{i-1},T_i)|\mathcal{F}_t](T_i - T_{i-1})$$
$$= \sum_{i=1}^{N} v(t,T_i)L(t;T_{i-1},T_i)(T_i - T_{i-1})$$
$$= \sum_{i=1}^{N} v(t,T_i)\left(\frac{v(t,T_{i-1})}{v(t,T_i)} - 1\right)$$
$$= v(t,T_0) - v(t,T_N)$$

と整理できる．したがって，金利スワップの価値は

$$\pi(t, Swap) = -v(t,T_0) + C\sum_{i=1}^{N} v(t,T_i)(T_i - T_{i-1}) + v(t,T_N) \quad (6.10)$$

[*3)] フォワード LIBOR $L(t;T_{i-1},T_i)$ は，期間 $[T_{i-1},T_i]$ を固定したフォワードレートであることに注意せよ．スポット LIBOR $L(t;t,t+\delta)$ は，フォワード測度 Q^{T_i} の下でマルチンゲールではない．

となり，固定利付債価格（(6.10) 第2項と第3項の和）と変動利付債価格（(6.10) 第1項）の差になる．さらに，割引国債価格の線形結合でもあることに注意しよう．

期間 $[T_0, T_N]$ のスワップを時点 t で締結する場合のスワップレート $C = S(t, \{T_i\}_{i=0}^N)$ は，スワップ価値がゼロ $\pi(t, Swap) = 0$ になるように定まるので，

$$S(t, \{T_i\}_{i=0}^N) = \frac{v(t, T_0) - v(t, T_N)}{\sum_{i=1}^N v(t, T_i)(T_i - T_{i-1})} \quad (6.11)$$

として得られる．スワップ締結と同時に金利交換が開始される場合 ($t = T_0$) には，このスワップレートをスポットスワップレート (spot swap rate) と呼び，スワップ開始時点が締結時点よりも将来である場合 ($t < T_0$) には，スワップレートをフォワードスワップレート (forward swap rate) と呼ぶ[*4]．また，スワップレートは**確定年金** (annuity)

$$An(t, \{T_i\}_{i=0}^N) = \sum_{i=1}^N v(t, T_i)(T_i - T_{i-1})$$

を基準財とした割引国債のポートフォリオ価値の相対価格である．この確定年金は残存平均年数の一種である**デュレーション** (duration) とも解釈できる．

スワップション (swaption) は満期時点にあらかじめ定められた内容のスワップ契約に入る権利を付与するオプション取引である．以下では，固定金利 K (行使レート) を受け取るスワップを原資産とするスワップション (receiver's swaption) を考えよう[*5]．オプション満期 T_0 におけるスワップの価値は

$$\pi(T_0, Swap) = -v(T_0, T_0) + K \sum_{i=1}^N v(T_0, T_i)(T_i - T_{i-1}) + v(T_0, T_N)$$

$$= \left(K - S(T_0, \{T_i\}_{i=0}^N)\right) \sum_{i=1}^N v(T_0, T_i)(T_i - T_{i-1})$$

[*4] スワップ期間を限りなくゼロに近づければ，フォワードスワップレートはフォワードレートと一致する．

[*5] オプションの買手が固定金利を支払うスワップを原資産とするスワップションを payer's swaption と呼ぶ．

6.1 金利派生商品の価格付けに用いられる測度

$$= \left(K - S(T_0, \{T_i\}_{i=0}^N)\right) An(T_0, \{T_i\}_{i=0}^N)$$

である.スワップション価格を得るには,この満期のスワップ価値の(無リスク預金に関する)相対価格をリスク中立確率測度で期待値を取ればよいが,キャッシュフローが複数あるので,その計算は容易ではない.そこで,スワップの価値がスワップレートの差と確定年金の積で表現されていることに着目して,確定年金を基準財にするというアイデアが生まれる.

確定年金を基準財とした同値マルチンゲール測度を**スワップ測度**(swap measure)という.スワップ測度 Q^{Sw} の下ではスワップション価格の相対価格がマルチンゲールである.満期におけるスワップションの相対価格は

$$\frac{\max\{K - S(T_0, \{T_i\}_{i=0}^N), 0\} An(T_0, \{T_i\}_{i=0}^N)}{An(T_0, \{T_i\}_{i=0}^N)}$$
$$= \max\{K - S(T_0, \{T_i\}_{i=0}^N), 0\}$$

であるので,

$$\frac{\pi(t, Swaption)}{An(t, \{T_i\}_{i=0}^N)} = E^{Q^{Sw}}\left[\max\{K - S(T_0, \{T_i\}_{i=0}^N), 0\} \Big| \mathcal{F}_t\right]$$

が成り立つ.すなわち,スワップション価格はスワップ測度を用いて

$$\pi(t, Swaption) = An(t, \{T_i\}_{i=0}^N) E^{Q^{Sw}}\left[\max\{K - S(T_0, \{T_i\}_{i=0}^N), 0\} \Big| \mathcal{F}_t\right] \tag{6.12}$$

として得られる.スワップション価格は,スワップ測度の下であたかもスワップレートを原資産価格とみなしてオプション価格を求めることに帰着される.

ところで,(6.11) から,スワップレートは取引されている資産の相対価格の差であるから,スワップ測度 Q^{Sw} の下で,(期間が確定年金と同じ)スワップレートはマルチンゲールになる.すなわち,

$$S(t, \{T_i\}_{i=0}^N) = E^{Q^{Sw}}\left[S(u, \{T_i\}_{i=0}^N) \Big| \mathcal{F}_t\right], \quad t \leq u \leq T_0$$

したがって,スワップ測度の下でスワップレートを適当にモデル化すればスワップション価格が容易に得られるであろう.ただし,その場合には割引国債価格の導出が困難になる可能性がある.

時点 0 でスワップレート $\bar{S}$ で締結した固定金利受取りのスワップ契約の価値

$SV(t, \{T_i\}_{i=0}^N, \bar{S})$ は

$$SV(t, \{T_i\}_{i=0}^N, \bar{S}) = \left(\bar{S} - S(t, \{T_i\}_{i=0}^N)\right) An(t, \{T_i\}_{i=0}^N)$$

である．これを変形して得られるスワップレートの変動とスワップ価値の関係式

$$S(t, \{T_i\}_{i=0}^N) = \bar{S} - \frac{SV(t, \{T_i\}_{i=0}^N, \bar{S})}{An(t, \{T_i\}_{i=0}^N)} \tag{6.13}$$

は，6.3 節で CMS (constant maturity swap) を考察する際に有用である．

6.2 アフィンモデル

アフィンモデルとは，割引国債価格の対数が因子の線形関数として表現できるモデルである．ガウシアンモデルや CIR モデルはアフィンモデルの特殊形であり，これらは解析的に取り扱いやすい．本節では，Duffie and Kan (1996) によるアフィンモデルの特徴付けといくつかの具体的モデルについて議論する．

定義 6.1 (アフィンモデル) アフィンモデル (affine model または affine term structure model) とは，任意の満期 T の割引国債価格 $v(t,T)$ が，ある d 次元確率過程 $X(t)$，確定的な関数 A および d 次元ベクトル値関数 B によって

$$v(t,T) = \exp\left\{A(T-t) + B(T-t)^\top X(t)\right\} \tag{6.14}$$

と表わされるモデルである．$X(t)$ を因子 (factor) と呼ぶ．

アフィンモデルでは無リスク金利 $r(t)$ やフォワードレートが因子の線形結合で表現される．関数 $A(\tau), B(\tau)$ は微分可能と仮定して τ に関する微分を $\partial A(\tau), \partial B(\tau)$ と書くことにする．フォワードレートは (6.3) から

$$f(t,T) = -\frac{\partial \log v(t,T)}{\partial T} = -\partial A(T-t) - \partial B(T-t)^\top X(t)$$

となるので，無リスク金利は $X(t)$ の（時間に依存しない）定数係数の線形関数

$$r(t) = f(t,t) = -\partial A(0) - \partial B(0)^\top X(t)$$

になる．

6.2 アフィンモデル

また，アフィンモデルでは因子 $X(t)$ の確率微分方程式のドリフト項と拡散項にも線形関係が現われる．Duffie and Kan (1996) によると，ある正則条件の下で，割引国債価格が (6.14) として表わされることと，リスク中立確率測度 Q の下で因子 $X(t)$ のドリフト，拡散係数の 2 乗および無リスク金利が $X(t)$ の線形関数になることが同値である．すなわち，因子 $X(t)$ はリスク中立確率測度 Q の下で確率微分方程式

$$dX(t) = \left(\alpha + \beta^\top X(t)\right) dt + \Sigma D(X(t)) dz^Q(t) \quad (6.15)$$

に従い，無リスク金利は時間に依存しない定数を係数とする $X(t)$ の線形関数

$$r(t) = \delta_0 + \delta_1^\top X(t) \quad (6.16)$$

で与えられる．ここで，$\alpha, \delta_0 \in \mathbb{R}$, $\beta, \delta_1 \in \mathbb{R}^d$, $\Sigma \in \mathbb{R}^{d \times d}$,

$$D(X(t)) = \mathrm{diag}\left[\sqrt{\alpha_1 + \beta_1^\top X(t)}, \ldots, \sqrt{\alpha_d + \beta_d^\top X(t)}\right]$$

$$\alpha_i \in \mathbb{R}, \quad \beta_i \in \mathbb{R}^d, \quad i = 1, 2, \ldots, d$$

すなわち，$D(X(t))$ は (i,i) 成分が $\sqrt{\alpha_i + \beta_i^\top X(t)}$ となる対角行列である．

アフィンモデルの利点は，

1. 多くのモデルで割引国債価格等を解析的に計算可能である，
2. 線形性からゼロレート等の金利や因子に関する価格の感応度（Greeks）を容易に導出できる，
3. フォワード測度に変換しても因子のアフィン性（ドリフトと拡散係数の 2 乗が因子の線形関数であること）が保存される，

などである．1. は割引国債価格の関数形を仮定して，その係数に関する常微分方程式を解くことに帰着させることが多い．2. については割引国債価格から導かれるゼロレート，フォワードレート，無リスク金利のすべてが因子の線形関数になるためである．3. のアフィン性の保存については，伊藤の公式から容易に示すことができる．すなわち，(6.14), (6.15) を伊藤の公式に適用して割引国債価格の確率微分方程式を導出すると

$$\frac{\mathrm{d}v(t,T)}{v(t,T)}$$
$$= B(\tau)^\top \mathrm{d}X(t) + \frac{1}{2}|B(\tau)^\top \Sigma D(X(t))|^2 \mathrm{d}t - (\partial A(\tau) + \partial B(\tau) X(t))\,\mathrm{d}t$$
$$= \Big(B(\tau)^\top \kappa(\mu - X(t)) + \frac{1}{2}|B(\tau)^\top \Sigma D(X(t))|^2$$
$$\quad - \partial A(\tau) - \partial B(\tau)^\top X(t)\Big)\mathrm{d}t + B(T-t)^\top \Sigma D(X(t))\mathrm{d}z^Q(t) \quad (6.17)$$

となる．ただし $\tau = T - t$ とした．したがって，T フォワード測度のブラウン運動 $z^T(t)$ は

$$\mathrm{d}z^T(t) = \mathrm{d}z^Q(t) - B(T-t)^\top \Sigma D(X(t))\mathrm{d}t$$

であり，因子 $X(t)$ は T フォワード測度の下で確率微分方程式

$$\mathrm{d}X(t) = \left[\alpha + \beta^\top X(t) + B(T-t)^\top \Sigma^2 D(X(t))^2\right]\mathrm{d}t + \Sigma D(X(t))\mathrm{d}z^T(t)$$

に従う．このドリフトおよび拡散係数の 2 乗は因子の線形関数になっているので，アフィン性は測度変換で保存されることがわかった．

多くのアフィンモデルでは因子 $X(t)$ と無リスク金利が (6.15), (6.16) によって与えられる．そこで，(6.15), (6.16) から導かれる割引国債価格 (6.14) の関数 A, B を求めよう．リスク中立確率測度の下における割引国債価格の確率微分方程式 (6.17) のドリフトは $r(t)v(t,T)$ でなければならない（なぜか，各自で考えよ）ので，

$$B(T-t)^\top \kappa(\mu - X(t)) + \frac{1}{2}|(\Sigma^\top B(\tau))^\top D(X(t))|^2$$
$$\quad - \partial A(T-t) - \partial B(T-t)^\top X(t) = \delta_0 + \delta_1^\top X(t)$$

がすべての t と $X(t)$ について成立する．すなわち，$X(t)$ の項について整理すれば

$$\left(-\kappa^\top B(T-t) - \partial B(T-t) + \frac{1}{2}\sum_{i=1}^{d}(\Sigma^\top B(\tau))_i^2 \beta_i - \delta_1\right)^\top X(t)$$
$$\quad + \left(B(T-t)^\top \kappa\mu + \frac{1}{2}\sum_{i=1}^{d}(\Sigma^\top B(\tau))_i^2 \alpha_i - \partial A(T-t) - \delta_0\right) = 0$$

6.2 アフィンモデル

になるが，括弧内の係数はどちらもゼロでなければならない．したがって，$\tau = T - t$ に関する連立微分方程式

$$\frac{dB(\tau)}{d\tau} = -\kappa^\top B(\tau) + \frac{1}{2}\sum_{i=1}^{d}(\Sigma^\top B(\tau))_i^2 \beta_i - \delta_1, \quad B(0) = 0 \qquad (6.18)$$

$$\frac{dA(\tau)}{d\tau} = B(\tau)^\top \kappa\mu + \frac{1}{2}\sum_{i=1}^{d}(\Sigma^\top B(\tau))_i^2 \alpha_i - \delta_0, \quad A(0) = 0 \qquad (6.19)$$

が導出された．これを解析的あるいは数値計算により解けば関数 A, B が得られる．

6.2.1 バシチェックモデル

バシチェック（Vasicek）モデルでは，無リスク金利自身が因子であり，リスク中立確率測度 Q の下で無リスク金利が確率微分方程式

$$dr(t) = \alpha(\mu - r(t))dt + \sigma dz^Q(t) \qquad (6.20)$$

を満たす．この形から無リスク金利 $r(T)$ は正規分布に従うことがわかる．そのため，計算が比較的容易であるという長所を持つ一方で，金利が負になる可能性があるという短所がある．割引国債価格は

$$\begin{aligned}
v(t,T) &= \exp\{A_V(T-t) + B_V(T-t)r(t)\} \\
B_V(\tau) &= -\frac{1 - e^{-\alpha\tau}}{\alpha} \\
A_V(\tau) &= -(B_V(\tau) + \tau)\left(\mu - \frac{\sigma^2}{2\alpha^2}\right) - \frac{\sigma^2}{4\alpha}B_V^2(\tau)
\end{aligned} \qquad (6.21)$$

であり，確率微分方程式

$$dv(t,T) = r(t)v(t,T)dt + \sigma B_V(T-t)v(t,T)dz^Q(t)$$

を満たす．

6.2.2 CIR モデル

CIR（Cox, Ingersoll and Ross）モデルでは，リスク中立確率測度 Q の下で無リスク金利が確率微分方程式

$$dr(t) = \alpha(\mu - r(t))dt + \sigma\sqrt{r(t)}dz^Q(t) \tag{6.22}$$

を満たす．$2\alpha\mu \geq \sigma^2$ の時，無リスク金利は確率 1 で正の値を取るという望ましい性質を持っている，また，$k(T) = \sigma^2(1 - e^{-\alpha T})/(4\alpha)$ とすれば，$r(T)/k(T)$ が非心 χ^2 分布に従うことが知られている[*6]．

たとえば，2 次元確率過程 $Y(t) = (Y_1(t), Y_2(t))^\top$ が確率微分方程式

$$dY_i(t) = -\frac{1}{2}\gamma Y_i(t)dt + \sqrt{\gamma}dz_i(t), \qquad i = 1, 2$$

を満たすとしよう．ここで $z_1(t), z_2(t)$ は互いに独立な標準ブラウン運動である．Y_1, Y_2 は独立な正規分布に従うので，Y_1, Y_2 の 2 乗和 $R(t) = Y_1^2(t) + Y_2^2(t)$ の定数倍は非心 χ^2 分布に従う．$R(t)$ の確率微分方程式を調べよう．伊藤の公式から

$$\begin{aligned}dR(t) &= 2Y_1(t)dY_1(t) + 2Y_2(t)dY_2(t) + 2\gamma dt \\ &= \gamma(2 - R(t))dt + 2\sqrt{\gamma}(Y_1(t)dz_1(t) + Y_2(t)dz_2(t))\end{aligned}$$

であるが

$$Y_1(t)dz_1(t) + Y_2(t)dz_2(t) = \sqrt{R(t)}dz^*(t)$$

となる 1 次元標準ブラウン運動 $z^*(t)$ が取れるので，$R(t)$ は

$$dR(t) = \gamma(2 - R(t))dt + \sqrt{4\gamma R(t)}dz^*(t)$$

という CIR モデルと同じ形の確率微分方程式に従う．この例からも CIR モデルの無リスク金利が非心 χ^2 分布に従うことが類推できるであろう．

割引国債価格は

$$v(t, T) = \exp\{A_C(T - t) + B_C(T - t)r(t)\} \tag{6.23}$$

$$B_C(\tau) = -\frac{2(e^{\gamma\tau} - 1)}{(\alpha + \gamma)(e^{\gamma\tau} - 1) + 2\gamma}$$

$$A_C(\tau) = \frac{2\alpha\mu}{\sigma^2}\log\frac{2\gamma e^{(\alpha+\gamma)\tau/2}}{(\alpha + \gamma)(e^{\gamma\tau} - 1) + 2\gamma}$$

[*6] 確率変数 $Y_i, i = 1, \ldots, n$ が独立で分散 1 を持つ正規分布 $Y_i \sim N(\mu_i, 1)$ に従うとき，確率変数 $K^2 = \sum_{i=1}^n Y_i^2$ の分布を，自由度 n，非心母数 $\delta^2 = \sum_{i=1}^n \mu_i^2$ の非心 χ^2 分布という．

であり,確率微分方程式

$$dv(t,T) = r(t)v(t,T)dt + \sigma B_C(T-t)\sqrt{r(t)}v(t,T)dz^Q(t)$$

を満たす.

6.3 金利派生商品

本節では,さまざまな金利派生商品の価格について測度変換の観点から議論する.個々の商品の詳細は Brigo and Mercurio (2001) などを参照されたい.

6.3.1 割引国債のオプション

満期 U の割引国債の上に書かれたオプション満期 T, 行使価格 K のコールオプション価格は,(5.22) の結果から,フォワード測度を用いて

$$\begin{aligned}C(T,U,K) &= E^Q\left[e^{-\int_0^T r(s)ds}\max\{v(T,U)-K,0\}\right] \\ &= v(0,U)Q^U\{v(T,U) > K\} - Kv(0,T)Q^T\{v(T,U) > K\}\end{aligned}$$

で与えられる.

この価格式は,バシチェックモデル (6.21) の場合には比較的容易に求められ,次式で与えられる(章末問題 6.3).

$$C(T,U,K) = v(0,U)N(d_1) - Kv(0,T)N(d_2) \tag{6.24}$$
$$d_1 = \frac{\log(v(0,U)/(v(0,T)K))}{\Sigma} + \frac{1}{2}\Sigma$$
$$d_2 = d_1 - \Sigma$$
$$\Sigma = \sigma\frac{1-e^{-\alpha(U-T)}}{\alpha}\sqrt{\frac{1-e^{-2\alpha T}}{2\alpha}}$$

6.3.2 スワップションおよび利付債のオプション

原資産がスワップであるスワップションと利付債のオプションは本質的に同じである.なぜならば,いずれもオプション満期における原資産価格が割引国

債の線形結合で表わされるからである．したがって，ここではスワップションについて考える．

スワップション価格はスワップ測度の下でスワップレートの差（の正の部分）の期待値 (6.12) を取るか，あるいはフォワード測度の下でスワップ価値（の正の部分）の期待値を取ることにより得られる．すなわち，

$$\pi(t, Swaption)$$
$$= An(t, \{T_i\}_{i=0}^{N}) E^{Q^{Sw}}\left[\max\{K - S(T_0, \{T_i\}_{i=0}^{N}), 0\} \Big| \mathcal{F}_t\right] \quad (6.25)$$
$$= v(t, T_0) E^{Q^{T_0}}\left[\max\{SV(T_0, \{T_i\}_{i=0}^{N}, K), 0\} \Big| \mathcal{F}_t\right] \quad (6.26)$$

スワップ測度の下でスワップレートを適当にモデル化すれば，(6.25) に従ってスワップション価格が容易に得られるであろう．ただし，その場合には債券価格の導出が困難になる可能性がある．

そこで，フォワード測度の下での価格式 (6.26) に着目した Tanaka, et al. (2005) に従って，割引国債価格の導出が比較的容易なアフィンモデルについてグラム・シャリエ (Gram–Charlier) 展開を用いてスワップション価格を近似する手法を説明しよう．一般的には解析解が存在しないスワップション価格の近似値を得るために，オプション満期におけるスワップ価格（確率変数）を正規分布の組合せで近似するものである．

f をオプション満期におけるスワップ価値 $\pi(T_0, Swap)$ のフォワード測度の下での密度関数とすれば，スワップション価格は

$$\pi(t, Swaption) = v(t, T_0) E^{Q^{T_0}}[\max\{\pi(T_0, Swap), 0\} | \mathcal{F}_t]$$
$$= v(t, T_0) \int_0^{\infty} x f(x) \mathrm{d}x \quad (6.27)$$

として積分計算に帰着されることになる．グラム・シャリエ展開によって，キュミュラント (cumulant) が既知の場合に[*7]，密度関数 f を

[*7] 確率変数 $X(t)$ の n 次キュミュラント c_n は，積率母関数の対数（キュミュラント母関数）をテーラー展開した際の n 次項の係数として定義される．すなわち，
$$\log m_X(t) = \sum_{n=0}^{\infty} \frac{c_n}{n!} t^n$$

6.3 金利派生商品

$$f(x) = \sum_{n=0}^{\infty} \frac{q_n}{\sqrt{c_2}} H_n\left(\frac{x-c_1}{\sqrt{c_2}}\right) \phi\left(\frac{x-c_1}{\sqrt{c_2}}\right) \quad (6.28)$$

と直交展開することが可能である. ここで, ϕ は標準正規分布の密度関数, H_n は ϕ の微分によって定義される n 次エルミート多項式

$$H_n(x) = (-1)^n \phi(x)^{-1} \frac{\mathrm{d}^n}{\mathrm{d}x^n} \phi(x) \quad (6.29)$$

である. 定義から, 低次のエルミート多項式は

$$H_0(x) = 1, \quad H_1(x) = x, \quad H_2(x) = x^2 - 1, \quad H_3(x) = x^3 - 3x$$
$$H_4(x) = x^4 - 6x^2 + 3, \quad H_5(x) = x^5 - 10x^3 + 15x$$
$$H_6(x) = x^6 - 15x^4 + 45x^2 - 15, \quad H_7(x) = x^7 - 21x^5 + 105x^3 - 105x$$

などである. また, q_n はフォワード測度におけるスワップ価格のキュミュラント c_n から計算できる係数で,

$$q_0 = 1, \quad q_1 = q_2 = 0, \quad q_3 = \frac{c_3}{3!c_2^{3/2}}, \quad q_4 = \frac{c_4}{4!c_2^2}$$
$$q_5 = \frac{c_5}{5!c_2^{5/2}}, \quad q_6 = \frac{c_6 + 10c_3^2}{6!c_2^3}, \quad q_7 = \frac{c_7 + 35c_3c_4}{7!c_2^{7/2}}$$

などである. この展開と債券モーメント

$$\mu^T(t, T_0, \{T_1, \cdots, T_m\}) \equiv E^T\left[\prod_{i=1}^{m} v(T_0, T_i) \middle| \mathcal{F}_t\right] \quad (6.30)$$

を計算できるモデルであれば, スワップション価格は

$$\pi(t, Swaption) \approx C_1 \Phi\left(\frac{C_1}{\sqrt{C_2}}\right) + \sqrt{C_2}\phi\left(\frac{C_1}{\sqrt{C_2}}\right)$$
$$+ \sqrt{C_2}\phi\left(\frac{C_1}{\sqrt{C_2}}\right) \sum_{k=3}^{L} (-1)^k q_k H_{k-2}\left(\frac{C_1}{\sqrt{C_2}}\right) \quad (6.31)$$

と近似できる. ここで, $C_n = v^n(t, T_0)c_n$ である. 実際, バシチェックモデルや CIR モデルでは債券モーメントは容易に計算可能である (章末問題 6.5).

6.3.3 CMS

CMS（constant maturity swap）も固定金利と変動金利を交換する金利スワップの一種であるが，変動金利が短期金利ではなく（長期金利である）スワップレートである点がその大きな特徴である．

スワップ期間 δm のスワップレートを変動金利とする期間 $[T_0, T_N]$ の CMS を説明しよう．ここで，この CMS に関連する時点を

$$0 \leq t \leq T_0 < T_1 < \cdots < T_N < \cdots < T_{N+m-1}$$

とする．また，議論を簡単にするため，時点間隔は等間隔 $\delta = T_i - T_{i-1}$ と仮定する．CMS の変動金利は，金利決定日 T_{i-1}, $i = 1, 2, \ldots, N$ に観測される期間 $[T_{i-1}, T_{i+m-1}]$ のスワップレート $S(T_{i-1}; \{T_j\}_{j=i-1}^{i+m-1})$ であり，決定された変動金利は時点 T_i に固定金利 C と交換される．すなわち，CMS の変動金利は期間 δm のスワップレートである．

1回の変動金利は，時点 T_{i-1} に観測され，時点 T_i に決済されるので，その価値は

$$v(t, T_i) E^{Q^{T_i}} \left[S(T_{i-1}; \{T_j\}_{j=i-1}^{i+m-1}) \Big| \mathcal{F}_t \right] (T_i - T_{i-1})$$

である．ここで，決済時点が T_i であるから T_i フォワード測度 Q^{T_i} を用いて，時点 T_{i-1} で観測されるスワップレート $S(T_{i-1}; \{T_j\}_{j=i-1}^{i+m-1})$ の期待値を取ることに注意しよう．これら変動金利および固定金利の個々のキャッシュフローの価値を合計したものが CMS の価値である．したがって，CMS の価値は

$$\pi(t, CMS) = \sum_{i=1}^{N} v(t, T_i) \left(C - E^{Q^{T_i}} \left[S(T_{i-1}; \{T_j\}_{j=i-1}^{i+m-1}) \Big| \mathcal{F}_t \right] \right) \delta$$

(6.32)

と評価できるが，そのためにはフォワード測度の下でスワップレートの期待値を計算しなければならない．キャッシュフローが（取引される証券価格ではなく）観察される金利によって定まる場合には，その評価に**コンベキシティアジャストメント**（convexity adjustment）と呼ばれる調整項目の計算が必要になる．スワップレートは取引証券の線形結合ではないので，一般にはマルチンゲールで

はない[*8]．コンベキシティアジャストメントはスワップレートのマルチンゲールからの乖離が反映されている．

コンベキシティアジャストメントは，割引国債やスワップの価格がイールドの関数としては凸性を持つために，キャッシュフローが（割引国債価格ではなく）イールドの線形関数として定まるときに必要な調整項目である．

取引されている資産 $S(t)$ の線形関数によって満期 T におけるキャッシュフローが決定される証券の価格は，フォワード測度を用いて

$$\pi(t, aS+b) = v(t,T)E^{Q^T}[aS(T)+b|\mathcal{F}_t] = aS(t) + bv(t,T)$$

として求められる．このように簡単に求められる理由は，$S(t)$ が取引資産の価格であるので，その相対価格がマルチンゲールになるからである．それでは，資産の価値を表わしていない金利 $R(t)$ の線形関数として定まるキャッシュフローを持つ証券の価格はどうであろうか？ そのような証券の価格は

$$\pi(t, aR+b) = v(t,T)E^{Q^T}[aR(T)+b|\mathcal{F}_t]$$
$$= av(t,T)E^{Q^T}[R(T)|\mathcal{F}_t] + bv(t,T)$$

となり，フォワード測度の下での金利の期待値を計算する必要がある．金利そのものは資産価値ではないためマルチンゲールではない．そのマルチンゲール性からの乖離

$$\text{CA} = E^{Q^T}[R(T)|\mathcal{F}_t] - R(t) \tag{6.33}$$

がコンベキシティアジャストメントである．

CMS の場合には変動金利が複数あるので，価格式 (6.32) に現われる個々の変動金利の評価にコンベキシティアジャストメントが必要となる．すなわち，時点 T_{i-1} で観測される変動金利のコンベキシティアジャストメントは，将来のフォワードスワップレートの期待値と現在のフォワードスワップレートの差として

[*8] LIBOR もスワップレートの一種であるが，フォワード LIBOR $L(t; T, T+\delta)$ は $(T+\delta)$ フォワード測度の下でマルチンゲールである．これは，金利としての LIBOR が適用される期間 $[T, T+\delta]$ の長さ δ と，スワップにおける変動金利の観測時点 T から決済時点 $T+\delta$ までの間隔 δ が等しいためである．

$$\mathrm{CA}(t; T_{i-1}) = E^{Q^{T_i}}\left[S(T_{i-1}; \{T_j\}_{j=i-1}^{i+m-1})\Big|\mathcal{F}_t\right] - S(t; \{T_j\}_{j=i-1}^{i+m-1})$$

で与えられる．このコンベキシティアジャストメントを $t=0, i=1$ の場合

$$\mathrm{CA}(0; T_0) = E^{Q^{T_1}}\left[S(T_0; \{T_j\}_{j=0}^{m})\right] - S(0; \{T_j\}_{j=0}^{m}) \tag{6.34}$$

について考察しよう．時点 $t=0$ において，期間 $[T_0, T_m]$ のフォワードスワップレート $\bar{S} = S(0; \{T_j\}_{j=0}^{m})$ はスワップ価値がゼロとなるように決定される．すなわち，

$$-v(0, T_0) + \bar{S}\delta \sum_{i=1}^{m} v(0, T_i) + v(0, T_m) = 0 \tag{6.35}$$

固定金利 $\bar{S}$ が与えられたとき，期間 $[T_0, T_m]$ のフォワードスワップは確率変数

$$Swap(\bar{S}) = -v(T_0, T_0) + \bar{S}\delta \sum_{i=1}^{m} v(T_0, T_i) + v(T_0, T_m)$$

を満期 T_0 に支払う証券と考えることができるので，時点 u におけるその価値は

$$\pi(u, Swap(\bar{S})) = -v(u, T_0) + \bar{S}\delta \sum_{i=1}^{m} v(u, T_i) + v(u, T_m)$$

と表わされる．右辺は割引国債の線形結合であるから，満期 T_0 の割引国債を基準財としたその相対価格は確率測度 Q^{T_0} の下でマルチンゲールである．したがって，(6.35) より

$$E^{Q^{T_0}}[\pi(T_0, Swap(\bar{S}))] = \frac{\pi(0, Swap(\bar{S}))}{v(0, T_0)} = 0 \tag{6.36}$$

が成り立つ．すなわち，フォワードスワップレート $\bar{S}$ は (6.36) の期待値をゼロとするスワップレートと考えてもよい．

ここで，$S(u) = S(u; \{T_j\}_{j=0}^{m})$ とおいて (6.34) を次のように分解する．

$$E^{Q^{T_1}}[S(T_0)] - \bar{S}$$
$$= \left(E^{Q^{T_0}}[S(T_0)] - \bar{S}\right) + \left(E^{Q^{T_1}}[S(T_0)] - E^{Q^{T_0}}[S(T_0)]\right)$$

右辺第 1 項を狭義コンベキシティアジャストメント (nCA)，第 2 項をタイミングアジャストメント (TA)，そして，それらの和である左辺を広義コンベキ

シティアジャストメント（bCA）と呼ぶことにしよう．すなわち，

$$\text{bCA} = E^{Q^{T_1}}[S(T_0)] - \bar{S}$$
$$\text{nCA} = E^{Q^{T_0}}[S(T_0)] - \bar{S}$$
$$\text{TA} = E^{Q^{T_1}}[S(T_0)] - E^{Q^{T_0}}[S(T_0)]$$

nCA はスワップの観測時点である T_0 フォワード測度で，bCA はキャッシュフローの決済時点である T_1 フォワード測度で計算することに注意せよ．したがって，これらはスワップの観測時点とフォワード測度の期日が同じ（nCA）か異なる（bCA）かという点で異なる．TA はその観測と決済の時間差によるスワップレートの調整を表わす．

これらのコンベキシティアジャストメントの計算式を導出しよう．満期 T_0 におけるフォワードスワップ価値は，T_0 におけるフォワードスワップレートと $\bar{S}$ の金利差と確定年金の積に等しい．すなわち，

$$\pi(T_0, Swap(\bar{S})) = -(S(T_0) - \bar{S})\delta \sum_{i=1}^{m} v(T_0, T_i)$$

この事実と (6.36) に注意すれば，スワップレート $S(T_0)$ の T_0 フォワード測度に関する期待値は

$$E^{Q^{T_0}}[S(T_0)] = \bar{S} - E^{Q^{T_0}}\left[\frac{\pi(T_0, Swap(\bar{S}))}{\delta \sum_{i=1}^{m} v(T_0, T_i)}\right] \quad (6.37)$$
$$= \bar{S} - C^{Q^{T_0}}\left[\pi(T_0, Swap(\bar{S})), \left(\delta \sum_{i=1}^{m} v(T_0, T_i)\right)^{-1}\right]$$

である．ここで C は共分散を表わす．すなわち，狭義コンベキシティアジャストメント nCA は，T_0 フォワード測度に関する，スワップ価値と確定年金の逆数の共分散

$$\text{nCA} = -C^{Q^{T_0}}\left[\pi(T_0, Swap(\bar{S})), \left(\delta \sum_{i=1}^{m} v(T_0, T_i)\right)^{-1}\right]$$

によって与えられる．スワップ期間が長いほど，また観測時点までが長いほどコンベキシティアジャストメントが大きくなることが理解できるであろう．また，スワップ測度を用いれば

$$E^{Q^{T_0}}[S(T_0)] = \bar{S} - \frac{An(0, \{T_i\}_{i=1}^m)}{v(0, T_0)} E^{Q^{Sw}}\left[\pi(T_0, Swap(\bar{S}))\right]$$

であるから，狭義コンベキシティアジャストメント nCA は，スワップ測度に関するスワップ価値の期待値の定数倍，すなわち

$$\mathrm{nCA} = -\frac{An(0, \{T_i\}_{i=1}^m)}{v(0, T_0)} E^{Q^{Sw}}\left[\pi(T_0, Swap(\bar{S}))\right]$$

として表わされる．

広義コンベキシティアジャストメントの計算式も同様に求められるが，これらコンベキシティアジャストメントの解析解はスワップション価格と同様に一般には存在しない．債券モーメントを用いた CMS や CMS オプションの具体的な近似計算方法は Tanaka, et al. (2005) によって得られている．将来時点 T_0 に発行し，T_N 満期の利付債券を想定する．クーポンレートはフォワードスワップレート $\bar{S}$ であるとする．クーポンの支払い間隔は一定 δ として，a_j を時点 T_j に予定されているキャッシュフローとする．すなわち，

$$a_j = \begin{cases} -1, & j = 0 \\ \delta\bar{S}, & 0 < j < m \\ 1 + \delta\bar{S}, & j = m \end{cases}$$

確定年金の逆数を近似することにより，キャッシュフローと債券モーメントから広義コンベキシティアジャストメントは次式のように近似できることが Tanaka, et al. (2005) に示されている．

$$\mathrm{bCA} \approx -\sum_{j=0}^m a_j \left(\frac{2\mu^{T_1}(0, T_0, \{T_j\})}{An(0, \{T_i\}_{i=1}^N)} - \delta \sum_{k=1}^m \frac{\mu^{T_1}(0, T_0, \{T_j, T_k\})}{An(0, \{T_i\}_{i=1}^m)^2} \right)$$

Tanaka, et al. (2005) にその数値例があるのでそれを表 6.3.3 に掲載した．表のスワップ期間=0.5 年は 6 カ月 LIBOR を変動金利とする通常の金利スワップであるが，LIBOR は決済時点のフォワード測度に関してマルチンゲールなので広義コンベキシティアジャストメントがゼロとなる．しかし，狭義コンベキシティアジャストメントが正の値を取り，タイミングアジャストメントがそれを相殺するために負の値になる．

コンベキシティアジャストメントをより直観的に理解するためには次のよう

6.3 金利派生商品

表 6.1 CMS のコンベキシティアジャストメント
(ガウシアンモデル, 単位は bp, 行：観測時点, 列：スワップ期間)

bCA	0.5	1	3	5	7	10	20
1	0.00	0.14	0.65	1.18	1.60	2.00	2.29
3	0.00	0.46	2.23	3.73	4.81	5.77	6.39
5	0.00	0.76	3.48	5.62	7.12	8.46	9.37
10	0.00	1.13	5.06	8.03	1.01	12.03	13.70
nCA	0.5	1	3	5	7	10	20
1	0.46	0.51	0.85	1.32	1.72	2.10	2.37
3	1.09	1.47	3.05	4.45	5.45	6.34	6.80
5	1.71	2.38	4.85	6.84	8.23	9.43	10.06
10	2.54	3.56	7.17	9.92	11.83	13.54	14.79
TA	0.5	1	3	5	7	10	20
1	-0.46	-0.37	-0.20	-0.14	-0.12	-0.10	-0.08
3	-1.09	-1.01	-0.82	-0.72	-0.64	-0.57	-0.41
5	-1.71	-1.62	-1.38	-1.22	-1.11	-0.97	-0.69
10	-2.54	-2.43	-2.11	-1.89	-1.72	-1.51	-1.09

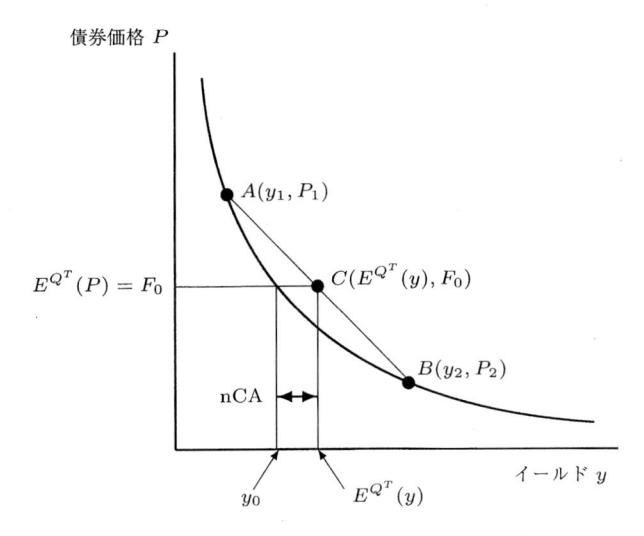

図 6.1 コンベキシティアジャストメント

に考えるとよい．債券価格とイールドの関係は図 6.1 のように下に凸のカーブとなるが，時点 T における不確実性（リスク）については 2 点 $A(y_1, P_1)$ と $B(y_2, P_2)$ のどちらかが実現すると仮定しよう．フォワード測度 Q^T の下で時点 T_0 における債券価格とイールドの期待値の組合せ $(E^{Q^T}(y), E^{Q^T}(P))$ は線分

AB 上のいずれかの点になる．ところが，債券価格は取引されている証券の価格なので相対価格がマルチンゲールになり，期待値は現在のフォワード価格

$$E^{Q^T}(P) = \frac{P_0}{v(0,T)} = F_0$$

であるので，期待値の組合せは点 $C(E^{Q^T}(y), F_0)$ になる．このときのイールドにおける差

$$\text{nCA} = E^{Q^T}(y) - y_0$$

が狭義コンベキシティアジャストメントであり，これは必ず正になる．なお，債券の場合には観測と決済が同一時点なので，タイミングアジャストメント TA はゼロで，bCA=nCA である．

6.3.4 金利先物と金利先物オプション

先物価格はリスク中立確率に関する期待値 $E^Q[S(T)]$ であった．LIBOR の金利先物価格は

$$100\left(1 - E^Q[L(T;T,T+\delta)]\right)$$

であり，スワップ金利先物は

$$E^Q\left[S(T; \{T_i\}_{i=0}^N)\right]$$

で与えられる．LIBOR の金利先物はスワップ金利先物の特殊な形になるので，以下はスワップ金利先物についてのみ考えよう．

まず，コンベキシティアジャストメントで考察したときの (6.37) 式と同様に，リスク中立確率測度で期待値を取った関係式

$$E^Q[S(T_0)] = \bar{S} - E^Q\left[\frac{\pi(T_0, Swap(\bar{S}))}{\sum_{i=1}^N v(T_0, T_i)}\right]$$

が得られる．右辺第 2 項を先物価格に対するコンベキシティアジャストメント (fCA) と呼ぼう．fCA についても同様に共分散を用いて表わされる．すなわち，

$$\mathrm{fCA} = -v(0,T_0)C^{Q^{T_0}}\left[\pi(T_0, Swap(\bar{S})), \left(\mathrm{e}^{-\int_0^{T_0} r(s)\mathrm{d}s}\sum_{i=1}^{N}v(T_0,T_i)\right)^{-1}\right]$$

したがって，原資産価格にコンベキシティアジャストメントを含んでいる金利先物オプションの価格は CMS オプションと同様に考えることが可能である．

章 末 問 題

問題 6.1 バシチェックモデル (6.20) において，リスク中立確率に関して $r(T)$ と $\int_0^T r(t)\mathrm{d}t$ はどちらも正規分布に従うことを示せ．

問題 6.2 連立微分方程式 (6.18), (6.19) を解くことにより，バシチェックモデルおよび CIR モデルにおける債券価格 (6.21) と (6.23) を導出せよ．

問題 6.3 (6.24) を導出せよ．

問題 6.4 $\tau_1 > \tau_2$ として，満期 T に長期金利

$$L = -\frac{1}{\tau_1}\log v(T, T+\tau_1)$$

を受け取り，短期金利 $+k$，すなわち

$$S = -\frac{1}{\tau_2}\log v(T, T+\tau_2) + k$$

を支払うスワップションの価格を，バシチェックモデル (6.20) の場合に求めよ．

問題 6.5 バシチェックモデル (6.20) における債券モーメント (6.30) を

$$\mu^T(t,T_0,\{T_1,\cdots,T_m\}) = \frac{\exp\{M(t)+N(t)r(t)\}}{v(t,T)}$$

と表わすとき，関数 $M(t), N(t)$ を求めよ．

問題 6.6 スワップション価格の近似式 (6.31) を導出せよ．

7 | デフォルトリスクモデル

デリバティブに対して基準財を上手に選ぶことにより価格付けが容易になることは,デフォルトの可能性がある証券でも同じである.本章では,デフォルトの可能性がある証券をデフォルトリスク証券と呼び,デフォルトリスク証券の価格付けに測度変換を応用する.まず,離散時間モデルを使って,価格付け測度として重要な生存測度と生存条件測度を紹介する.連続時間モデルにおいても,デフォルト時の回収ルールに応じて基準財を適切に選べば,取引相手にデフォルトリスクがある債券オプションやクレジットデフォルトスワップションなどの価格付けも容易になる.本章ではリスク中立測度が存在すると仮定して,そのリスク中立測度の下で議論を始める.

7.1 デフォルトリスク

デフォルト (default) とは,企業の破産,支払い停止,あるいは著しい格付けの低下などの信用事由が生じることであり,総称としてデフォルトもしくは倒産という.デフォルトが生じる場合,当該企業は通常債務超過であり,その負債の返済は困難であるため,予定どおりの支払いを行なえない.企業が発行していた証券のキャッシュフローを投資家が受け取れないリスクをデフォルトリスク(あるいはクレジットリスク,信用リスク)という.政府が発行する国債にはデフォルトリスクはないと一般的に考えられる一方,企業が発行する社債にはデフォルトリスクは存在する.個々の証券のデフォルトリスクをその証券価格に正しく反映させることが実務においても重要な課題である.デフォルトリスクを含む証券を本書では**デフォルトリスク証券** (defaultable security) と

呼ぶ.

デフォルトリスク証券がデフォルトした場合でも，必ずしも投資家はすべてを失うわけではなく，予定されていたキャッシュフローのうち一部を回収できる場合がある．その割合を**回収率** (recovery rate) といい，損失した割合を**損失率** (loss rate) という[*1]．実際の回収はさまざまな関係者間の交渉などで決定されるので，事前に明確な回収ルールが存在するわけではないが，価格付けする上では何らかの回収ルールを想定する必要がある．デフォルトリスク証券価格のモデル化に関して適用される代表的な回収ルールには以下の3種類がある．

- RFV: 額面の一定割合 (fractional recovery of face value)

  デフォルト時に額面の一定割合（回収率）を投資家（債権者）へ一括して支払う．貸出（ローン）などに用いられる．

- RT: 国債への代替 (fractional recovery of treasury)

  投資家が保有するデフォルトした債券を，その額面を一定割合（回収率）減額した国債（満期等の条件は同じ）に交換する．

- RMV: 市場価格の一定割合 (fractional recovery of market value)

  デフォルトする直前の債券価格の一定割合（回収率）を投資家へ支払う．

連続時間モデルを扱う 7.3 節以降で各回収ルールに基づくデフォルトリスク証券の価格を議論する．

それでは，デフォルトという事象をどのようにモデル化すればよいのであろうか？モデル化には2つのアプローチがある．1つは，4.1節の例4.2にあるように，企業価値がある閾値を下回る時点をもってデフォルトとみなす**構造形アプローチ** (structural approach) である．その閾値とは負債返済が困難になる水準と理解すればよい．企業価値を表わす確率過程から内生的にデフォルトする時点がモデル化されることが特徴である．企業価値がブラウン運動に従うとすれば，デフォルトする時点 τ はブラウン運動がある値に最初に到達する時刻，すなわち**初到達時刻** (first hitting time) となるので，構造形アプローチではデフォルトのメカニズムを記述できる．

構造形アプローチとは対照的なアプローチとして，デフォルトする時点 τ を

[*1] 損失率 $=1-$ 回収率である．回収率がゼロ（損失率100%）である場合をゼロリカバリーという．

外生的に与える**誘導形アプローチ** (reduced-form approach) がある．誘導形アプローチの詳細は 7.3 節で説明するが，誘導形アプローチでは，外生的に与えられたポアソン過程の最初のジャンプが生じたときをデフォルトとみなす．連続時間モデルでは，ブラウン運動に加えて，デフォルトのジャンプを表わすポアソン過程によってデフォルトと証券価格の動きを記述する．本章では，誘導形アプローチを採用して，離散時間および連続時間の場合について割引社債などのデフォルトリスク証券の価格付けを考察する．実務への応用の観点から誘導形アプローチでは連続時間モデルを扱うことが多いが，離散時間の場合でも本質は同じである．

7.2 離散時間モデルにおける生存測度と生存条件測度

本節では，離散時間モデル（1期間および2期間）で割引国債および割引社債の価格を導出し，割引社債を基準財として価格付けに活用できるかどうかを検討する．離散時間モデルで誘導形アプローチを採用するので，5.1 節と同様に，金利変動およびデフォルトを二項分布によってモデル化する．

7.2.1 1期間モデル

リスク中立測度の下で無リスク金利 r でキャッシュフローを割り引くことが価格計算の基本であった．デフォルトリスクがない割引国債では期末 $t=1$ に必ずキャッシュフロー1を受け取るので，その価格 v は

$$v = E^Q\left[\frac{1}{1+r}\right] = \frac{1}{1+r}$$

である．それではデフォルトする可能性がある企業が発行する割引社債の価格 D はどうなるであろうか？まず，簡単な1期間モデルで考えよう．無リスク金利を r，企業が期末にデフォルトする確率を λ（ただし $0<\lambda<1$）とする．その企業が期初に額面1の割引社債を発行するが，期初におけるその価格 D を求めることが問題である．デフォルトリスクがある場合でも，リスク中立測度の下で無リスク金利 r でキャッシュフローを割り引けば価格が得られることに変わりはない．企業がデフォルトする時点を τ で表わし，その確率を以下のよう

に記述する．

$$Q\{\tau = 1\} = \lambda, \qquad Q\{\tau > 1\} = 1 - \lambda$$

まず，企業が期末にデフォルトした場合に，その割引社債の償還金額がゼロである場合，すなわちゼロリカバリーのケースを考えよう．償還金額はデフォルトしなければ 1（確率 $1-\lambda$），デフォルトすれば 0（確率 λ）であるから，期末のキャッシュフローは $1_{\{\tau>1\}}$ である．したがって，割引社債価格は

$$D^{(1)} = E^Q\left[\frac{1_{\{\tau>1\}}}{1+r}\right] = (1-\lambda)\frac{1}{1+r} + \lambda\frac{0}{1+r} = \frac{1-\lambda}{1+r}$$

になる．この最右辺の項は，λ が十分に小さいとき，

$$D^{(1)} \approx \frac{1}{(1+r)(1+\lambda)} \approx \frac{1}{1+r+\lambda} \tag{7.1}$$

と近似できるので，割引社債価格はデフォルトリスク調整済み金利 $r+\lambda$ で割り引けばよいことになる．

次に，損失率が $\kappa, 0 \leq \kappa \leq 1$ の場合（回収率は $\delta = 1-\kappa$），すなわちデフォルトしなければ 1（確率 $1-\lambda$），デフォルトすれば $(1-\kappa)$ 回収できる（確率 λ）場合を考える．この場合の期末のキャッシュフローは

$$1_{\{\tau>1\}} + (1-\kappa)\left(1 - 1_{\{\tau>1\}}\right) = 1 - \kappa + \kappa 1_{\{\tau>1\}}$$

であるから，割引社債価格 $D^{(\kappa)}$ は

$$\begin{aligned}
D^{(\kappa)} &= E^Q\left[\frac{1_{\{\tau>1\}} + (1-\kappa)\left(1-1_{\{\tau>1\}}\right)}{1+r}\right] \\
&= (1-\lambda)\frac{1}{1+r} + \lambda\frac{1-\kappa}{1+r} \\
&= \frac{1-\kappa\lambda}{1+r}
\end{aligned}$$

となる．この結果を近似すれば，(7.1) と同様に，

$$D^{(\kappa)} \approx \frac{1}{1+r+\kappa\lambda} \tag{7.2}$$

が得られる．$\kappa\lambda$ は損失率を考慮したデフォルトリスクの大きさを表わすので，この場合も含めて，一般的に割引社債価格はデフォルトリスク調整済み金利

$(r+\kappa\lambda)$ で割り引くと考えればよい.

7.2.2 2期間モデル

本項では,デフォルトの可能性と金利変動を同時に扱う2期間モデルに拡張して割引社債価格を検討しよう.期間 $[t, t+1]$ に適用される無リスク金利 $r(t)$ は時点 t で実現する.時点 $t=0$ では $r(0) = r > 0$ が知られており,時点 $t=1$ では確率 q で $r(1) = ur$ が実現し,確率 $1-q$ で $r(1) = dr$ が実現するとする.すなわち,

$$Q\{r(0) = r\} = 1, \qquad Q\{r(1) = ur\} = q, \qquad Q\{r(1) = dr\} = 1-q$$

ここで $0 < q < 1, d < u$ である.したがって,無リスク預金は

$$B(0) = 1, \qquad B(1) = 1+r, \qquad B(2) = (1+r)(1+r(1)) \qquad (7.3)$$

である.満期 $T=2$ のデフォルトリスクがない割引国債の価格 $v(t)$ は

$$v(0) = E^Q\left[\frac{1}{(1+r(0))(1+r(1))}\right] = \frac{q}{(1+r)(1+ur)} + \frac{1-q}{(1+r)(1+dr)}$$

$$v(1) = E_1^Q\left[\frac{1}{1+r(1)}\right] = \frac{1}{1+r(1)} \qquad (7.4)$$

となる.

企業は時点 $t=1$ ではデフォルトしないが,時点 $t=2$ において確率 λ, $0 < \lambda < 1$ でデフォルトする可能性があるとする[*2].ただし,無リスク金利の変動とデフォルトの有無は独立と仮定し,

$$Q\{\tau = 2\} = \lambda, \qquad Q\{\tau > 2\} = 1-\lambda$$

とおく.企業は満期 $T=2$ の割引社債を発行するが,デフォルト時の損失率を κ とする.生起する状態ごとの実現値とリスク中立確率は以下のようにまとめられる.

[*2] 時点 $t=1$ でもデフォルトする可能性がある場合を章末問題 7.1 で扱う.

7.2 離散時間モデルにおける生存測度と生存条件測度

状態 ω	ω_1	ω_2	ω_3	ω_4
$r(1)$	ur	dr	ur	dr
τ	> 2	> 2	$= 2$	$= 2$
償還金額	1	1	$1-\kappa$	$1-\kappa$
$Q\{\omega\}$	$q(1-\lambda)$	$(1-q)(1-\lambda)$	$q\lambda$	$(1-q)\lambda$

以上の設定により，割引社債価格 $D^{(\kappa)}(t)$ は，$t=0$ では

$$D^{(\kappa)}(0) = E^Q\left[\frac{1_{\{\tau>2\}} + (1-\kappa)\left(1 - 1_{\{\tau>2\}}\right)}{(1+r(0))(1+r(1))}\right]$$

$$= q(1-\lambda)\frac{1}{(1+r)(1+ur)} + (1-q)(1-\lambda)\frac{1}{(1+r)(1+dr)}$$

$$+ q\lambda\frac{1-\kappa}{(1+r)(1+ur)} + (1-q)\lambda\frac{1-\kappa}{(1+r)(1+dr)}$$

$$= (1-\kappa\lambda)\left(\frac{q}{(1+r)(1+ur)} + \frac{1-q}{(1+r)(1+dr)}\right)$$

$$= (1-\kappa\lambda)v(0)$$

であり，$t=1$ では

$$D^{(\kappa)}(1) = E^Q\left[\left.\frac{1_{\{\tau>2\}} + (1-\kappa)\left(1 - 1_{\{\tau>2\}}\right)}{1+r(1)}\right|\mathcal{F}_1\right]$$

$$= (1-\lambda)\frac{1}{1+r(1)} + \lambda\frac{1-\kappa}{1+r(1)}$$

$$= \frac{1-\kappa\lambda}{1+r(1)}$$

$$= (1-\kappa\lambda)v(1)$$

である．すなわち，

$$D^{(\kappa)}(t) = \begin{cases} (1-\kappa\lambda)v(t), & t=0,1 \\ 1-\kappa+\kappa 1_{\{\tau>2\}}, & t=2 \end{cases} \tag{7.5}$$

が成立する．

それでは，この設定におけるフォワード測度を求めてみよう．フォワード測度とは，すべての証券価格について，割引国債を基準財とした相対価格がマルチンゲールになる確率測度であった．この場合，無リスク金利に関する確率 q^T

とデフォルト確率 λ^T を決定すればよい．(7.3)–(7.5) から相対価格は以下のようになる．

相対価格	$t=0$	$t=1$	$t=2$
$B(t)/v(t)$	$1/v(0)$	$(1+r)(1+r(1))$	$(1+r)(1+r(1))$
$D^{(\kappa)}(t)/v(t)$	$1-\kappa\lambda$	$1-\kappa\lambda$	$1-\kappa+\kappa 1_{\{\tau>2\}}$

これらの相対価格がマルチンゲールになる条件から連立方程式

$$\left(\frac{q}{(1+r)(1+ur)}+\frac{1-q}{(1+r)(1+dr)}\right)^{-1}$$
$$=q^T(1+r)(1+ur)+(1-q^T)(1+r)(1+dr)$$
$$1-\kappa\lambda=1-\kappa+(1-\lambda^T)\kappa$$

が得られ，この連立方程式の解は

$$q^T=\frac{q(1+ur)^{-1}}{q(1+ur)^{-1}+(1-q)(1+dr)^{-1}},\qquad \lambda^T=\lambda \tag{7.6}$$

である．したがって，フォワード測度 Q^T は以下のように構成される．

状態 ω	ω_1	ω_2	ω_3	ω_4
$Q^T\{\omega\}$	$q^T(1-\lambda)$	$(1-q^T)(1-\lambda)$	$q^T\lambda$	$(1-q^T)\lambda$

$0<q^T<1,\ 0<\lambda<1$ なのでリスク中立測度 Q とフォワード測度 Q^T は同値である．基準財である割引国債はデフォルトの影響を受けないので，リスク中立測度からフォワード測度への変換ではデフォルト確率は変更されない．もう1つの不確実性の源泉である金利変動の確率については，リスク中立測度における確率 q からフォワード測度における確率 q^T への変換は (3.10) のエッシャー変換

$$q^T=\frac{qe^\theta}{qe^\theta+(1-q)e^{-\theta}},\qquad \theta=\frac{1}{2}\log\frac{1+dr}{1+ur} \tag{7.7}$$

になっていることに注意しよう（各自で確認せよ）．また，本項では金利変動とデフォルトは独立であると仮定して議論したが，独立でない場合への拡張（フォワード測度の導出）は読者に委ねる．

7.2.3 生存測度

これまで基準財として扱った無リスク預金や割引国債にはデフォルトリスクの要素が含まれていない.割引社債などデフォルトリスクを含む証券を基準財とみなすことも自然な拡張であろう.デフォルトリスク証券を基準財としてすべての証券の相対価格がマルチンゲールになる測度を**生存測度**(survival measure)と呼ぶ.本項では割引社債を基準財とした生存測度を考察する[*3].

定義に従って生存測度 Q^{sv} を求めよう.そのためには,割引社債を基準財とした相対価格を調べる必要がある.前項の結果から,相対価格は以下のとおりである.

相対価格	$t=0$	$t=1$	$t=2$
$\dfrac{B(t)}{D^{(\kappa)}(t)}$	$\dfrac{1}{(1-\kappa\lambda)v(0)}$	$\dfrac{(1+r)(1+r(1))}{1-\kappa\lambda}$	$\dfrac{(1+r)(1+r(1))}{1-\kappa+\kappa 1_{\{\tau>2\}}}$
$\dfrac{v(t)}{D^{(\kappa)}(t)}$	$\dfrac{1}{1-\kappa\lambda}$	$\dfrac{1}{1-\kappa\lambda}$	$\dfrac{1}{1-\kappa+\kappa 1_{\{\tau>2\}}}$

ただし,$\kappa=1$ の場合には,割引社債価格がゼロになる可能性があるので相対価格の意味を成さない.そこで,とりあえず $\kappa\neq 1$ と仮定する.

相対価格がマルチンゲールになるためには,金利変動およびデフォルトの確率 q^{sv},λ^{sv} が連立方程式

$$\frac{1}{(1-\kappa\lambda)v(0)} = q^{sv}\frac{(1+r)(1+ur)}{1-\kappa\lambda} + (1-q^{sv})\frac{(1+r)(1+dr)}{1-\kappa\lambda}$$

$$\frac{1}{1-\kappa\lambda} = (1-\lambda^{sv})\frac{1}{1} + \lambda^{sv}\frac{1}{1-\kappa}$$

を満たす必要がある.この連立方程式の解は

$$\begin{aligned}q^{sv} &= \frac{q(1+ur)^{-1}}{q(1+ur)^{-1}+(1-q)(1+dr)^{-1}} = q^T \\ \lambda^{sv} &= \frac{\lambda(1-\kappa)}{\lambda(1-\kappa)+1-\lambda} = \lambda\frac{1-\kappa}{1-\kappa\lambda}\end{aligned} \tag{7.8}$$

となるが,q^{sv},λ^{sv} のいずれもエッシャー変換になっていることに注意しよう.

[*3] 基準財が割引社債であるから,より正確には**フォワード生存測度**(survival forward measure)と呼ぶべきである.基準財がデフォルトリスクがある預金であれば,**スポット生存測度**(survival spot measure)になる.これらを総称して,デフォルトリスク証券を基準財とするマルチンゲール測度を生存測度と呼ぶが,本章では生存測度といえばフォワード生存測度を指すことにする.

この結果から, $\kappa \neq 1$ の場合の生存測度 Q^{sv} の確率は以下のとおりになる.

状態 ω	ω_1	ω_2	ω_3	ω_4
$Q^{sv}\{\omega\}$	$\dfrac{Q^T\{\omega_1\}}{1-\kappa\lambda}$	$\dfrac{Q^T\{\omega_2\}}{1-\kappa\lambda}$	$\dfrac{Q^T\{\omega_3\}(1-\kappa)}{1-\kappa\lambda}$	$\dfrac{Q^T\{\omega_4\}(1-\kappa)}{1-\kappa\lambda}$

ただし, Q^T は前項で求めたフォワード測度である. 割引社債も割引国債と同様に金利変動リスクがあり両者には価格の連動性があるので, 金利変動部分に関してはフォワード測度と同じ確率を付与していることがみて取れる.

ところで, $\kappa=1$ を排除したのは相対価格の分母がゼロになるためであったが, 上で求めた生存測度 Q^{sv} には $\kappa=1$ を代入することが可能である. すなわち, 任意の $0 \leq \kappa \leq 1$ について, 上述のように確率測度 Q^{sv}(現時点ではまだ生存測度とは呼べない)を構成したとしよう. つまり, ラドン・ニコディム微分

$$\frac{\mathrm{d}Q^{sv}}{\mathrm{d}Q^T} = \frac{1-\kappa+\kappa 1_{\{\tau>2\}}}{1-\kappa\lambda} = \frac{D^{(\kappa)}(2)}{v(2)}\frac{v(0)}{D^{(\kappa)}(0)}$$

によって確率測度 Q^{sv} を定義する(最右辺がラドン・ニコディム微分になっていることを各自確認せよ). 最右辺の形から, (5.7) と同様に, この測度変換は, 基準財を割引国債 v から割引社債 $D^{(\kappa)}$ に変換している. したがって, この確率測度 Q^{sv} は生存測度の定義と同じ性質を持つので, Q^{sv} を生存測度と呼べることになる.

ゼロリカバリーの場合には, $\kappa=1$ を代入すれば生存測度は以下のようになる.

状態 ω	ω_1	ω_2	ω_3	ω_4
$Q^{sv}\{\omega\}$	q^T	$1-q^T$	0	0

注目すべき点は, デフォルトによって割引社債価格がゼロになる事象 ω_3, ω_4 にゼロの確率を付与していることである. 確率ゼロの事象は考える必要がないので, 結局, $\kappa=1$ の場合も含めて「すべての証券について割引社債 $D^{(\kappa)}$ を基準財とした相対価格がマルチンゲールになる生存測度 Q^{sv}」を構成できたことになる. $\kappa < 1$ の場合には生存測度 Q^{sv} は同値測度になるが, ゼロリカバリー ($\kappa=1$) の場合には同値ではないので注意が必要である.

この生存測度は基準財を割引社債に変換したものなので, ラドン・ニコディム微分は

$$\frac{\mathrm{d}Q^{sv}}{\mathrm{d}Q} = \frac{D^{(\kappa)}(T)}{B(T)}\frac{B(0)}{D^{(\kappa)}(0)}$$

である．したがって満期 T にキャッシュフロー X を支払う証券価格は

$$\begin{aligned}E^Q\left[\frac{X}{B(T)}\right] &= D^{(\kappa)}(0)E^Q\left[\frac{D^{(\kappa)}(T)}{B(T)}\frac{B(0)}{D^{(\kappa)}(0)}\frac{X}{D^{(\kappa)}(T)}\right]\\ &= D^{(\kappa)}(0)E^{Q^{sv}}\left[\frac{X}{D^{(\kappa)}(T)}\right]\end{aligned} \quad (7.9)$$

として計算できる．

7.2.4 生存条件測度

デフォルトリスク証券を基準財とする生存測度では，ゼロリカバリーの場合や期間中にデフォルトがある場合には，デフォルト時点以後は基準財となるものが存在しない．その不都合な点は証券価格がゼロになることである．それを避けるために，「証券満期までデフォルトしない」という条件を，与えられた証券価格に盛り込んだ**プレデフォルト価格**（pre-default price）を考え，プレデフォルト価格を若干修正した価格を基準財と想定する．それによって定義される測度を**生存条件測度**（survival contingent measure）と呼ぶ．本項では離散時間の場合を考察し，次節で連続時間で期間中にもデフォルトの可能性がある場合や，デフォルト時にその直前の価格の一定割合を支払う RMV に従うケースを議論する．離散時間モデルより数学的にテクニカルになるものの，連続時間モデルで生存条件測度はその有用性を十分発揮する．しかし，離散時間の考察を通してその本質が理解できるであろう．生存測度はデフォルトリスク証券を基準財とするため一般には同値測度とはいえないが，生存条件測度はデフォルトの可能性がない価格を基準財価格とするので必ず同値測度になることが最大の相違点である．

満期 T のデフォルトリスク証券のプレデフォルト価格とは，デフォルトリスク証券価格 $S(t)$ がある関数 f とデフォルト時刻 τ によって

$$S(t) = f(1_{\{\tau>t\}}, t), \quad t \in [0, T]$$

と書けるとき，

$$V(t) = f(1,t)$$

を証券 $S(t)$ のプレデフォルト価格という.すなわち,プレデフォルト価格は各時点の証券価格に,「デフォルトしていない」という条件 $\{1_{\{\tau>t\}} = 1\}$ を付加した"価格"である.たとえば,前項の割引社債価格

$$D^{(\kappa)}(t) = \begin{cases} (1-\kappa\lambda)v(t), & t=0,1 \\ 1-\kappa+\kappa 1_{\{\tau>2\}}, & t=2 \end{cases}$$

では,

$$V^{(\kappa)}(t) = \begin{cases} (1-\kappa\lambda)v(t), & t=0,1 \\ 1, & t=2 \end{cases} \tag{7.10}$$

とすれば,この $V^{(\kappa)}$ が割引社債価格 $D^{(\kappa)}$ のプレデフォルト価格である.プレデフォルト価格 $V^{(\kappa)}(t)$ そのものはデフォルトの実現から影響を受けない.

リスク中立測度であれば相対価格 $D^{(\kappa)}(t)/B(t)$ がマルチンゲールであったが,プレデフォルト価格はデフォルトの定義関数 $1_{\{\tau>t\}}$ に 1 が代入されているのでその相対価格 $V^{(\kappa)}(t)/B(t)$ はマルチンゲールにはならない.実際,割引社債の場合では

$$E^Q\left[\frac{V^{(\kappa)}(2)}{B(2)}\right] = v(0) \neq (1-\kappa\lambda)v(0) = \frac{V^{(\kappa)}(0)}{B(0)}$$

となり,相対価格 $V^{(\kappa)}(t)/B(t)$ はマルチンゲールではない.同値な測度変換を定義するためには,相対価格が正値マルチンゲールでなければならない.そこで,正値確率過程 $\Gamma^{(\kappa)}(t)$ を適当に定めることにより,$\Gamma^{(\kappa)}(t)$ によって修正された相対価格

$$\frac{V^{(\kappa)}(t)\Gamma^{(\kappa)}(t)}{B(t)}$$

が正値マルチンゲールになる場合を考えよう.このとき

$$L(t) = \frac{V^{(\kappa)}(t)\Gamma^{(\kappa)}(t)}{B(t)} \frac{B(0)}{V^{(\kappa)}(0)\Gamma^{(\kappa)}(0)}$$

によって新たな同値測度 Q^{svc} を

$$Q^{svc}(A) = E^Q[L(t)1_A], \qquad A \in \mathcal{F}_t \tag{7.11}$$

と定義できる.この測度 Q^{svc} を生存条件測度と呼ぶ. $\Gamma^{(\kappa)}(t)$ の導入によって,同値確率測度を定義できることが生存条件測度の最大の特徴である.

この生存条件測度は基準財を $V^{(\kappa)}(t)\Gamma^{(\kappa)}(t)$ に変換したものなので,ラドン・ニコディム微分は

$$\frac{dQ^{svc}}{dQ} = \frac{V^{(\kappa)}(T)\Gamma^{(\kappa)}(T)}{B(T)} \frac{B(0)}{V^{(\kappa)}(0)\Gamma^{(\kappa)}(0)}$$

である.したがって,満期 T にキャッシュフロー X を支払う証券価格は

$$\begin{aligned} E^Q\left[\frac{X}{B(T)}\right] &= V^{(\kappa)}(0)\Gamma^{(\kappa)}(0)E^Q\left[\frac{V^{(\kappa)}(T)\Gamma^{(\kappa)}(T)}{B(T)V^{(\kappa)}(0)\Gamma^{(\kappa)}(0)} \frac{X}{V^{(\kappa)}(T)\Gamma^{(\kappa)}(T)}\right] \\ &= V^{(\kappa)}(0)\Gamma^{(\kappa)}(0)E^{Q^{svc}}[X] \end{aligned} \quad (7.12)$$

として与えられる.

前項の割引社債の場合には,

$$\Gamma^{(\kappa)}(t) = \begin{cases} \dfrac{1}{1-\kappa\lambda}, & t=0,1 \\ 1, & t=2 \end{cases}$$

とすれば,

$$\frac{V^{(\kappa)}(t)\Gamma^{(\kappa)}(t)}{B(t)} = \frac{v(t)}{B(t)}$$

が正値マルチンゲールになる.ただし,等号は (7.10) による.よって,ラドン・ニコディム密度過程は

$$L(t) = \frac{V^{(\kappa)}(t)\Gamma^{(\kappa)}(t)}{B(t)} \frac{B(0)}{V^{(\kappa)}(0)\Gamma^{(\kappa)}(0)} = \frac{v(t)}{B(t)} \frac{B(0)}{v(0)}$$

であるから,この場合の生存条件測度は,$T=2$ として

$$Q^{svc}(A) = E^Q[L(t)1_A] = Q^T(A), \qquad A \in \mathcal{F}_t$$

となり,フォワード測度と一致する.したがって,ゼロリカバリー ($\kappa=1$) の場合も含めて任意の $0 \leq \kappa \leq 1$ について生存条件測度 Q^{svc} は同値測度であるので価格付けに用いることが可能である.

前項の割引社債の場合に生存条件測度がフォワード測度と一致した理由は,デフォルト確率(強度)が定数(あるいは確定的な関数)であったからである.

デフォルト確率が定数であるために,
 1. 測度変換によってデフォルト確率を変更しない
 2. $\Gamma^{(\kappa)}(t)$ には本来,デフォルト以外の不確実性が反映されているはずであるが,上記の場合には不確実性がない

という結果になった.この2点から,金利の不確実性のみによって変動する $V^{(\kappa)}(t)\Gamma^{(\kappa)}(t)/B(t)$ がマルチンゲールになるような $V^{(\kappa)}(t)\Gamma^{(\kappa)}(t)$ は,結局,割引国債(の定数倍)しか存在しないためである.デフォルト確率 λ に不確実性がある場合など,ラドン・ニコディム密度過程に他の不確実性が存在する場合には生存条件測度とフォワード測度は一致しない.そのような例については章末問題 7.1 および 7.2 を参照せよ.

7.3 誘導形アプローチ

前節では誘導形アプローチに基づいて離散時間の場合の生存測度および生存条件測度を考察した.本節では連続時間における誘導形アプローチを解説する.

7.3.1 誘導形モデル

誘導形アプローチに従って,デフォルト事象を外生的に与えられたジャンプによって描写するモデルを一般に **誘導形モデル** (reduced-form model) という.特に,デフォルト定義関数 $N(t) = 1_{\{\tau \leq t\}}$ と厳密に正の強度過程 $\lambda(t)$ によって,確率過程

$$M(t) = N(t) - \int_0^t (1-N(s))\lambda(s)\mathrm{d}s \tag{7.13}$$

がマルチンゲールになるモデルは **強度モデル** (intensity-based model) と呼ばれる.時点 t までにデフォルトが起きていなければ $N(t) = 0$ であり,デフォルトが起きていれば $N(t) = 1$ となるので,デフォルトはそのジャンプによって表現される.したがって,デフォルト時点 τ は強度 $\lambda(t)$ を持つポアソン過程の最初のジャンプ時点に一致する[4].また,(A.23) にあるように,時点 t からの微小な時間 $(t, t+\mathrm{d}t]$ にジャンプが生じる確率は $\lambda(t)\mathrm{d}t$ で近似できる.

---

[4] このため,本節以降ではデフォルト定義関数 $N(t) = 1_{\{\tau \leq t\}}$ をポアソン過程と呼ぶ.

7.3 誘導形アプローチ

本節以降の連続時間モデルにおける不確実性の源泉はブラウン運動 $z(t)$ とポアソン過程 $N(t)$ である．それぞれの動きを区別できるかどうかに依存して，2 つの情報 $\mathcal{G}_t$, $\mathcal{F}_t$ を考える必要がある．情報 $\mathcal{G}_t$ はブラウン運動 $z(t)$ によって生成されたものであるのに対し，情報 $\mathcal{F}_t$ はブラウン運動 $z(t)$ とポアソン過程 $N(t)$ によって生成されたものとする．すなわち，

$$\mathcal{G}_t = \sigma\{z(s), s \le t\}, \qquad \mathcal{F}_t = \sigma\{z(s), N(s), s \le t\}$$

証券価格の変動の不確実性がブラウン運動とポアソン過程の両方に起因し，それぞれを区別できない場合には，情報 $\mathcal{G}_t$ を得るわけではないことに注意しよう．また，マルチンゲールは条件付き期待値によって定義されるので，確率測度とフィルトレーションを指定する必要がある．以降では，確率測度 P の下でフィルトレーション $\{\mathcal{F}_t\}$ に関するマルチンゲールを $(P, \{\mathcal{F}_t\})$ マルチンゲールと呼ぶことにする．確率測度やフィルトレーションが明らかなときは，$\{\mathcal{F}_t\}$ マルチンゲール，P マルチンゲールまたは単にマルチンゲールという．

強度過程 $\lambda(t)$ は価格付けにおいて無リスク金利過程 $r(t)$ と類似性がある．強度 $\lambda(t)$ について，条件付き生存確率には

$$Q\{\tau > T | \mathcal{F}_t\} = 1_{\{\tau > t\}} E^Q \left[\exp\left\{ -\int_t^T \lambda(s) \mathrm{d}s \right\} \bigg| \mathcal{F}_t \right] \qquad (7.14)$$

という関係式が成立するので，$\lambda(t)$ を**ハザードレート** (hazard rate) とも呼ぶ．デフォルト時刻の累積分布関数

$$F(t) = Q\{\tau \le t\} = 1 - E^Q \left[\exp\left\{ -\int_0^t \lambda(s) \mathrm{d}s \right\} \right]$$

を用いて，本来，ハザードレートとは，生存関数 $1 - F(t)$ の減少率

$$-\frac{\mathrm{d}}{\mathrm{d}t} \log(1 - F(t)) = \frac{\frac{\mathrm{d}}{\mathrm{d}t} F(t)}{1 - F(t)}$$

を指す用語である．強度過程 $\lambda(t)$ が確定的な時間の関数である場合には，ハザードレートは

$$\frac{\frac{\mathrm{d}}{\mathrm{d}t} F(t)}{1 - F(t)} = \frac{\lambda(t) \exp\{-\int_0^t \lambda(s) \mathrm{d}s\}}{\exp\{-\int_0^t \lambda(s) \mathrm{d}s\}} = \lambda(t)$$

となり，強度過程そのものである．このため，強度過程とハザードレートを同

一視することが多い．条件付き生存確率と強度過程の関係 (7.14) は，割引国債と無リスク金利の関係

$$v(t,T) = E^Q\left[\exp\left\{-\int_t^T r(s)\mathrm{d}s\right\}\bigg|\mathcal{F}_t\right]$$

と類似性があることは明らかであろう．

誘導形モデルでは，デフォルト時刻 τ の**標準的な構成法** (canonical construction) がよく用いられる．すなわち，Q の下で確率過程 $\lambda(t)$ が与えられたとき，独立で平均1の指数分布に従う確率変数を η として，デフォルト時刻 τ を次のように構成する．

$$\tau = \inf\left\{t \geq 0 : \int_0^t \lambda(s)\mathrm{d}s \geq \eta\right\} \quad (7.15)$$

これは，事前には誰も知らない η の実現値を累積強度過程 $\int_0^t \lambda(s)\mathrm{d}s$ が最初に越える時点をデフォルト時刻 τ とするものであり，デフォルトは突然発生することになる．このとき，$N(t) = 1_{\{\tau \leq t\}}$ は強度過程 $\lambda(t)$ を持つポアソン過程になることが知られているので，所与の強度過程 $\lambda(t)$ からデフォルト時刻 τ を構成できる．証明は Bielecki and Rutkowski (2004) を参照せよ．ただし，(7.8) でみたとおり，強度過程は一般に測度変換に対して不変ではないので，測度変換した場合には，変換後の確率測度における強度過程を調べなければならないことに注意しよう．

さて，強度過程 $\lambda(t)$ と情報 $\mathcal{F}_t, \mathcal{G}_t$ に関する次の等式は重要である．すなわち，$\lambda(t)$ が $\{\mathcal{G}_t\}$ 適合としたとき，任意の $\{\mathcal{G}_t\}$ 適合な確率過程 $Y(t)$ に対して等式

$$E^Q\left[1_{\{\tau>T\}}Y(T)\big|\mathcal{F}_t\right] = 1_{\{\tau>t\}}E^Q\left[\mathrm{e}^{-\int_t^T \lambda(s)\mathrm{d}s}Y(T)\big|\mathcal{G}_t\right] \quad (7.16)$$

$$E^Q\left[1_{\{\tau\leq T\}}Y(\tau)\big|\mathcal{F}_t\right] = 1_{\{\tau>t\}}E^Q\left[\int_t^T \lambda(u)\mathrm{e}^{-\int_t^u \lambda(s)\mathrm{d}s}Y(u)\mathrm{d}u\bigg|\mathcal{G}_t\right] \quad (7.17)$$

が成立する[5]．左辺は情報 $\mathcal{F}_t$ に関する条件付き期待値である一方，右辺は情報 $\mathcal{G}_t$ に関する条件付き期待値であることに注意しよう．このように情報 $\mathcal{F}_t$ とそ

---

[5] 証明は Lando (2004) p.116 を参照せよ．

の部分情報 $\mathcal{G}_t$ を区別して扱うことをサブフィルトレーションアプローチ (sub-filtration approach) という[*6]．(7.16) は，将来時点の生存定義関数 $1_{\{\tau>T\}}$ が期待値の中にあっても，現時点の生存定義関数 $1_{\{\tau>t\}}$ に置き換えて期待値の外に出せるが，その際に強度によって調整しなければならないことを表わしている．特に，(7.16) で $Y=1$ とすれば

$$Q\{\tau>T\mid\mathcal{F}_t\}=1_{\{\tau>t\}}E^Q\left[\exp\left\{-\int_t^T\lambda(s)\mathrm{d}s\right\}\bigg|\mathcal{G}_t\right]$$

となる．両辺を T で微分すれば，デフォルト時刻の条件付き密度関数が

$$E^Q\left[\lambda(T)\exp\left\{-\int_t^T\lambda(s)\mathrm{d}s\right\}\bigg|\mathcal{G}_t\right]$$

で与えられるので，(7.17) の右辺はこの密度関数で期待値を計算していると解釈できる．

次のブラウン運動とポアソン過程による測度変換に関する定理は重要である．証明は Bielecki and Rutkowski (2004) の Proposition 5.3.1 を参照せよ．

補題 7.1 (ギルサノフの定理) $z^Q(t)$ を確率測度 Q の下での標準ブラウン運動，$N(t)$ を強度 $\lambda^Q(t)$ を持つポアソン過程とする．また，$\varphi(t)$ を $\{\mathcal{F}_t\}$ 可測確率過程，$\theta(t)$ を正の $\{\mathcal{F}_t\}$ 可予測確率過程とする．$(Q,\{\mathcal{F}_t\})$ マルチンゲール

$$L(t)\equiv\exp\left\{\int_0^t\varphi(s)\mathrm{d}z^Q(s)-\frac{1}{2}\int_0^t\varphi^2(s)\mathrm{d}s\right.$$
$$\left.+\int_0^t\theta(s)\mathrm{d}N(s)+\int_0^t\left(1-\mathrm{e}^{\theta(s)}\right)\lambda^Q(s)\mathrm{d}s\right\} \quad (7.18)$$

を用いて確率測度 Q^A を

$$\left.\frac{\mathrm{d}Q^A}{\mathrm{d}Q}\right|_{\mathcal{F}_t}=L(t) \quad (7.19)$$

によって定義する．このとき，確率過程

$$z^{Q^A}(t)=z^Q(t)-\int_0^t\varphi(s)\mathrm{d}s \quad (7.20)$$

[*6] サブフィルトレーションアプローチでは，デフォルトの発生は $\mathcal{G}_t$ とは条件付き独立 (conditionally independent) である．明らかに情報 $\mathcal{F}_t$ は情報 $\mathcal{G}_t$ を含む ($\mathcal{G}_t\subset\mathcal{F}_t$)．すなわち，デフォルト定義関数 $N(t)$ は $\mathcal{F}_t$ 可測ではある (情報 $\mathcal{F}_t$ からデフォルトが生じたかどうかがわかる) が，$\mathcal{G}_t$ 可測ではない (情報 $\mathcal{G}_t$ からではデフォルトが生じたかどうかは判明しない)．

は Q^A の下で標準ブラウン運動であり，

$$\lambda^{Q^A}(t) = e^{\theta(t)}\lambda^Q(t) \tag{7.21}$$

は Q^A の下で $N(t)$ の強度過程である．

(7.21) では，$\theta(t)$ がジャンプによるラドン・ニコディム密度過程の対数増加率を表わしている．ラドン・ニコディム密度過程 $L(t)$ の定義 (7.18) から，

$$d\log L(t) = \varphi(t)dz^Q(t) - \frac{1}{2}\varphi^2(t)dt + \theta(t)dN(t) + \left(1 - e^{\theta(t)}\right)\lambda^Q(t)dt \tag{7.22}$$

であることがわかるので，伊藤の公式を適用して確率微分方程式

$$\frac{dL(t)}{L(t)} = \varphi(t)dz^Q(t) - \left(1 - e^{\theta(t)}\right)\left(dN(t) - \lambda^Q(t)dt\right) \tag{7.23}$$

が得られる．(3.33)，章末問題 3.5 および (5.16) と比較せよ．(7.23) の右辺で，$\varphi(t)$ を（ブラウン運動による）リスクの市場価格と呼び，$(1 - e^{\theta(t)})$ をジャンプリスクの市場価格 (market price of jump risk) と呼ぶ．(7.20) から，測度変換によって標準ブラウン運動はリスクの市場価格 $\varphi(t)$ だけドリフトをずらし，ポアソン過程 $N(t)$ についてはその強度をジャンプリスクの市場価格を用いて $e^{\theta(t)}$ 倍することになる．ジャンプリスクの市場価格がゼロであるときは，ラドン・ニコディム密度過程はジャンプせず，強度過程も不変である．

7.3.2 デフォルトリスク証券価格

誘導形モデルにおいてデフォルトリスク証券価格を導出しよう．一般に，リスク中立確率測度の下で累積配当過程 $D(t)$ を持つ証券価格 $S(t)$ については，

$$\frac{S(t)}{B(t)} + \int_0^t \frac{dD(s)}{B(s)} \tag{7.24}$$

がマルチンゲールになる[7]．すなわち，

---

[7] 累積配当 $D(t)$ とは，時点 0 から時点 t までに支払われた配当などのキャッシュフローの累積金額である．これまで扱った証券は配当がゼロのケースであったので，リスク中立確率測度の定義としては，「すべての証券価格について，相対価格 $S(t)/B(t)$ がマルチンゲールになる確率測度」であった．しかし，満期以前に配当などのキャッシュフローが生じる証券が存在する場合には，「すべての証券価格について，(7.24) がマルチンゲールになる確率測度」をリスク中立確率測度という．

7.3 誘導形アプローチ

$$S(t) = B(t)E^Q\left[\frac{S(T)}{B(T)} + \int_t^T \frac{\mathrm{d}D(s)}{B(s)}\bigg|\mathcal{F}_t\right] \quad (7.25)$$

が成立する.

満期 T のデフォルトリスク証券は組合せ (X, Rc) によって特徴付けられる. ここで, X は $\mathcal{F}_T$ 可測な確率変数でデフォルトが起きない場合に満期 T に支払われるキャッシュフローであり, $Rc(t)$ は時点 t でデフォルトが起きた場合に時点 t で支払われるキャッシュフローである. 以下では $t \leq T$ とする.

デフォルトリスク証券 (X, Rc) の累積配当過程は, $N(t) = 1_{\{\tau \leq t\}}$ として (7.13) から

$$\begin{aligned}D(t) &= Rc(\tau)1_{\{\tau \leq t\}} = \int_0^t Rc(s)\mathrm{d}N(s) \\ &= \int_0^t 1_{\{\tau > s\}}Rc(s)\lambda(s)\mathrm{d}s + \int_0^t Rc(s)\mathrm{d}M(s)\end{aligned}$$

で与えられる. 時点 t における証券価格 $S(t)$ は, $S(T) = X1_{\{\tau > T\}}$ であるから, (7.25) より

$$S(t) = B(t)E^Q\left[\frac{X}{B(T)}1_{\{\tau > T\}} + \int_t^T 1_{\{\tau > s\}}\frac{Rc(s)}{B(s)}\lambda(s)\mathrm{d}s\bigg|\mathcal{F}_t\right] \quad (7.26)$$

を満たす. RFV や RT など, $Rc(t)$ が $S(t)$ に依存しないで決定される場合には, 証券価格 $S(t)$ は (7.26) によって与えられることに注意しよう. 一方, RMV など, $Rc(t)$ が $S(t)$ に依存する場合には (7.26) は再帰方程式となり, 証券価格を得るにはその再帰方程式を解かなければならない.

ここで, 確率過程 $V(t)$ を

$$V(t) = \Lambda(t)B(t)E^Q\left[\frac{X}{\Lambda(T)B(T)} + \int_t^T 1_{\{\tau > s\}}\frac{Rc(s)}{\Lambda(s)B(s)}\lambda(s)\mathrm{d}s\bigg|\mathcal{F}_t\right]$$

とおくと, これはプレデフォルト価格である. ただし

$$\Lambda(t) = \exp\left\{\int_0^t \lambda(s)\mathrm{d}s\right\} \quad (7.27)$$

とする. このとき, 証券価格は

$$s(t) = 1_{\{\tau > t\}}\left(V(t) - E^Q\left[\frac{B(t)}{B(\tau)}\Delta V(\tau)\bigg|\mathcal{F}_t\right]\right)$$

で与えられることが知られている[*8]．ここで，$\Delta V(\tau) = V(\tau) - V(\tau-)$ はデフォルト時点におけるプレデフォルト価格のジャンプを表わし，証券価格 $S(t)$ においては，現在のプレデフォルト価格からこのジャンプ分だけ差し引く必要がある．もちろん，$V(t)$ がデフォルト時にジャンプしない場合 (no-jump condition) には，

$$S(t) = 1_{\{\tau>t\}}V(t)$$

となる．

以下では，サブフィルトレーションアプローチを適用して代表的な回収ルールごとに満期 T の割引社債の価格 $D(t,T)$ を求めよう．すなわち，無リスク金利 $r(t)$ および強度 $\lambda(t)$ は $\mathcal{G}_t$ 可測であると仮定することにより，(7.16) と (7.17) を利用して価格公式 (7.26) を展開できる．各回収ルールにおける損失率を κ とする．

1) RFV (Lando, 1998; Duffie, 1998)

デフォルトしなければ ($1_{\{\tau>T\}} = 1$) 満期 T にキャッシュフロー 1 を受け取り，デフォルトした場合 ($1 - 1_{\{\tau>T\}} = 1$) には時点 τ にキャッシュフロー $(1-\kappa)$ を受け取る．すなわち，

$$X = 1, \qquad Rc(t) = 1-\kappa$$

であるから，割引社債価格は (7.26) より，

$$D(t,T) = B(t)E^Q\left[\frac{1}{B(T)}1_{\{\tau>T\}} + \int_t^T 1_{\{\tau>s\}}\frac{1-\kappa}{B(s)}\lambda(s)\mathrm{d}s \bigg| \mathcal{F}_t\right]$$

となる．ここで，(7.16) と (7.17) を利用して第 1 項を変形すると，割引社債価格は以下のようになる．

$$D(t,T) = 1_{\{\tau>t\}}E^Q\left[\mathrm{e}^{-\int_t^T(r(s)+\lambda(s))\mathrm{d}s} \bigg| \mathcal{G}_t\right]$$
$$+ 1_{\{\tau>t\}}(1-\kappa)E^Q\left[\int_t^T \lambda(s)\mathrm{e}^{-\int_t^s(r(u)+\lambda(u))\mathrm{d}u}\mathrm{d}s \bigg| \mathcal{G}_t\right]$$

[*8] 証明は Collin-Dufresne, *et al.* (2004) の Proposition 1 を参照せよ．

$$= 1_{\{\tau>t\}} \Lambda(t) B(t) E^Q \left[\frac{1}{\Lambda(T)B(T)} + \int_t^T \frac{1-\kappa}{\Lambda(s)B(s)} \lambda(s) \mathrm{d}s \bigg| \mathcal{G}_t \right] \tag{7.28}$$

2) RT (Jarrow and Turnbull, 1995)

デフォルトしなければ満期 T にキャッシュフロー 1 を受け取り，デフォルトした場合には満期 T にキャッシュフロー $(1-\kappa)$ を受け取る．RFV とは，デフォルトした場合に回収額を受け取る時点が異なる．したがって，

$$\begin{aligned} D(t,T) &= B(t) E^Q \left[\frac{1}{B(T)} 1_{\{\tau>T\}} + \frac{1-\kappa}{B(T)} 1_{\{\tau \leq T\}} \bigg| \mathcal{F}_t \right] \\ &= B(t) E^Q \left[\frac{1-\kappa}{B(T)} + \frac{\kappa}{B(T)} 1_{\{\tau>T\}} \bigg| \mathcal{F}_t \right] \\ &= 1_{\{\tau>t\}} \left((1-\kappa) v(t,T) + \kappa E^Q \left[\frac{\Lambda(t)B(t)}{\Lambda(T)B(T)} \bigg| \mathcal{G}_t \right] \right) \end{aligned} \tag{7.29}$$

さらに，もし $r(t)$ と $\lambda(t)$ が独立であれば

$$D(t,T) = 1_{\{\tau>t\}} v(t,T) \left[(1-\kappa) + \kappa Q \left\{ \tau < T | \mathcal{G}_t \right\} \right]$$

となる．

3) RMV (Duffie and Singleton, 1999)

RMV の場合には，(7.26) は再帰方程式

$$\begin{aligned} & D^{(\kappa)}(t,T) \\ &= B(t) E^Q \left[\frac{1_{\{\tau>T\}}}{B(T)} + \int_t^T 1_{\{\tau>s\}} \frac{(1-\kappa) D^{(\kappa)}(s,T)}{B(s)} \lambda(s) \mathrm{d}s \bigg| \mathcal{F}_t \right] \end{aligned} \tag{7.30}$$

に帰着される．この解が

$$\begin{aligned} D^{(\kappa)}(t,T) &= 1_{\{\tau>t\}} E^Q \left[\exp\left\{ -\int_t^T (r(s) + \kappa \lambda(s)) \, \mathrm{d}s \right\} \bigg| \mathcal{G}_t \right] \\ &= 1_{\{\tau>t\}} E^Q \left[\frac{\Lambda^{(\kappa)}(t) B(t)}{\Lambda^{(\kappa)}(T) B(T)} \bigg| \mathcal{G}_t \right] \end{aligned} \tag{7.31}$$

であることは，(7.31) を (7.30) の右辺に代入することで確かめられる（章末問題 7.4）．ここで

$$\Lambda^{(\kappa)}(t) = \exp\left\{\int_0^t \kappa\lambda(s)\mathrm{d}s\right\} \tag{7.32}$$

とおいた.

デフォルト時のキャッシュフローが外生的に与えられる RFV と RT では,(7.28) および (7.29) にあるように,無リスク金利を強度で調整した金利 ($r(t) + \lambda(t)$) で割り引くが,内生的に定まる RMV では,(7.31) にみられるように,損失率と強度の積で調整した金利 ($r(t) + \kappa\lambda(t)$) で割り引くことに注意しよう[*9]. 損失率と強度の積は,デフォルトリスクの大きさを表わしているが,割引社債と割引国債のイールドスプレッド(クレジットスプレッドとも呼ばれる)とも一致する.このことは離散時間の場合の (7.2) に対応している.ゼロリカバリーの場合には,デフォルト強度がイールドスプレッドに一致し,デフォルトの蓋然性と社債イールドの関係を直感的にも理解しやすい.

7.4 連続時間モデルにおける生存測度

本節では 7.2 節の離散時間の場合の生存測度を誘導形アプローチに基づいて連続時間に拡張する.

第 5 章で議論したとおり,無リスク預金

$$B(t) = \exp\left\{\int_0^t r(s)\mathrm{d}s\right\}$$

がリスク中立測度 Q の基準財であり,基準財を無リスク預金 B から別の証券 A(ただし期間中の配当はないものとする)に変更するとマルチンゲール測度もラドン・ニコディム微分

$$\frac{\mathrm{d}Q^A}{\mathrm{d}Q} = \frac{A(T)}{B(T)}\frac{B(0)}{A(0)}$$

によって定義される確率測度 Q^A に変換される.

7.2 節で 2 期間モデルの生存測度を説明したが,元々は連続時間モデルで生存測度の考え方が導入された.Schönbucher (2000) はデフォルトリスクがある

[*9] 損失率 κ が $\{\mathcal{G}_t\}$ 適合な確率過程の場合でも成立する.

7.4 連続時間モデルにおける生存測度

割引社債で満期 T, 回収率ゼロのものを基準財とするフォワード生存測度を構成した.すなわち,基準財としてゼロリカバリーの割引社債

$$D(t,T) = 1_{\{\tau>t\}} E\left[e^{-\int_t^T (r(s)+\lambda(s))ds} \bigg| \mathcal{F}_t \right] \qquad (7.33)$$

を用いた.一方, Collin-Dufresne, et al. (2004) はゼロリカバリーのデフォルトリスクがある預金(デフォルトリスク預金)

$$A(t) = 1_{\{\tau>t\}} \exp\left\{ \int_0^t (r(s)+\lambda(s))\,ds \right\} \qquad (7.34)$$

を基準財とすることによりスポット生存測度を構成した(本章の脚注3を参照).いずれも回収率はゼロなので無リスク金利 r に強度 λ が加えられたデフォルトリスク調整後の金利

$$R(t) = r(t) + \lambda(t)$$

によって基準財の価格が計算されている.

まず, Collin-Dufresne, et al. (2004) の生存測度の目的と要点を説明する.前節では RFV, RT, RMV の各回収ルールについてデフォルトリスク証券価格を導出したが,その際には強い仮定であるサブフィルトレーションアプローチを取り, (7.16) と (7.17) を用いることにより (7.26) の期待値の中のデフォルト定義関数を簡単に扱うことが可能であった.本節で説明する Collin-Dufresne, et al. (2004) では,サブフィルトレーションアプローチを取らずに,フィルトレーションとしてブラウン運動とポアソン過程からなる $\mathcal{F}_t$ の情報のみを得て,それに関する証券価格を考察する.すなわち, (7.16) と (7.17) を用いないでデフォルトリスク証券価格 (7.26) を考える.ただし,デフォルト時の回収金額 $Rc(t)$ はデフォルトリスク証券価格 $S(t)$ に依存せずに外生的に与えられる RFV または RT を仮定する.

アイデアは, (7.26) の期待値内の定義関数を期待値の外へ出すために測度変換を用いることであり,そのために生存測度 Q^{sv} を導入する.

まず,確率過程 $\Lambda(t) = \exp\{\int_0^t \lambda(s)ds\}$ を用いて生存測度 Q^{sv} を

$$\left. \frac{dQ^{sv}}{dQ} \right|_{\mathcal{F}_t} = L^{sv}(t) \equiv 1_{\{\tau>t\}} \Lambda(t) \qquad (7.35)$$

によって定義する．このためには $L^{sv}(t)$ が（局所）マルチンゲールであることを確かめなければならないが，章末問題 7.5 から，実際に

$$dL^{sv}(t) = -L^{sv}(t)dM(t)$$

であり，$L^{sv}(t)$ はラドン・ニコディム密度過程になる．ただし，$M(t)$ は (7.13) で定義されるマルチンゲールである．デフォルトリスク預金の定義 (7.34) から，ラドン・ニコディム密度過程 $L^{sv}(t)$ は

$$L^{sv}(t) = \frac{A(t)}{B(t)}$$

であり，測度変換 (7.35) は基準財を無リスク預金 $B(t)$ からデフォルトリスク預金 $A(t)$ へ変換する．また，(7.23) と比較すると，$\varphi(t) = 0$, $e^{\theta(t)} = 0$ に相当しているので，Q^{sv} における標準ブラウン運動は Q の標準ブラウン運動と同一である一方，Q^{sv} における強度過程はゼロである．すなわち，デフォルト事象には確率ゼロを付与し，期待値計算では生存する状態のみを考慮することになる．このため Q^{sv} は生存測度と呼ばれる．

測度変換 (7.35) における確率過程 $\Lambda(t)$ の役割は，確率過程 $1_{\{\tau>t\}}$ そのものは局所マルチンゲールではないが，$\Lambda(t)$ を乗ずることによりその積 $L^{sv}(t)$ が局所マルチンゲールになり，測度を定義できることである．このアイデアは次節の生存条件測度にも活かされる．

生存測度 Q^{sv} を利用すると，(7.26) から証券価格は以下のとおりとなる．

$$\begin{aligned}
S(t) &= B(t)E^Q\left[\frac{X}{B(T)}1_{\{\tau>T\}} + \int_t^T 1_{\{\tau>s\}}\frac{Rc(s)}{B(s)}\lambda(s)\mathrm{d}s \,\bigg|\, \mathcal{F}_t\right] \\
&= B(t)E^Q\left[\frac{A(T)}{B(T)}\frac{X}{\Lambda(T)B(T)} + \int_t^T \frac{A(s)}{B(s)}\frac{Rc(s)}{\Lambda(s)B(s)}\lambda(s)\mathrm{d}s \,\bigg|\, \mathcal{F}_t\right] \\
&= B(t)E^{Q^{sv}}\left[\frac{A(t)}{B(t)}\frac{X}{\Lambda(T)B(T)} + \int_t^T \frac{A(t)}{B(t)}\frac{Rc(s)}{\Lambda(s)B(s)}\lambda(s)\mathrm{d}s \,\bigg|\, \mathcal{F}_t\right] \\
&= 1_{\{\tau>t\}}\Lambda(t)B(t)E^{Q^{sv}}\left[\frac{X}{\Lambda(T)B(T)} + \int_t^T \frac{Rc(s)}{\Lambda(s)B(s)}\lambda(s)\mathrm{d}s \,\bigg|\, \mathcal{F}_t\right]
\end{aligned}$$
(7.36)

ただし，3 番目以降の等号は Q^{sv}-a.s. (Q^{sv} に関して確率 1 で成立する）の意味

7.4 連続時間モデルにおける生存測度

であるから，期待値計算においては，生存測度によって確率ゼロを付与されたデフォルトの事象については，その等号は成立するわけではないことに注意されたい．しかし，(7.36) の期待値内の第 2 項にあるように，デフォルトによって支払われるキャッシュフロー $Rc(t)$ の評価が証券価格に反映されていることは言うまでもない．

以上は，回収率ゼロのデフォルトリスク預金を基準財としてスポット生存測度を構成する方法である．同様に，割引社債を基準財としてフォワード生存測度を構成することも可能である．回収額が外生的に決定される場合には回収率ゼロの割引社債を基準財としてフォワード生存測度を構成するのが便利であろう．すなわち，(7.36) から

$$D(t,T) = 1_{\{\tau>t\}}\Lambda(t)B(t)E^{Q^{sv}}\left[\left.\frac{1}{\Lambda(T)B(T)}\right|\mathcal{F}_t\right]$$

を基準財に選ぶ．この場合のラドン・ニコディム密度過程は

$$\left.\frac{\mathrm{d}Q^{sv,T}}{\mathrm{d}Q}\right|_{\mathcal{F}_t} = L^{sv,T}(t) \equiv \frac{D(t,T)}{B(t)D(0,T)} = L^{sv}(t)\frac{E^{Q^{sv}}\left[\left.\frac{1}{\Lambda(T)B(T)}\right|\mathcal{F}_t\right]}{D(0,T)} \tag{7.37}$$

であり，最右辺を

$$\left.\frac{\mathrm{d}Q^{sv}}{\mathrm{d}Q}\right|_{\mathcal{F}_t} \times \left.\frac{\mathrm{d}Q^{sv,T}}{\mathrm{d}Q^{sv}}\right|_{\mathcal{F}_t}$$

とみなせば，$L^{sv,T}(t)$ はリスク中立確率測度からスポット生存測度に変換した後，さらに Q^{sv} マルチンゲール

$$M^T(t) = E^{Q^{sv}}\left[\left.\frac{1}{\Lambda(T)B(T)}\right|\mathcal{F}_t\right] \Big/ D(0,T)$$

を用いてフォワード生存測度へ変換していると解釈できる．したがって，フォワード生存測度はスポット生存測度と同値である．

$$M^t(t) = [\Lambda(t)B(t)D(0,t)]^{-1}$$

であることに注意すれば，(7.36) から，デフォルトリスク証券価格はフォワード生存測度を用いて以下のように表わされる．

$$S(t) = 1_{\{\tau > t\}} \Lambda(t) B(t) E^{Q^{sv}} \left[\frac{X}{\Lambda(T)B(T)} + \int_t^T \frac{Rc(s)}{\Lambda(s)B(s)} \lambda(s) \mathrm{d}s \middle| \mathcal{F}_t \right]$$

$$= \frac{D(t,T)}{M^T(t)} E^{Q^{sv}} \left[M^T(T) X + \int_t^T M^T(s) \frac{M^s(s)}{M^T(s)} Rc(s) \lambda(s) \mathrm{d}s \middle| \mathcal{F}_t \right]$$

$$= D(t,T) E^{Q^{sv,T}} \left[X + \int_t^T \frac{M^s(s)}{M^T(s)} Rc(s) \lambda(s) \mathrm{d}s \middle| \mathcal{F}_t \right] \quad (7.38)$$

証券価格 $S(t)$ が割引社債価格 $D(t,T)$ とキャッシュフローの期待値の積の形で書かれるので,フォワード生存測度は通常のフォワード測度と同様の特徴を持つ.

ただし,デフォルト時の回収キャッシュフロー $Rc(t)$ はデフォルトリスク証券 S のキャッシュフローであるので,債券以外の証券(たとえばオプション)に(ゼロリカバリー以外の)RFV や RT の回収ルールを適用することは現実的ではない[*10].そこで RMV に従う場合について考える必要があるが,それについては次節の生存条件測度で議論する.

7.5 連続時間モデルにおける生存条件測度

生存測度はデフォルト事象にゼロの確率を付与するのでリスク中立測度とは一般に同値ではない.そのため,生存測度で得られた"価格"にはその意義が疑問視される.実際に,そのような生存測度を導入する理由はデフォルトとフィルトレーションの一般性を維持するためであった.そこで,その一般性をあきらめて少し強い仮定,すなわちサブフィルトレーションアプローチを取ることにより同値測度による価格付けが可能になる.その同値測度が生存条件測度であり,応用として取引相手のデフォルトリスクを勘案した派生商品の価格を検討する.

本節では,誘導形モデルでサブフィルトレーションアプローチを採用する.すなわち,デフォルト時刻 τ は標準的に構成され,2 種類のフィルトレーション

$$\mathcal{G}_t = \sigma\{z(s), s \le t\}, \qquad \mathcal{F}_t = \sigma\{z(s), N(s), s \le t\}$$

[*10] Schönbucher (2000) はゼロリカバリーの場合の LIBOR 市場モデルをフォワード生存測度を用いて議論している.

を考える．また，任意の $\{\mathcal{G}_t\}$ マルチンゲールは $\{\mathcal{F}_t\}$ マルチンゲールであると仮定する[*11]．さらに，無リスク金利 $r(t)$ およびデフォルト強度 $\lambda(t)$ は $\mathcal{G}_t$ 可測とする．すなわち，無リスク金利とデフォルト強度にはジャンプはなく，ブラウン運動によって確率的に変動する．

7.5.1 生存条件測度

まず，RFV または RT の場合を考えよう．(7.26) に (7.16) および (7.17) を適用すれば，期待値内のデフォルト定義関数を簡単に期待値の外へ出すことができる．すなわち，

$$S(t) = 1_{\{\tau>t\}}\Lambda(t)B(t)E^Q\left[\frac{X}{\Lambda(T)B(T)} + \int_t^T \frac{Rc(s)}{\Lambda(s)B(s)}\lambda(s)\mathrm{d}s \middle| \mathcal{G}_t\right] \tag{7.39}$$

生存条件測度の狙いは，フォワード測度と同様に，上式を

$$S(t) = 1_{\{\tau>t\}}F(t,T)E^{Q^{svc}}\left[X + \int_t^T \frac{Rc(s)}{F(s,T)}\lambda(s)\mathrm{d}s \middle| \mathcal{G}_t\right]$$

の形で表現することである．これが成立すれば，たとえば，次のようなコールオプションを考えることが可能になる．

- ブラウン運動によって変動する原資産価格 $X(t)$ にはデフォルトリスクはない．
- オプションの売手にデフォルトの可能性がある．
- デフォルト時の損失率は 1 である．

上式より，このコールオプション価格は

$$C(t) = 1_{\{\tau>t\}}F(t,T)E^{Q^{svc}}[\max\{X(T) - K, 0\}|\mathcal{G}_t]$$

として与えられる．原資産にもデフォルトリスクがある場合や損失率が 1 以外の場合については次項で議論する．

(7.39) の $\Lambda(t)B(t)$ は回収率ゼロのデフォルトリスク預金 $A(t)$ のプレデフォルト価格である．フォワード生存測度を検討したときと同様に，預金の逆数の

[*11] 逆はつねに成立する．すなわち，条件付き期待値の性質から，任意の $\{\mathcal{F}_t\}$ マルチンゲールは $\{\mathcal{G}_t\}$ マルチンゲールである．

期待値は割引債価格になることを連想すれば，損失率 $\kappa = 1$ の割引社債

$$D^{(1)}(t,T) = 1_{\{\tau > t\}} E^Q\left[\left.\frac{\Lambda(t)B(t)}{\Lambda(T)B(T)}\right| \mathcal{G}_t\right]$$

を基準財の候補とするのが自然であろう．損失率 $\kappa = 1$ の割引社債のプレデフォルト価格

$$F^{(1)}(t,T) = E^Q\left[\left.\frac{\Lambda(t)B(t)}{\Lambda(T)B(T)}\right| \mathcal{G}_t\right] \qquad (7.40)$$

を証券価格と考えて，相対価格 $F^{(1)}(t,T)/B(t)$ を考えよう．

現実に取引されている証券の相対価格は $\{\mathcal{F}_t\}$ マルチンゲールであるが，プレデフォルト価格の確率過程は取引されている証券価格の確率過程とはデフォルト後の値が異なるので，その相対価格は $\{\mathcal{F}_t\}$ マルチンゲールではない．しかし，若干の修正で，この相対価格は $\{\mathcal{F}_t\}$ マルチンゲールになる．実際，$F^{(1)}(t,T)$ の定義 (7.40) から

$$\frac{F^{(1)}(t,T)}{\Lambda(t)B(t)} = E^Q\left[\left.\frac{1}{\Lambda(T)B(T)}\right| \mathcal{G}_t\right]$$

が成り立ち，右辺は $\{\mathcal{G}_t\}$ マルチンゲールである．仮定から，これは $\{\mathcal{F}_t\}$ マルチンゲールでもあり，$L^{svc}(0) = 1$ となるように標準化した $\{\mathcal{F}_t\}$ マルチンゲール

$$L^{svc}(t) = \frac{F^{(1)}(t,T)}{\Lambda(t)B(t)}\frac{\Lambda(0)B(0)}{F^{(1)}(0,T)} \qquad (7.41)$$

は測度変換

$$\left.\frac{\mathrm{d}Q^{svc}}{\mathrm{d}Q}\right|_{\mathcal{F}_t} = L^{svc}(t) \qquad (7.42)$$

を定義するラドン・ニコディム密度過程である．このように定義された測度 Q^{svc} を**生存条件測度**という[*12]．

[*12] 生存測度では基準財としてデフォルトリスクを伴う預金と債券の 2 種類を考えることができたが，生存条件測度ではデフォルトリスク債券を基準財にすることのみに意味があって，デフォルトリスク預金を基準財にすることには意味がない．なぜならば，デフォルトリスク預金のプレデフォルト価格の修正を基準財にするべく考えても修正によって価格は 1 となり，結局，リスク中立確率測度になるからである．したがって，生存条件測度は実質的には「フォワード生存条件測度」のみであって，「スポット生存条件測度」はリスク中立確率測度である．

ラドン・ニコディム密度過程 $L^{svc}(t)$ はデフォルト後も正の値を取る確率過程であるので，生存条件測度は同値測度であることに注意しよう．この点が生存測度と生存条件測度の最大の相違点である．また，$F^{(1)}(t,T)$ は $\{\mathcal{G}_t\}$ 適合なので，ブラウン運動によってのみ変動し，ジャンプは起こらない（この事実もサブフィルトレーションアプローチの便利な点である）．したがって，$F^{(1)}(t,T)$ が従う確率微分方程式は，マルチンゲール表現定理から，あるボラティリティ $\sigma_F^{(1)}(t,T)$ を用いて

$$\frac{\mathrm{d}F^{(1)}(t,T)}{F^{(1)}(t,T)} = (r(t)+\lambda(t))\,\mathrm{d}t + \sigma_F^{(1)}(t,T)\mathrm{d}z^Q(t)$$

であり，ラドン・ニコディム密度過程は

$$\mathrm{d}L^{svc}(t) = L^{svc}(t)\sigma_F^{(1)}(t,T)\mathrm{d}z^Q(t)$$

を満たす．右辺にはブラウン運動のみが現われ，ポアソン過程は含まれない．すなわち，生存条件測度への変換では，標準ブラウン運動は

$$\mathrm{d}z^{Q^{svc}}(t) = \mathrm{d}z^Q(t) - \sigma_F^{(1)}(t,T)\mathrm{d}t$$

によって変換されるが，ポアソン過程の強度は不変である．

以上から，生存条件測度へ変換することにより，RFV または RT の場合におけるデフォルトリスク証券価格は

$$S(t) = 1_{\{\tau>t\}}F^{(1)}(t,T)E^{Q^{svc}}\left[X + \int_t^T \frac{Rc(s)}{F^{(1)}(s,T)}\lambda(s)\mathrm{d}s \bigg| \mathcal{G}_t\right] \quad (7.43)$$

で与えられる．生存条件測度は損失率 $\kappa=1$ の割引社債のプレデフォルト価格を修正した価格 $F^{(1)}(t,T)/\Lambda(t)$ を基準財価格とみなして導出された確率測度であるから，フォワード測度と類似した性質を持つ．

次に RMV のケースについて検討しよう．損失率 κ の RMV に従うデフォルトリスク証券 $(X,(1-\kappa)S(t-))$ の価格は，(7.31) と同様に

$$\begin{aligned}S(t) &= 1_{\{\tau>t\}}E^Q\left[\exp\left\{-\int_t^T (r(s)+\kappa\lambda(s))\,\mathrm{d}s\right\}X \bigg| \mathcal{G}_t\right] \\ &= 1_{\{\tau>t\}}E^Q\left[\frac{\Lambda^{(\kappa)}(t)B(t)}{\Lambda^{(\kappa)}(T)B(T)}X \bigg| \mathcal{G}_t\right]\end{aligned} \quad (7.44)$$

である．ただし，$B(t) = \exp\left\{\int_0^t r(s)\mathrm{d}s\right\}$, $\Lambda^{(\kappa)}(t)$ は (7.32) で与えられる．章末問題 7.5 と同様の計算を行なうことで確認できる．したがって，この場合の生存条件測度の構成は，同じ RMV に従う割引社債 (7.31) のプレデフォルト価格

$$F^{(\kappa)}(t,T) = E^Q\left[\exp\left\{-\int_t^T (r(s) + \kappa\lambda(s))\,\mathrm{d}s\right\}\bigg|\mathcal{G}_t\right]$$
$$= E^Q\left[\frac{\Lambda^{(\kappa)}(t)B(t)}{\Lambda^{(\kappa)}(T)B(T)}\bigg|\mathcal{G}_t\right] \qquad (7.45)$$

について，RFV または RT の場合と同様に考えればよい．すなわち，(7.41) と同様に，

$$L^{svc,\kappa}(t) = \frac{F^{(\kappa)}(t,T)}{\Lambda^{(\kappa)}(t)B(t)F^{(\kappa)}(0,T)} = \frac{1}{F^{(\kappa)}(0,T)}E^Q\left[\frac{1}{\Lambda^{(\kappa)}(T)B(T)}\bigg|\mathcal{G}_t\right] \qquad (7.46)$$

は $\{\mathcal{G}_t\}$ マルチンゲールであるので，仮定から $\{\mathcal{F}_t\}$ マルチンゲールでもある．このラドン・ニコディム密度過程を用いた測度変換

$$\left.\frac{\mathrm{d}Q^{svc,\kappa}}{\mathrm{d}Q}\right|_{\mathcal{F}_t} = L^{svc,\kappa}(t)$$

によって定義される測度が，損失率 κ の RMV に対する生存条件測度 $Q^{svc,\kappa}$ である．同値測度であること，およびブラウン運動とポアソン過程の変換に関する特徴は，RFV または RT の場合の Q^{svc} と同様に成り立つ．

損失率 κ の RMV に従うデフォルトリスク証券価格 (7.44) を生存条件測度に変換すれば

$$S(t) = D^{(\kappa)}(t,T)E^{Q^{svc,\kappa}}[X|\mathcal{G}_t] \qquad (7.47)$$

が得られる．この証券のプレデフォルト価格は

$$V(t) = F^{(\kappa)}(t,T)E^{Q^{svc,\kappa}}[X|\mathcal{G}_t]$$

であるから，$F^{(\kappa)}(t,T)$ があたかも債券価格として機能することがわかる．注意すべき点は，

- 回収ルールの内容が異なれば対応する生存条件測度は異なる．
- 同じ RMV に従うデフォルトリスク証券についてはプレデフォルト価格

$V(t)$ を $F^{(\kappa)}(t,T)$ で除した相対価格 $V(t)/F^{(\kappa)}(t,T)$ が $(Q^{svc,\kappa},\{\mathcal{G}_t\})$ マルチンゲールである.

すなわち,仮想的な債券価格 $F^{(\kappa)}(t,T)$ は,同じ RMV に従うデフォルトリスク証券のプレデフォルト価格に対して基準財の役割を果たしている.一方,任意の証券価格 $S(t)$ を $F^{(\kappa)}(t,T)/\Lambda^{(\kappa)}(t)$ で除した相対価格 $S(t)\Lambda^{(\kappa)}(t)/F^{(\kappa)}(t,T)$ は $(Q^{svc,\kappa},\{\mathcal{F}_t\})$ マルチンゲールであるので,すべての証券に対しては $F^{(\kappa)}(t,T)$ ではなく,$F^{(\kappa)}(t,T)/\Lambda^{(\kappa)}(t)$ が基準財として機能している.

以上の議論は,デフォルトする企業が 1 社のみではなく複数存在する場合にも拡張できる.3 つの企業 A, B, C のデフォルトに関連したデフォルトリスク証券を考察しよう.企業 A, B, C は,時刻 $t=0$ では 3 社とも生存しているが,将来デフォルトの可能性があるとする.企業 $i, i=A, B, C$ がデフォルトする時刻 τ^i は,強度過程 $\lambda^i(t)$ と独立な指数分布に従う確率変数を使って (7.15) により構成されたものであり,デフォルト定義関数を $N^i(t)=1_{\{\tau^i\leq t\}}$ とする.フィルトレーションは

$$\mathcal{G}_t = \sigma\{z(s), s\leq t\}, \qquad \mathcal{F}_t = \sigma\{z(s), N^A(s), N^B(s), N^C(s), s\leq t\}$$

である.また,2 つ以上の企業が同時にデフォルトしないと仮定し,3 社の最初のデフォルト時刻を

$$\tau^{ABC} = \min\{\tau^A, \tau^B, \tau^C\}$$

とする.

デフォルトリスク証券は,デフォルトがなければ満期 T にキャッシュフロー Y を支払うが,満期前に企業 i がデフォルトした場合には,その直前の価格の $(1-\kappa^i)$ 倍を支払う RMV に従うとする.このとき,

$$\Lambda^{svc,ABC}(t) = \exp\left\{\int_0^t \sum_{i=A,B,C} \kappa^i \lambda^i(s) \mathrm{d}s\right\}$$

とすれば,同じ RMV に従う割引社債のプレデフォルト価格は

$$F^{ABC}(t,T) = E^Q\left[\exp\left\{-\int_t^T \left(r(s)+\sum_{i=A,B,C}\kappa^i\lambda^i(s)\right)\mathrm{d}s\right\}\bigg|\mathcal{G}_t\right]$$

$$= E^Q\left[\left.\frac{\Lambda^{svc,ABC}(t)B(t)}{\Lambda^{svc,ABC}(T)B(T)}\right|\mathcal{G}_t\right]$$

であり，確率過程

$$L^{svc,ABC}(t) = \frac{F^{ABC}(t,T)}{\Lambda^{svc,ABC}(t)B(t)}\frac{\Lambda^{svc,ABC}(0)B(0)}{F^{ABC}(0,T)}$$

はデフォルト後も正の値を取る $\{\mathcal{F}_t\}$ マルチンゲールである．これらは (7.45) および (7.46) の拡張であることに注意しよう．$L^{svc,ABC}(t)$ をラドン・ニコディム密度過程とする測度変換によって同値測度 $Q^{svc,ABC}$ を

$$\left.\frac{\mathrm{d}Q^{svc,ABC}}{\mathrm{d}Q}\right|_{\mathcal{F}_t} = L^{svc,ABC}(t)$$

と定義すると，$Q^{svc,ABC}$ は生存条件測度である．この生存条件測度を用いて次の定理が成立する（証明は章末問題 7.6）．

定理 7.1 Y を $\mathcal{G}_T$ 可測で可積分な確率変数とする．デフォルトリスク証券で，満期 T 以前に企業 $i, i = A, B, C$ がデフォルトした場合には損失率 κ^i の RMV に従い，デフォルトがなければ満期 T に Y を支払う証券の価格は

$$S(t) = 1_{\{\tau^{ABC}>t\}}F^{ABC}(t,T)E^{svc,ABC}[Y|\mathcal{G}_t], \qquad t<T$$

で与えられる．ここで，$E^{svc,ABC}$ は $Q^{svc,ABC}$ に関する期待値を表わす．

生存条件測度における標準ブラウン運動は，リスク中立測度の標準ブラウン運動 $z^Q(t)$ を $F^{ABC}(t,T)$ のボラティリティだけドリフトをずらしたものである．一方，ポアソン過程に関しては不変で，$\lambda^i(t)$ が生存条件測度においても企業 i のデフォルトの強度過程になる．定理 7.1 により，取引相手および原資産にデフォルトリスクがある場合の証券評価が可能になるが，具体例として債券オプションについて次項で説明する．

生存条件測度 $Q^{svc,ABC}$ は，以下のラドン・ニコディム密度過程によって定義される生存測度 $Q^{sv,ABC}$ とは異なる．

$$L^{sv,ABC}(t) = 1_{\{\tau^{ABC}>t\}}\Lambda^{sv,ABC}(t)L^{svc,ABC}(t)$$

$$\Lambda^{sv,ABC}(t) = \exp\left\{\int_0^T \sum_{i=A,B,C}\lambda^i(s)\mathrm{d}s\right\}$$

7.5 連続時間モデルにおける生存条件測度

生存測度 $Q^{sv,ABC}$ は RMV に従う割引社債価格 $1_{\{\tau^{ABC}>t\}}F^{ABC}(t,T)$ を基準財とした生存測度であり,生存測度の下ではデフォルト強度はゼロなので,デフォルトが生起する確率はゼロである.したがって,$Q^{sv,ABC}$ は Q とは同値ではない.

生存条件測度の名前の正当性は次の議論から理解できる.その構成から,生存条件測度 $Q^{svc,ABC}$ と生存測度 $Q^{sv,ABC}$ は異なる基準財を用いた異なる確率測度である.実際,デフォルトを含む事象に対しては異なる確率を付与する.しかし,サブフィルトレーションアプローチに従う場合,デフォルトを含まない $\mathcal{G}_t$ 可測の事象 $(t \leq T)$ については次のとおり同じ確率を付与する.任意の事象 $G \in \mathcal{G}_t$ に対して,

$$\begin{aligned}
Q^{sv,ABC}(G) &= E^Q\left[1_G L^{sv,ABC}(t)\right] \\
&= E^Q\left[1_G 1_{\{\tau^{ABC}>t\}}\Lambda^{sv,ABC}(t) L^{svc,ABC}(t)\right] \\
&= 1_{\{\tau^{ABC}>0\}} E^Q\left[1_G L^{svc,ABC}(t)\right] \\
&= Q^{svc,ABC}(G)
\end{aligned}$$

ただし,3番目の等号で (7.16) を用いた.$G \in \mathcal{F}_t \setminus \mathcal{G}_t$ である場合には 3 番目の等号は保証されない.

7.5.2 債券オプションの信用リスク

これまでの結果を応用して,取引相手にデフォルトの可能性(カウンターパーティーリスク)がある債券のオプション価格を導出する.

本項で考察するオプション契約の内容は以下のとおりである.
- 原資産は企業 C が発行する利付社債(満期 T_N)でデフォルトの可能性がある.
- 企業 A は企業 B から C の利付社債の上に書かれた行使価格 K,行使期限 T_0 のヨーロピアンコールオプションを購入する.
- 原資産の利付社債は C が生存する限り時点 $T_j, j = 1, \cdots, N$ にキャッシュフロー a_j を社債保有者に支払う.企業 C は満期 $T_j, j = 1, \cdots, N$ の割引社債も発行している.企業 C がデフォルトした場合には,これらの債券は

額面1単位につき同じ満期を持つ額面 $(1-\bar{\kappa})$ 単位の利付国債に交換される (RT).
- 行使期限 T_0 以前に企業 $i, i = A, B, C$ がデフォルトした場合には，オプションの売手である B が買手の A にプレデフォルト価格の $(1-\kappa^i)$ 倍の現金を支払い清算される (RMV).

次のアフィン形の状態変数 $X(t)$ を仮定することにより，キャッシュフローが複雑であってもオプション価格の有用な近似式が得られる．

1. n 次元状態変数 $X(t)$ は確率微分方程式

$$\mathrm{d}X(t) = \mu(X(t))\mathrm{d}t + \sigma(X(t))\mathrm{d}z(t) \tag{7.48}$$

を満たす．ただし $\mu(x)$ および $\sigma(x)$ はそれぞれ n 次元ベクトル値関数，$n \times n$ 次元行列値関数である．

2. 状態変数 $X(t)$ はアフィン形である．すなわち，

$$\mu(x) = K_0 + K_1^\top x, \quad (K_0, K_1) \in \mathbb{R}^n \times \mathbb{R}^{n \times n}$$
$$\left[\sigma(x)\sigma(x)^\top\right]_{ij} = H_0^{ij} + H_1^{ij\top} x, \quad (H_0^{ij}, H_1^{ij}) \in \mathbb{R} \times \mathbb{R}^n$$

3. 無リスク金利と強度は状態変数のアフィン関数 $r(t) = r(X(t))$, $\lambda^i(t) = \lambda^i(X(t))$ として与えられる．すなわち，

$$r(x) = \rho_0 + \rho_1^\top x, \quad (\rho_0, \rho_1) \in \mathbb{R} \times \mathbb{R}^n$$
$$\lambda^i(x) = l_0^i + l_1^{i\top} x, \quad (l_0^i, l_1^i) \in \mathbb{R} \times \mathbb{R}^n$$

ただし，$\lambda^i(x)$ は非負値関数とする．

企業 C が発行した満期 T の割引社債の時点 t における価格を $P^C(t,T)$，そのプレデフォルト価格を $\widetilde{P}^C(t,T)$ とする．RT に従う債券なので価格は以下のとおりになる．

$$P^C(t,T) = 1_{\{\tau^C > t\}} \widetilde{P}^C(t,T)$$
$$\widetilde{P}^C(t,T) = (1-\bar{\kappa})E^Q\left[\exp\left\{-\int_t^T r(X(s))\mathrm{d}s\right\} \bigg| X(t)\right]$$
$$+ \bar{\kappa} E^Q\left[\exp\left\{-\int_t^T \left(r(X(s)) + \lambda^C(X(s))\right)\mathrm{d}s\right\} \bigg| X(t)\right]$$

7.5 連続時間モデルにおける生存条件測度

$\widetilde{P}^C(t,T)$ の右辺第1項の期待値はデフォルトの可能性がない国債価格を表わし，右辺第2項の期待値はゼロリカバリーの社債価格を表わす．これらの期待値は $X(t)$ の指数アフィン関数 $\exp\{A(t) + B(t)X(t)\}$ の形で得られることが知られている[*13]．

原資産である C が発行する利付社債の行使期限時点におけるプレデフォルト価格は $\sum_{j=1}^{N} a_j \widetilde{P}^C(T_0, T_j)$ である．よって，問題となっているコールオプション価格 $S(t) = 1_{\{\tau^{ABC} > t\}} V(t)$ のプレデフォルト価格は

$$\begin{aligned}
V(t) &= E^Q\left[e^{-\int_t^{T_0} R(X(s))ds} \max\left\{\sum_{j=1}^N a_j \widetilde{P}^C(T_0, T_j) - K, 0\right\} \bigg| X(t) \right] \\
&= F(t, T_0) E^{Q^{svc, ABC}}\left[\max\left\{\sum_{j=1}^N a_j \widetilde{P}^C(T_0, T_j) - K, 0\right\} \bigg| X(t) \right]
\end{aligned} \tag{7.49}$$

である．

(7.49) はスワップション価格と同じ形の式なので，第6章の議論を援用できる．すなわち，$X(t)$ はアフィン形であるから，プレデフォルト価格 $F^{ABC}(t, T)$ は適当な確定的関数 α, β を用いて

$$F^{ABC}(t, T) = \exp\left\{\alpha(t, T) + \beta(t, T)^\top X(t)\right\}$$

の形になる．したがって，$F^{ABC}(t, T)$ のボラティリティは

$$\sigma_F^{ABC}(t, T) = \sigma(X(t))^\top \beta(t, T)$$

である．Q から $Q^{svc, ABC}$ へ変換する際にブラウン運動は $\sigma_F^{ABC}(t, T)$ だけドリフトのずれを変換するので，$Q^{svc, ABC}$ の下で状態変数 $X(t)$ が従う確率微分方程式は

$$dX(t) = \left(\mu(X(t)) + \sigma(X(t))\sigma(X(t))^\top \beta(t, T)\right)dt + \sigma(X(t))dz^{svc}(t)$$

となり，$Q^{svc, ABC}$ の下でも $X(t)$ はアフィン形である．よって，第6章の結果から，グラム・シャリエ展開と債券モーメントを用いて近似式が得られるので

[*13] 詳細は Duffie and Kan (1996) を参照せよ．

ある．

同様に，クレジットデフォルトスワップに入るためのオプションも生存条件測度とグラム・シャリエ展開を用いて価格近似式を得ることができる．詳細はTanaka (2006) を参照せよ．

章 末 問 題

問題 7.1 (確定的なデフォルト強度) 7.1.2項の2期間モデルに$t=1$でのデフォルトの可能性を追加する．$t=1$では確率λ_1でデフォルトし，$t=1$でデフォルトしていないという条件の下で$t=2$にデフォルトする確率がλ_2である．デフォルトした場合には$t=2$に$(1-\kappa)$の償還金額が支払われるとする．状態の数は下記の6つである．

状態 ω	$r(1)$	τ	償還金額	$Q\{\omega\}$
ω_1	ur	>2	1	$q(1-\lambda_1)(1-\lambda_2)$
ω_2	dr	>2	1	$(1-q)(1-\lambda_1)(1-\lambda_2)$
ω_3	ur	$=2$	$1-\kappa$	$q(1-\lambda_1)\lambda_2$
ω_4	dr	$=2$	$1-\kappa$	$(1-q)(1-\lambda_1)\lambda_2$
ω_5	ur	$=1$	$1-\kappa$	$q\lambda_1$
ω_6	dr	$=1$	$1-\kappa$	$(1-q)\lambda_1$

1. 割引社債価格を求めよ．
2. フォワード測度を求めよ．
3. 生存測度を求めよ．
4. 生存条件測度を求めよ．

問題 7.2 (確率的なデフォルト強度) 7.2節の2期間モデルでデフォルト強度はλ_l（確率p）またはλ_h（確率$1-p$）のいずれかが$t=1$に実現する確率変数$\lambda(1)$とする．実際のデフォルトは$t=2$に発生するので，状態の数は次表の8つになる．

1. 割引社債価格を求めよ．
2. フォワード測度を求めよ．
3. 生存測度を求めよ．
4. 生存条件測度を求めよ．

状態 ω	$r(1)$	$\lambda(1)$	τ	償還金額	$Q\{\omega\}$
ω_1	ur	λ_l	>2	1	$qp(1-\lambda_l)$
ω_2	dr	λ_l	>2	1	$(1-q)p(1-\lambda_l)$
ω_3	ur	λ_h	>2	1	$q(1-p)(1-\lambda_h)$
ω_4	dr	λ_h	>2	1	$(1-q)(1-p)(1-\lambda_h)$
ω_5	ur	λ_l	$=2$	$1-\kappa$	$qp\lambda_l$
ω_6	dr	λ_l	$=2$	$1-\kappa$	$(1-q)p\lambda_l$
ω_7	ur	λ_h	$=2$	$1-\kappa$	$q(1-p)\lambda_h$
ω_8	dr	λ_h	$=2$	$1-\kappa$	$(1-q)(1-p)\lambda_h$

問題 7.3 7.2.2 項の 2 期間モデルで $r=0$ とする.無リスク預金,割引国債,割引社債の他に 3 種類の証券 S_1, S_2, S_3 が存在して,各状態において $t=2$ に以下のようなキャッシュフローを生じると仮定する.

証券 \ 状態 ω	ω_1	ω_2	ω_3	ω_4
S_1	1	1	0	0
S_2	1	1	1	1
S_3	0	0	1	1

各証券 $S_j, j=1,2,3$ について,リスク中立測度 Q,生存測度 Q^{sv} および生存測度 Q^{svc} を用いて,(7.9) と (7.12) で与えられる次の期待値を計算せよ.

$$E^Q[S_j], \qquad D^{(\kappa)}(0)E^{Q^{sv}}\left[\frac{S_j}{D^{(\kappa)}(2)}\right], \qquad V^{(\kappa)}(0)\Gamma^{(\kappa)}(0)E^{Q^{svc}}[S_j]$$

問題 7.4 (7.31) が再帰方程式 (7.30) を満たすことを示せ.

問題 7.5 (7.35) の $L^{sv}(t)$ は確率微分方程式

$$dL^{sv}(t) = -L^{sv}(t)dM(t)$$

を満たすことを示せ.

問題 7.6 定理 7.1 を証明せよ.

A 確率と確率過程の基礎

この付録では,本書を理解する上で必要となる確率と確率過程の基礎事項について簡単に解説する.より一般的な事柄については森村・木島 (1991) または木島 (1994) を参照せよ.

A.1 事象と確率

確率的現象を表現するために,確率論では**試行**というものを考える.試行とは前もって結果が決まっていない現象の観測や実験のことであるが,起こりうる結果の集合はすべてわかっているとして,その全体を**標本空間**といい通常 Ω で表わす.Ω の要素を**根元事象**,Ω の部分集合を**事象**と呼ぶ.事象は集合の概念であるから,事象の演算である和事象 $A \cup B$,積事象 $A \cap B$,差事象 $A \setminus B$,余事象 $A^c = \Omega \setminus A$ などは集合の演算として理解される.Ω を全事象とも呼び,根元事象を含まない事象を空事象と呼んで $\emptyset$ で表わす.また,$A \cap B = \emptyset$ のとき,事象 A と B は**排反**であるという.

まず,どのような事象の集まりを考える対象(情報)にするかを規定するために,次の可算加法族を定義する.

定義 A.1 (可算加法族) 事象の集まり $\mathcal{F}$ が以下を満たすとき,$\mathcal{F}$ を**可算加法族**(σ-algebra または σ-field)と呼ぶ.

a) $\emptyset \in \mathcal{F}$
b) $A \in \mathcal{F}$ ならば $A^c \in \mathcal{F}$
c) $A_i \in \mathcal{F}, i = 1, 2, \ldots$ ならば $\cup_{i=1}^{\infty} A_i \in \mathcal{F}$

$\mathcal{F}$ により考える対象（の事象）を規定したので，次に，各々の事象に**確率**を付与する．すなわち，以下の定義のように，各事象 $A \in \mathcal{F}$ に実数値である確率 $P(A)$ を対応させる．

定義 A.2 (確率測度) 集合関数 $P : \mathcal{F} \to [0,1]$ が以下を満たすとき，P を**確率測度** (probability measure) と呼ぶ．

a) $P(\Omega) = 1$

b) 排反な事象列 $A_i, i = 1, 2, \ldots$ に対して

$$P\left(\bigcup_{i=1}^{\infty} A_i\right) = \sum_{i=1}^{\infty} P(A_i)$$

定義 b) の性質は**可算加法性**と呼ばれており，**測度** (measure) という概念を数学的に記述したものである．確率の計算はすべて確率測度の定義を使って行なわれる．特に，可算加法性は P と $\sum$ の交換を排反な事象に対してのみ保証していることに注意しよう．なお，集合 Ω，Ω 上の可算加法族 $\mathcal{F}$ および $\mathcal{F}$ 上の確率測度 P の組 $(\Omega, \mathcal{F}, P)$ を**確率空間** (probability space) と呼ぶ．

事象 A, B において $P(B) > 0$ とする．B の下での A の**条件付き確率**を $P(A|B)$ と書き，

$$P(A|B) = \frac{P(A \cap B)}{P(B)} \tag{A.1}$$

で定義する．$\mathcal{F}$ の要素で B に制限したものを $\mathcal{F}_B = \{C \cap B : C \in \mathcal{F}\}$ とすれば，$\mathcal{F}_B$ も可算加法族で，$P(\cdot|B)$ は $\mathcal{F}_B$ 上の確率測度となっていることが示される．$P(B) = 0$ ならば条件付き確率は定義されない．また，(A.1) から，

$$P(A \cap B) = P(B)P(A|B) \tag{A.2}$$

となるが，(A.2) を**乗法公式**と呼ぶ．

全事象 Ω を排反な事象列 $A_i, i = 1, 2, \ldots$ で分割できたとしよう．すなわち，

$$\Omega = \bigcup_{i=1}^{\infty} A_i, \qquad A_i \cap A_j = \emptyset \ (i \neq j)$$

分配法則より，

$$B = B \cap \Omega = B \cap \left(\bigcup_{i=1}^{\infty} A_i\right) = \bigcup_{i=1}^{\infty} (B \cap A_i)$$

ここで，A_i は排反なので $B \cap A_i$ も排反であることに注意すると，乗法公式 (A.2) より

$$P(B) = \sum_{i=1}^{\infty} P(A_i) P(B|A_i) \qquad (A.3)$$

が得られる．(A.3) を**全確率の公式** (law of total probability) と呼び，確率論におけるもっとも基本的な公式である．

定義 A.3 (事象の独立) 事象 $A_1, A_2, \ldots, A_n$ が**独立** (independent) であるとは，j 個の事象のすべての組合せに対して，

$$P(A_{i_1} \cap \cdots \cap A_{i_j}) = P(A_{i_1}) \cdots P(A_{i_j})$$

がすべての $j = 2, \cdots, n$ に対して成立することである．

事象 $A_1, A_2, \ldots, A_n$ が独立であれば，どのような**同時事象** $A_{i_1} \cap \cdots \cap A_{i_j}$ を考えても，その確率は**周辺事象** A_{i_j} の確率の積で与えられる．

A.2 確率変数と期待値

Ω から実数 $\mathbb{R}$ への写像 X の逆像を

$$X^{-1}(B) = \{\omega : X(\omega) \in B\}$$

とする．すべてのボレル集合 $B \in \mathcal{B}$ に対して $X^{-1}(B) \in \mathcal{F}$ となるとき，写像 X は $\mathcal{F}$ **可測** (measuable) であるという．**確率変数** (random variable) とは，Ω から実数 $\mathbb{R}$ への $\mathcal{F}$ 可測な写像のことである．

1 次元の場合には，可測性は以下の条件と同値である．

$$\{\omega : X(\omega) \leq r\} \in \mathcal{F}, \qquad \forall r \in \mathbb{R}$$

したがって，確率変数 X の確率的性質は，関数

$$F_X(r) = P\{X \leq r\}, \qquad r \in \mathbb{R} \qquad (A.4)$$

により特徴付けられる．ただし，記号を簡略化するために

$$P\{X \leq r\} = P(\{\omega : X(\omega) \in (-\infty, r]\})$$

と書いた．実数値関数 $F_X(r)$ を X の**分布関数**と呼ぶ．

定義より，分布関数は以下の性質を満たし，逆にこれらの性質で特徴付けられる．

1. **単調非減少**：$x < y$ ならば $F_X(x) \leq F_X(y)$ で

$$\lim_{x \to -\infty} F_X(x) = 0, \qquad \lim_{x \to \infty} F_X(x) = 1$$

2. **右連続**：$F_X(x) = F_X(x+)$，ただし $F_X(x+) \equiv \lim_{s \downarrow 0} F_X(x+s)$

性質 1. は確率測度の単調性より，2. は

$$\{\omega : X(\omega) \leq x\} = \bigcap_{s > 0} \{\omega : X(\omega) \leq x + s\}$$

であることと確率測度の連続性による．

確率変数 X の（正の確率で）取り得る値が高々可算無限個であるとき，X を**離散的**な確率変数という．このとき，確率変数 X が取り得る値を

$$\cdots < x_{-1} < x_0 < x_1 < x_2 < \cdots < x_n < \cdots$$

として，$p_n = F_X(x_n) - F_X(x_{n-1}) > 0$ に対して

$$\sum_n p_n = 1, \qquad F_X(x) = \sum_{x_n \leq x} p_n$$

が成立する．一方，確率変数 X の取り得る値が連続区間上にあり，非負の関数 $f_X(x)$ が存在し

$$P\{c < X \leq d\} = \int_c^d f_X(x) \mathrm{d}x$$

となるとき，確率変数 X は**連続的**であるという．$f_X(x)$ を確率変数 X の**密度関数**といい，密度関数は分布関数の微分で与えられる．密度関数を扱ったほうが分布関数を直接用いるよりも数学的に簡単になったり，直感的にもわかりやすかったりする．

定義 A.4 (期待値)　確率空間 $(\Omega, \mathcal{F}, P)$ 上に定義された確率変数 X の**期待値** (expectation) は,

$$E[X] = \int_\Omega X(\omega) P(\mathrm{d}\omega) \tag{A.5}$$

で定義される. ただし $\int_\Omega X(\omega) P(\mathrm{d}\omega)$ はルベーグ積分を表わし, 右辺の積分は存在する (すなわち $\int_\Omega |X(\omega)| P(\mathrm{d}\omega) < \infty$) ものとする. X の期待値が存在するとき, X は**可積分** (integrable) であるという.

根元事象 ω に対する関数値 $X(\omega)$ は X の実現値であるが, (A.5) から,

X の期待値 ＝『X の実現値 × その確率』の総和 (積分)

であることがわかる.

一方, 確率変数 X の確率的性質は分布関数 (A.4) で特徴付けられるので, $X(\omega) = x$ とすれば, X の期待値 (A.5) は次のように表現される.

$$E[X] = \int_\mathbb{R} x F_X(\mathrm{d}x) \tag{A.6}$$

ただし $\int_\mathbb{R} x F_X(\mathrm{d}x)$ はスティルチェス積分を表わし, 右辺の積分は存在する (すなわち $\int_\mathbb{R} |x| F_X(\mathrm{d}x) < \infty$) ものとする. 期待値の表現として, これら2つの定義を理解しておくことが重要である.

定義 A.5 (条件付き期待値)　$\mathcal{G}$ を $\mathcal{F}$ の部分可算加法族とする. 確率空間 $(\Omega, \mathcal{F}, P)$ 上に定義された $\mathcal{F}$ 可測な確率変数 X の部分可算加法族 $\mathcal{G}$ に関する**条件付き期待値** (conditional expectation) $Y = E[X|\mathcal{G}]$ とは, 任意の $A \in \mathcal{G}$ に対して,

$$E[1_A Y] = E[1_A X]$$

が成立する $\mathcal{G}$ 可測な確率変数である.

期待値は定数であったが, 条件付き期待値 Y は確率変数であることに注意しよう. 定義の条件式を積分で表現すれば

$$\int_A E[X|\mathcal{G}](\omega) P(\mathrm{d}\omega) = \int_A X(\omega) P(\mathrm{d}\omega), \quad A \in \mathcal{G}$$

となる．

条件付き期待値の重要な性質を証明なしにあげておこう．

定理 A.1 (条件付き期待値の性質)　確率変数 X に対して，

a) X が $\mathcal{G}$ と独立ならば，任意の可測関数 $f(x)$ に対して

$$E[f(X)|\mathcal{G}] = E[f(X)]$$

b) B が $\mathcal{G}$ に関して可測ならば $E[BX|\mathcal{G}] = BE[X|\mathcal{G}]$

c) 条件付き期待値の**連鎖公式**：$\mathcal{F}_1 \subset \mathcal{F}_2$ に対して

$$E[E[X|\mathcal{F}_2]|\mathcal{F}_1]] = E[X|\mathcal{F}_1]$$

h を実数から実数への可測関数とすると，X が確率変数ならば $h(X)$ も確率変数である．確率変数 $h(X)$ の期待値は次式で与えられる．

$$E[h(X)] = \int_\Omega h(X(\omega))P(\mathrm{d}\omega) = \int_\mathbb{R} h(x)F_X(\mathrm{d}x) \tag{A.7}$$

ただし，この期待値は $E[|h(X)|] < \infty$ のときのみ意味を持つ．特に，

$$E[X^n] = \int_{-\infty}^{\infty} x^n F_X(\mathrm{d}x), \qquad n = 1, 2, \ldots$$

を確率変数 X の n 次モーメントと呼ぶ．1 次モーメントが期待値もしくは**平均** (mean) で，通常 μ_X で表わす．X の**分散** (variance) は

$$V[X] = E[(X - E[X])^2] = E[X^2] - E[X]^2 \tag{A.8}$$

で定義される．分散の平方根を**標準偏差** (standard deviation) といい，通常 σ_X で表わす．

ここまでは 1 つの確率変数を考えてきたが，複数の確率変数を同時に考えることのほうが多い．ここでは簡単化のため 2 つの確率変数 (X, Y) を考えよう．(X, Y) の可測性は 1 変量の場合の自然な拡張として

$$\{\omega : X(\omega) \in A, Y(\omega) \in B\} \in \mathcal{F}, \qquad \forall (A, B) \in \mathcal{B}^2$$

したがって，同時分布関数は

$$F_{XY}(x, y) = P\{X \le x, Y \le y\}, \qquad x, y \in \mathbb{R}$$

として定義される. 同時密度関数は, 同時分布関数を偏微分することで得られる. すなわち, $F_{XY}(x,y)$ が偏微分可能であるとき

$$f_{XY}(x,y) = \frac{\partial^2}{\partial x \partial y} F_{XY}(x,y)$$

2変数関数 $h(x,y)$ に対して $h(X,Y)$ が確率変数であるとき, $Z = h(X,Y)$ の期待値は次式で与えられる.

$$\begin{aligned} E[h(X,Y)] &= \int_\Omega h(X(\omega), Y(\omega)) P(\mathrm{d}\omega) \\ &= \int_\mathbb{R} \int_\mathbb{R} h(x,y) F_{XY}(\mathrm{d}x, \mathrm{d}y) \end{aligned} \quad \text{(A.9)}$$

特に, $h(x,y) = (x - \mu_X)(y - \mu_Y)$ としたとき, すなわち

$$C(X,Y) = E[(X - \mu_X)(Y - \mu_Y)] \quad \text{(A.10)}$$

を X と Y の**共分散** (covariance) と呼ぶ. 共分散を標準偏差で基準化したもの

$$\rho(X,Y) = \frac{C(X,Y)}{\sigma_X \sigma_Y}$$

を X と Y の**相関係数** (correlation coefficient) という.

$h(x,y) = ax + by$ とおけば, 積分の線形性から

$$\begin{aligned} E[aX + bY] &= \int_\Omega [aX(\omega) + bY(\omega)] P(\mathrm{d}\omega) \\ &= a \int_\Omega X(\omega) P(\mathrm{d}\omega) + b \int_\Omega Y(\omega) P(\mathrm{d}\omega) \\ &= aE[X] + bE[Y] \end{aligned}$$

すなわち, 期待値には線形性が成立する.

定理 A.2 (期待値の線形性) 確率変数 X_i と定数 a_i に対して,

$$E\left[\sum_i a_i X_i\right] = \sum_i a_i E[X_i]$$

が成立する. ただし, 両辺の期待値は存在するものとする.

事象 A に対して,

A.3 正規分布とポアソン分布

$$1_A(\omega) = \begin{cases} 1, & \omega \in A \text{ のとき} \\ 0, & \omega \notin A \text{ のとき} \end{cases}$$

で定義される確率変数 1_A を**定義関数**と呼ぶ．期待値の定義 (A.5) から

$$E[1_A] = \int_\Omega 1_A(\omega) P(\mathrm{d}\omega) = \int_A P(\mathrm{d}\omega) = P(A) \qquad (\text{A.11})$$

一方，A と B が排反であれば $1_{A \cup B} = 1_A + 1_B$ であるから，一般に，任意の排反な事象 A_i に対して

$$1_{\cup_{i=1}^\infty A_i} = \sum_{i=1}^\infty 1_{A_i}, \qquad A_i \cap A_j = \emptyset \ (i \neq j)$$

が成立する．したがって，確率測度の定義（定義 A.2）における可算加法性 b) は

$$E\left[1_{\cup_{i=1}^\infty A_i}\right] = \sum_{i=1}^\infty E[1_{A_i}], \qquad A_i \cap A_j = \emptyset \ (i \neq j) \qquad (\text{A.12})$$

と同値である．

確率変数の独立性は事象の独立性（定義 A.3）に帰着される．すなわち，確率変数 X と Y が独立とは，X と Y に関わるすべての事象が独立であることをいう．これは次の定義と同値である．

定義 A.6 (確率変数の独立) 確率変数 X と Y が独立であるとは，すべての可測関数 f と g に対して

$$E[f(X)g(Y)] = E[f(X)]E[g(Y)]$$

が成立することである．ただし，これらの期待値は存在するものとする．

したがって，X と Y が独立ならば無相関（すなわち $C(X,Y) = 0$）であるが，この逆は一般には成立しない．ところが，次節で説明する正規分布の場合には X と Y が無相関ならばそれらは独立となる．これは正規分布の持つ重要な性質のひとつである．

A.3 正規分布とポアソン分布

マーコビッツモデルやブラック・ショールズモデルをはじめとして,ファイナンス理論においては正規分布を扱うことが多い.また,デフォルトのモデル化においてはポアソン分布が重要な役割を演じる.この付録では,正規分布とポアソン分布の性質や扱い方について簡単にまとめておく.

確率変数 X が密度関数

$$f(x) = \frac{1}{\sqrt{2\pi}\sigma} \exp\left\{-\frac{(x-\mu)^2}{2\sigma^2}\right\}, \quad x \in \mathbb{R} \tag{A.13}$$

を持つとき,X はパラメータ (μ, σ^2) の**正規分布**(normal distribution)に従うといい,記号 $X \sim N(\mu, \sigma^2)$ で表わす.また,正規分布に従う確率変数を正規確率変数と呼ぶ.

特に,正規分布 $N(0,1)$ を**標準正規分布**といい,標準正規分布の分布関数を

$$\Phi(x) = \int_{-\infty}^{x} \frac{1}{\sqrt{2\pi}} e^{-u^2/2} du, \quad x \in \mathbb{R}$$

で表わす[*1].標準正規分布の密度関数は $x = 0$ に関して対称であるから,

$$1 - \Phi(x) = \Phi(-x), \quad x \in \mathbb{R}$$

が成立する.

$t \in \mathbb{R}$ をパラメータとして $h(x) = e^{tx}$ とおく.このとき

$$m_X(t) = E[e^{tX}]$$

を X の**積率母関数**(moment generating function)と呼ぶ.ただし,右辺の期待値は $t = 0$ の周辺で存在するものとする.積率母関数の詳細については森村・木島 (1991) を参照せよ.

X が正規分布 $N(\mu, \sigma^2)$ に従うとき,積率母関数は次式で与えられる.

$$m_X(t) = e^{\mu t + \sigma^2 t^2/2}, \quad t \in \mathbb{R} \tag{A.14}$$

[*1] 正規分布の分布関数 $\Phi(x)$ には解析的な表現は存在しないが,多くのコンピュータソフトには $\Phi(x)$ を数値的に計算する関数が組み込まれている.

A.3 正規分布とポアソン分布

逆に，この積率母関数を持つ確率分布は正規分布 $N(\mu, \sigma^2)$ 以外にない．この結果は，以降でしばしば利用される．

正規分布の積率母関数の計算には，正規分布を扱う際の基本的なテクニックが使われるので，その計算法を示しておく．積率母関数の定義より，

$$\begin{aligned}
m_X(t) &= \int_{-\infty}^{\infty} e^{tx} \frac{1}{\sqrt{2\pi}\sigma} \exp\left\{-\frac{(x-\mu)^2}{2\sigma^2}\right\} dx \\
&= \int_{-\infty}^{\infty} \frac{1}{\sqrt{2\pi}\sigma} \exp\left\{-\frac{x^2 - 2\mu x + \mu^2 - 2\sigma^2 tx}{2\sigma^2}\right\} dx \\
&= \int_{-\infty}^{\infty} \frac{1}{\sqrt{2\pi}\sigma} \exp\left\{-\frac{(x-\mu-\sigma^2 t)^2 - \sigma^2 t(2\mu+\sigma^2 t)}{2\sigma^2}\right\} dx \\
&= e^{\mu t + \sigma^2 t^2/2} \int_{-\infty}^{\infty} \frac{1}{\sqrt{2\pi}\sigma} \exp\left\{-\frac{(x-\mu-\sigma^2 t)^2}{2\sigma^2}\right\} dx
\end{aligned}$$

ここで，最後の式の積分の内部は正規分布 $N(\mu+\sigma^2 t, \sigma^2)$ の密度関数であるから，その $\mathbb{R}$ 上における積分は 1 に等しい．よって，(A.14) が得られる．ポイントは指数関数の内部を x で平方完成することである．

$X \sim N(\mu, \sigma^2)$ のとき，$Y = (X-\mu)/\sigma$ で定義される確率変数 Y は標準正規分布 $N(0,1)$ に従う．この変換を**標準化**と呼ぶ．逆に，$Z \sim N(0,1)$ に対して

$$X = \mu + \sigma Z \sim N(\mu, \sigma^2) \tag{A.15}$$

が成立する．証明は X の積率母関数を考えればよい．すなわち，

$$m_X(t) = E[e^{t(\mu+\sigma Z)}] = e^{t\mu} E[e^{t\sigma Z}] = e^{t\mu} m_Z(t\sigma) = e^{\mu t + \sigma^2 t^2/2}$$

このため正規分布表には標準正規分布の数値しか載っていない．

$X \sim N(\mu, \sigma^2)$ のとき $Y = e^X$ の従う分布を**対数正規分布**という．これは Y の対数をとった確率変数 $\log Y$ が正規分布に従うからである．$Y^n = e^{nX}$ であるから，Y の n 次モーメントは，(A.14) から

$$E[Y^n] = \exp\left\{n\mu + \frac{n^2 \sigma^2}{2}\right\}$$

このとき，任意の $h > 0$ に対して

$$E[\mathrm{e}^{hY}] = E\left[\sum_{n=0}^{\infty} \frac{h^n Y^n}{n!}\right] = \sum_{n=0}^{\infty} \frac{h^n E[Y^n]}{n!} = \infty$$

が成立するので,対数正規分布には積率母関数は存在しない.詳細は木島 (1999) を参照せよ.

　一般に,分布関数を多次元に拡張するのは自明ではないが,正規分布の場合には自然な形で多次元に拡張できる.$\boldsymbol{X} = (X_1, X_2, \ldots, X_n)^\top$ を n 変量確率変数とする.各 X_i の平均を μ_i,分散を $\sigma_i^2 = \sigma_{ii}$,共分散を $\sigma_{ij} = C(X_i, X_j)$ とする.記号を簡単化するために,$\boldsymbol{\mu} = (\mu_1, \mu_2, \ldots, \mu_n)^\top$, $\boldsymbol{\Sigma} = (\sigma_{ij})$ などと書く.ここで $\boldsymbol{\Sigma}$ は n 次元対称正定値行列とする.すなわち,任意の $\boldsymbol{c} = (c_1, c_2, \ldots, c_n)^\top$ に対して $Y = \sum_{i=1}^n c_i(X_i - \mu_i)$ とおくと,

$$E[Y^2] = \sum_{i=1}^n \sum_{j=1}^n c_i c_j E[(X_i - \mu_i)(X_j - \mu_j)] = \boldsymbol{c}^\top \boldsymbol{\Sigma} \boldsymbol{c} \geq 0$$

であるが,$\boldsymbol{\Sigma}$ が正定値であれば,任意の $\boldsymbol{c} \neq \boldsymbol{0}$ に対して $E[Y^2] > 0$ となる.この事実はポートフォリオ理論において特に重要な意味を持つ.すなわち,共分散行列が正定値であれば,どのようなポートフォリオを作ってもリスクを 0 にすることはできない.

　n 変量確率変数 $\boldsymbol{X}$ がパラメータ $(\boldsymbol{\mu}, \boldsymbol{\Sigma})$ の n 変量正規分布に従っているとは,その同時密度関数 $f(\boldsymbol{x})$ が

$$f(\boldsymbol{x}) = \frac{1}{(2\pi)^{n/2} \sqrt{|\boldsymbol{\Sigma}|}} \exp\left\{-\frac{(\boldsymbol{x} - \boldsymbol{\mu})^\top \boldsymbol{\Sigma}^{-1} (\boldsymbol{x} - \boldsymbol{\mu})}{2}\right\} \tag{A.16}$$

で与えられることである.このとき,記号 $\boldsymbol{X} \sim N_n(\boldsymbol{\mu}, \boldsymbol{\Sigma})$ で表わす.ただし $\boldsymbol{x} = (x_1, \ldots, x_n)^\top$,また $|\boldsymbol{\Sigma}|$ と $\boldsymbol{\Sigma}^{-1}$ はそれぞれ $\boldsymbol{\Sigma}$ の行列式と逆行列を表わす.$n = 1$ のとき,(A.16) が (A.13) と一致するのは明らかである.また,X_i が独立であることと $\boldsymbol{\Sigma}$ が対角行列であることは同値である.

　n 変量確率変数 $\boldsymbol{X}$ に対して,

$$m_X(\boldsymbol{t}) = E\left[\exp\{\boldsymbol{t}^\top \boldsymbol{X}\}\right]$$

が原点 $\boldsymbol{t} = \boldsymbol{0}$ の周辺で存在するとき,$m_X(\boldsymbol{t})$ を $\boldsymbol{X}$ の積率母関数という.$\boldsymbol{X}$ が n 変量正規分布 $N_n(\boldsymbol{\mu}, \boldsymbol{\Sigma})$ に従う場合には,

$$m_X(\boldsymbol{t}) = \exp\left\{\boldsymbol{\mu}^\top \boldsymbol{t} + \frac{1}{2}\boldsymbol{t}^\top \boldsymbol{\Sigma} \boldsymbol{t}\right\} \quad (A.17)$$

となる（章末問題 A.1）．1 変量の場合 (A.14) と比較せよ．

ここで，線形結合 $Y = \sum_{i=1}^{n} c_i X_i$ を考える．Y の従う確率分布を求めてみよう．そのために，Y の積率母関数を計算する．Y の定義より，

$$m_Y(t) = E\left[\exp\{t\boldsymbol{c}^\top \boldsymbol{X}\}\right] = m_X(t\boldsymbol{c})$$

であるが，(A.17) から

$$m_Y(t) = \exp\left\{\boldsymbol{\mu}^\top \boldsymbol{c} t + \frac{\boldsymbol{c}^\top \boldsymbol{\Sigma} \boldsymbol{c}}{2} t^2\right\}$$

これと (A.14) を比較すると，Y は平均が $\boldsymbol{\mu}^\top \boldsymbol{c}$，分散が $\boldsymbol{c}^\top \boldsymbol{\Sigma} \boldsymbol{c}$ の（1 変量）正規分布に従うことがわかる．すなわち，正規確率変数の線形結合も正規確率変数となる．

2 変量正規分布に関して以下の有益な結果が成立する．証明は木島 (1999) の章末問題 2.5 を参照せよ．

定理 A.3 (X, Y) を 2 変量正規分布に従う確率変数とする．このとき，任意の可測関数 $f(x)$ に対して

$$E\left[f(X)\mathrm{e}^{-Y}\right] = E[\mathrm{e}^{-Y}]E[f(X - C(X, Y))]$$

が成立する．ただし，両辺の期待値は存在するものとする．

定理 A.3 から，2 変量正規確率変数 (X, Y) にどのような相関があっても，X の平均を共分散 $C(X, Y)$ で調整することで，同時分布の期待値を周辺分布の期待値の計算に帰着できることがわかる．この結果は，ガウス型モデルにおいてフォワード中立化法（例 4.9 および後述の説明を参照せよ）が機能する理由になっている．

確率変数 N が以下の分布に従うとき，N はパラメータ λ の**ポアソン分布** (Poisson distribution) に従うといい，記号 $N \sim Po(\lambda)$ で表わす．

$$P\{N = n\} = \frac{\lambda^n}{n!}\mathrm{e}^{-\lambda}, \quad n = 0, 1, \ldots \quad (A.18)$$

ポアソン分布 $Po(\lambda)$ の積率母関数は次式で与えられる.

$$m(t) = \exp\{\lambda(e^t - 1)\}, \qquad t \in \mathbb{R} \qquad (A.19)$$

逆に，この積率母関数を持つ確率分布はポアソン分布 $Po(\lambda)$ 以外にない.

$X_1, X_2, \ldots$ を独立で同一のベルヌーイ分布 (Bernoulli distribution) に従う確率変数の列とする．すなわち，

$$P\{X_i = 1\} = 1 - P\{X_i = 0\} = p, \qquad 0 < p < 1$$

ここで $Y_n = \sum_{i=1}^n X_i$ を考える．よく知られているように，Y_n は**二項分布** (binomial distribution)

$$P\{Y_n = k\} = \frac{n!}{k!(n-k)!} p^k (1-p)^{n-k}, \qquad k = 0, 1, \ldots, n \qquad (A.20)$$

に従う（このとき $Y_n \sim B(n, p)$ と書く）．$E[Y_n] = np$, $V[Y_n] = np(1-p)$ であることに注意しよう．二項分布は n が十分大きいとき正規分布で近似される．この結果は**中心極限定理** (central limit theorem) のもっとも基本的なバージョンである．証明は木島 (1994) を参照せよ.

定理 A.4 (De Moivre–Laplace) $X_1, X_2, \ldots$ を独立で同一のベルヌーイ分布に従う確率変数の列とする．このとき，

$$\lim_{n \to \infty} P\left\{\frac{X_1 + \cdots + X_n - np}{\sqrt{np(1-p)}} \leq x\right\} = \Phi(x), \qquad x \in \mathbb{R}$$

ただし $E[X_i] = p$ とする.

一方，$np = \lambda$ と固定し n を大きくする（同時に確率 p を小さくする）ことで，二項分布 $B(n, \lambda/n)$ はポアソン分布 $Po(\lambda)$ に収束する（章末問題 A.2）．これを**ポアソンの小数の法則** (law of small number) という．これらの結果は本書で繰り返し利用される.

定理 A.5 二項分布 $B(n, \lambda/n)$ に従う確率変数 Y_n に対して，

$$\lim_{n \to \infty} P\{Y_n = k\} = \frac{\lambda^k}{k!} e^{-\lambda}, \qquad k = 0, 1, \ldots$$

が成立する.

A.4 確率過程

$\{X(t), t \geq 0\}$ を確率過程とする．確率過程 (stochastic process) とは時間のインデックス t を持つ確率変数 $X(t)$ の集まりのことである．また

$$\Delta_s X(t) = X(t+s) - X(t), \qquad s > 0$$

を確率過程 $\{X(t), t \geq 0\}$ の時点 t における**増分** (increment) という．

本書では，確率過程の時点 t までの履歴から得られる情報を $\mathcal{F}_t$ と書き[*2]，混同の恐れのない限り確率過程 $\{X(t), t \geq 0\}$ を単に $X(t)$ と書くことにする．時間とともに増大する情報の集まり $\{\mathcal{F}_t\}$ を**フィルトレーション** (filtration) という．また，各時点 t で確率変数 $X(t)$ が $\mathcal{F}_t$ 可測であるとき，確率過程 $X(t)$ はフィルトレーション $\{\mathcal{F}_t\}$ に関して**適合的** (adapted) である，または $\{\mathcal{F}_t\}$ 適合であるという．

A.4.1 ブラウン運動とポアソン過程

まず，もっとも基本的な確率過程であるブラウン運動の定義を与える．

定義 A.7 (標準ブラウン運動) 確率過程 $z(t)$ が以下の 3 条件を満たすとき，$z(t)$ を**標準ブラウン運動** (standard Brownian motion) という．
  a) **独立増分**： $t \leq t_1 < t_2$ のとき増分 $z(t_2) - z(t_1)$ は時点 t までの履歴 $\{z(s), s \leq t\}$ と独立．
  b) **定常増分**： 増分 $\Delta_s z(t)$ は t に依存しない正規分布 $N(0, s)$ に従う．
  c) **連続性**： $z(t)$ のサンプルパスは連続で $z(0) = 0$．

標準ブラウン運動におけるもっとも基本的で重要な性質は

$$\{dz(t)\}^2 = dt + o(dt) \tag{A.21}$$

である．ここで，$dz(t) = z(t+dt) - z(t)$ は $z(t)$ の無限小増分であり，$o(dt)$ は dt の**スモールオーダー** (small order) で

[*2] より正確には，$\mathcal{F}_t$ は確率過程の時点 t までの履歴 $\{X(s), s \leq t\}$ から生成される可算加法族である．情報 $\mathcal{F}_t$ は時間とともに増大する．

$$\lim_{dt \to 0} \frac{o(dt)}{dt} = 0$$

を満たす.スモールオーダー $o(dt)$ とは,dt に比べて無視できる項(高位の無限小)を表わす記号である.より一般的に,相関 $\rho(t)$ を持つ 2 つのブラウン運動 $z_1(t)$ と $z_2(t)$ に対して,

$$dz_1(t)dz_2(t) = \rho(t)dt + o(dt) \tag{A.22}$$

が成立する.

定義 A.8 (ポアソン過程) 確率過程 $N(t)$ が以下の 3 条件を満たすとき,$N(t)$ をポアソン過程 (Poisson process) という.
a) **独立増分**:$t \leq t_1 < t_2$ のとき増分 $N(t_2) - N(t_1)$ は時点 t までの履歴 $\{N(s), s \leq t\}$ と独立.
b) **定常増分**:増分 $\Delta_s N(t)$ の確率分布は t に依存しない.
c) **希少性**:$N(t)$ のサンプルパスは右連続で微小時間において高々 1 つのジャンプしか持たない.また $N(0) = 0$ とする.

ポアソン過程の定義とブラウン運動の定義を比べると,独立増分と定常増分という性質はまったく同じである[*3]).これら 2 つの確率過程の差はサンプルパスの連続性だけであるが,結果として,それが大きな差となって現れるのである.

ポアソン過程は**計数過程** (counting process) として特徴付けられる.計数過程とは,ある事象が時点 t までに生起した回数を表わす確率過程のことである.計数過程 $N(t)$ は非負の整数値しかとらず,時間 t に関して単調非減少であり,増分 $[N(t) - N(s)]$, $s < t$ は時間区間 $(s, t]$ に起こった事象の数を表わしている.ポアソン過程の希少性とは,数学的には

$$P\{N(t+h) - N(t) = 1 | N(t)\} = \lambda h + o(h)$$
$$P\{N(t+h) - N(t) \geq 2 | N(t)\} = o(h)$$

と表現される.λ は事象が生起する**強度** (intensity) である.また,ポアソン

[*3)] ブラウン運動の定義では定常増分が正規分布に従うと仮定したが,定常独立増分を持つサンプルパスが連続な確率過程の増分は正規分布でなければならないことが証明できる.したがって,定義 A.7b) における正規分布の仮定は実際には不要である.

過程の3つの性質から，

$$P\{N(t) = n|N(0) = 0\} = \frac{(\lambda t)^n}{n!}\mathrm{e}^{-\lambda t}, \qquad n = 0, 1, \ldots$$

であることが示される．証明は森村・木島 (1991) の第 4.1 節を参照せよ．これはポアソン分布 (A.18) であるから，定義 A.8 で特徴付けられる計数過程をポアソン過程と呼ぶのである．

ポアソン過程では強度を時間の関数とすることもできる．すなわち，

$$P\{N(t+h) - N(t) = 1|N(t)\} = \lambda(t)h + o(h) \qquad \text{(A.23)}$$

と仮定する．このとき，$N(t)$ を**非斉時**ポアソン過程と呼ぶ．さらに，強度 $\lambda(t)$ を確率過程とし，$\lambda(t)$ のサンプルパスが与えられたという条件の下で，ジャンプが (A.23) に従って発生する非斉時ポアソン過程を考えることができる．この計数過程を**コックス過程** (Cox process) と呼ぶ[*4]．コックス過程はデフォルトのモデル化などに頻繁に使われている．

A.4.2　確率微分方程式

ある確率過程 $X(t)$ が**確率微分方程式** (stochastic differential equation)

$$\mathrm{d}X(t) = \mu(X(t),t)\mathrm{d}t + \sigma(X(t),t)\mathrm{d}z(t), \qquad 0 \leq t \leq T \qquad \text{(A.24)}$$

に従うとする．ただし $\mu(x,t)$ と $\sigma(x,t)$ は十分なめらかな関数とし，$z(t)$ は標準ブラウン運動である．(A.24) は離散時点モデル

$$\Delta X(t) = \mu(X(t),t)\Delta t + \sigma(X(t),t)\Delta z(t)$$

において時間間隔 Δt を無限小 $\mathrm{d}t$ にしたときの極限であると考えればよい．ここで $\Delta X(t) = X(t+\Delta t) - X(t)$ であり，$\mathrm{d}X(t)$ は $X(t)$ の無限小増分である．また，ブラウン運動の無限小増分 $\mathrm{d}z(t)$ は正規分布 $N(0,\mathrm{d}t)$ に従う確率変数と考える．

確率微分方程式 (A.24) の（強い）解の存在を保証する条件として，以下の条件が知られている．すなわち，ある定数 $K, L > 0$ に対して

[*4] **二重確率ポアソン過程** (doubly stochastic Poisson process) と呼ばれることもある．

1. 増大条件：$\mu^2(x,t) + \sigma^2(x,t) \leq K(1+x^2)$
2. リプシッツ条件：$|\mu(x,t) - \mu(y,t)| + |\sigma(x,t) - \sigma(y,t)| \leq L|x-y|$

たとえば，μ, σ が定数の場合や $\mu(x,t) = \mu x$, $\sigma(x,t) = \sigma x$ の場合には，明らかにこれらの条件は満たされる．解の存在条件に関する実務的な取り扱いについては木島 (1999) を参照せよ．

$X(t)$ を確率微分方程式 (A.24) の解とする．金融工学では，関数 $f(x,t)$ で $X(t)$ を変換した確率過程 $Y(t) = f(X(t), t)$ を考えることが多い．たとえば，原資産の価格過程 $X(t)$ とその上に書かれたデリバティブの価格 $Y(t)$ には，このような関係がある．確率微分方程式の閉じた解が求められることは稀であるから，変換された確率過程 $Y(t)$ についても，$Y(t)$ の閉じた解を求めるというよりも，$Y(t)$ が満たす確率微分方程式がどのようなものであるかに興味がある．次の定理は伊藤の公式 (Ito's formula) と呼ばれ，応用上極めて重要である．本書をとおして，関数 $f(x,t)$ はすべて十分なめらかで，x に関する偏微分を $f_x(x,t)$, x に関する 2 階の偏微分を $f_{xx}(x,t)$, t に関する偏微分を $f_t(x,t)$ と表わし，これらの偏微分は存在し連続とする．

定理 A.6 (伊藤の公式) X は確率微分方程式 (A.24) を満たすとする．このとき $Y(t) = f(X, t)$ は確率微分方程式

$$dY(t) = \mu_Y(t) dt + \sigma_Y(t) dz(t)$$

の解である．ここで，$Y(t)$ のドリフト $\mu_Y(t)$ と拡散係数 $\sigma_Y(t)$ は

$$\mu_Y(t) = f_t(X,t) + f_x(X,t)\mu(X,t) + \frac{f_{xx}(X,t)}{2}\sigma^2(X,t)$$
$$\sigma_Y(t) = f_x(X,t)\sigma(X,t)$$

で与えられる．ただし，上式において $X(t)$ を X と略記した．

考え方が重要なので定理の証明の概略を述べておく．2 回偏微分可能な関数 $f(x,t)$ に対して 2 次までテーラー展開すれば

$$\begin{aligned}f(X+dX, t+dt) - f(X,t) &= f_t(X,t)dt + f_x(X,t)dX \\ &+ \frac{f_{tt}(X,t)(dt)^2 + 2f_{tx}(X,t)dXdt + f_{xx}(X,t)(dX)^2}{2} + o(dt)\end{aligned}$$

となるが，(A.21) と dX の定義から

$$dtdX = \mu(X,t)(dt)^2 + \sigma(X,t)(dt)^{3/2} + o(dt) = o(dt)$$
$$(dX)^2 = \mu^2(X,t)(dt)^2 + 2\mu(X,t)\sigma(X,t)(dt)^{3/2} + \sigma^2(X,t)dt + o(dt)$$
$$= \sigma^2(X,t)dt + o(dt)$$

ただし，$(dt)^2$ および $dtdX$ をスモールオーダー $o(dt)$ としてまとめた．したがって，$Y(t) = f(X,t)$ のテーラー展開は

$$dY = f_t(X,t)dt + f_x(X,t)dX + \frac{f_{xx}(X,t)}{2}\sigma^2(X,t)dt + o(dt)$$

となり，この式に dX を代入し整理すると定理 A.6 が得られる．

金融工学では (A.24) のタイプの確率微分方程式よりも**収益率**に注目し，ある証券の価格過程 $S(t)$ が確率微分方程式

$$\frac{dS(t)}{S(t)} = \mu(S(t),t)dt + \sigma(S(t),t)dz(t), \qquad 0 \le t \le T \qquad (A.25)$$

に従うと仮定することが多い．(A.25) の形の確率微分方程式における $\mu(x,t)$ を**期待収益率**，$\sigma(x,t)$ を**ボラティリティ**という．

一方，$Y(t) = \log S(t)$ を**対数価格**と呼ぶ．通常の微分演算では

$$(\log S(t))' = \frac{S'(t)}{S(t)}$$

となるが，確率微分方程式の場合には性質 (A.21) の影響で，このような簡単な関係にはならない．次の結果は金融工学においてもっとも重要な公式のひとつである．$f(x,t) = \log x$ とおいて伊藤の公式を適用することで定理が示される（章末問題 A.3）．

定理 A.7 $S(t)$ は確率微分方程式 (A.25) に従うとする．このとき，対数価格 $\log S(t)$ は確率微分方程式

$$d\log S(t) = \left\{\mu(S(t),t) - \frac{\sigma^2(S(t),t)}{2}\right\}dt + \sigma(S(t),t)dz(t)$$

を満足する．

特に，期待収益率もボラティリティも定数の場合には

$$\mathrm{d}\log S(t) = \nu \mathrm{d}t + \sigma \mathrm{d}z(t), \qquad \nu = \mu - \frac{\sigma^2}{2}$$

となる．上式右辺には $S(t)$ が含まれていないので，両辺を積分することで

$$\log S(t) - \log S(0) = \nu t + \sigma z(t), \qquad 0 \leq t \leq T$$

したがって

$$S(t) = S(0)\,\mathrm{e}^{\nu t + \sigma z(t)}, \qquad 0 \leq t \leq T \tag{A.26}$$

が得られる．

定理 A.7 を利用することで，以下の重要な結果が得られる（章末問題 A.4）．これらの公式は本書でしばしば利用される．

定理 A.8 (伊藤の商公式・積公式) 確率微分方程式

$$\frac{\mathrm{d}X(t)}{X(t)} = \mu_X(t)\mathrm{d}t + \sigma_X(t)\mathrm{d}z_1(t), \qquad \frac{\mathrm{d}Y(t)}{Y(t)} = \mu_Y(t)\mathrm{d}t + \sigma_Y(t)\mathrm{d}z_2(t)$$

に従う 2 つの確率過程 $X(t)$ と $Y(t)$ を考える．ここでブラウン運動 $z_1(t)$ と $z_2(t)$ の相関を $\rho(t)$ とする．このとき，商 $D(t) = X(t)/Y(t)$ の期待収益率 $\mu_D(t)$ とボラティリティ $\sigma_D(t)$ は，それぞれ

$$\mu_D(t) = \mu_X(t) - \mu_Y(t) - \sigma_Y(t)\left(\rho(t)\sigma_X(t) - \sigma_Y(t)\right)$$
$$\sigma_D(t) = \sqrt{\sigma_X^2(t) + \sigma_Y^2(t) - 2\rho(t)\sigma_X(t)\sigma_Y(t)}$$

で与えられる．また，積 $K(t) = X(t)Y(t)$ の期待収益率 $\mu_K(t)$ とボラティリティ $\sigma_K(t)$ は，それぞれ

$$\mu_K(t) = \mu_X(t) + \mu_Y(t) + \rho(t)\sigma_X(t)\sigma_Y(t)$$
$$\sigma_K(t) = \sqrt{\sigma_X^2(t) + \sigma_Y^2(t) + 2\rho(t)\sigma_X(t)\sigma_Y(t)}$$

となる．

次に，ポアソン過程に関する確率微分方程式を考える．すなわち，ある証券の価格過程は確率微分方程式

$$\frac{\mathrm{d}S(t)}{S(t)} = \mu \mathrm{d}t + (\mathrm{e}^Y - 1)\mathrm{d}N(t), \qquad 0 \leq t \leq T \tag{A.27}$$

に従うとする.ここで $N(t)$ はポアソン過程,Y はジャンプ幅を定める確率変数で $N(t)$ とは独立とする.また λ はポアソン過程 $N(t)$ の強度である.

ブラウン運動のケースとの差を明確にするために,$\log S(t)$ をテーラー展開する.このとき,

$$\mathrm{d}\log S(t) = \sum_{n=1}^{\infty} \frac{(-1)^{n-1}}{n} \left(\frac{\mathrm{d}S(t)}{S(t)}\right)^n \tag{A.28}$$

であるが,ポアソン過程の希少性から $\mathrm{d}N(t)$ は 0 または 1 なので,$(\mathrm{d}N(t))^n$ も 0 または 1 の値しか取らない.ブラウン運動では $(\mathrm{d}z(t))^n = 0, n \geq 3$ であったことを思い出そう.(A.27) を (A.28) に代入すると

$$\mathrm{d}\log S(t) = \mu \mathrm{d}t + \sum_{n=1}^{\infty} \frac{(-1)^{n-1}}{n} (\mathrm{e}^Y - 1)^n \mathrm{d}N(t)$$

ただし,$\mathrm{d}t$ のスモールオーダーは無視した.$\log(1+x)$ のマクローリン展開は

$$\log(1+x) = \sum_{n=1}^{\infty} \frac{(-1)^{n-1}}{n} x^n$$

なので,対数価格の従う確率微分方程式は

$$\mathrm{d}\log S(t) = \mu \mathrm{d}t + Y \mathrm{d}N(t), \qquad 0 \leq t \leq T \tag{A.29}$$

となる.したがって,確率微分方程式 (A.27) の解は

$$S(t) = S(0) \exp\left\{\mu t + \sum_{i=1}^{N(t)} Y_i\right\}, \qquad 0 \leq t \leq T \tag{A.30}$$

ただし,$Y_1, Y_2, \ldots$ は互いに独立で Y と同じ分布に従う確率変数の列である.より一般的なモデル(ジャンプ拡散過程)については章末問題 A.5 を参照せよ.

A.4.3 マルチンゲール

標準ブラウン運動 $z(t)$ からの情報 $\mathcal{F}_t = \sigma\{z(s), s \leq t\}$ を知ることで,確率過程 $X(t)$ の振舞いが完全にわかる場合には,この $X(t)$ はフィルトレーション $\{\mathcal{F}_t\}$ に関して適合的であるという.確率微分方程式 (A.24) の解が存在する場合には,解 $X(t)$ は $\{\mathcal{F}_t\}$ に関して適合的である.

フィルトレーション $\{\mathcal{F}_t\}$ が明らかである場合には，情報 $\mathcal{F}_t$ に関する条件付き期待値を E_t で表わす．

定義 A.9 (マルチンゲール) $\{\mathcal{F}_t\}$ に関して適合的な確率過程 $X(t)$ が
 (M1) すべての t において**可積分** (すなわち $E[|X(t)|] < \infty$)
 (M2) すべての $s > 0$ に対して

$$E_t[X(t+s)] = X(t), \qquad t \geq 0$$

という 2 つの条件を満たすとき $X(t)$ を**マルチンゲール** (martingale) という．

マルチンゲールの性質 (M2) は，条件 $\mathcal{F}_t$ の下で平均的には損も得もしないということである．条件 (M2) を書き直すと

$$E_t[\Delta_s X(t)] = 0, \qquad \Delta_s X(t) = X(t+s) - X(t)$$

となるから，確率微分方程式

$$dX(t) = \mu(t)dt + \sigma(t)dz(t), \qquad 0 \leq t \leq T \tag{A.31}$$

の解 $X(t)$ がマルチンゲールであることの必要十分条件は $\mu(t) = 0$ であると予想される．ただし $\mu(t), \sigma(t)$ は $\mathcal{F}_t$ 可測な確率過程とする．ブラウン運動の独立増分性から，$E_t[dz(t)] = 0$ となることに注意しよう．したがって，ドリフトのないブラウン運動は（正規化条件の下で）マルチンゲールである．

確率微分方程式 (A.31) の両辺を形式的に積分すると

$$X(t) = X(0) + \int_0^t \mu(u)du + \int_0^t \sigma(u)dz(u), \qquad 0 \leq t \leq T$$

となるが，この式の右辺第 3 項

$$I(t) = \int_0^t \sigma(u)dz(u), \qquad 0 \leq t \leq T$$

をブラウン運動 $z(t)$ に関する**確率積分** (stochastic integral) という．ある条件の下で確率積分 $I(t)$ は連続で 2 乗可積分なマルチンゲールであり，$I(t)$ の期待値は 0, 分散は

$$V[I(t)] = \int_0^t E[\sigma^2(u)]du \tag{A.32}$$

で与えられる．

　逆に，すべての2乗可積分なマルチンゲールは確率積分で一意に表現されることが知られている．次の結果は複製ポートフォリオの存在を保証する際に利用される．

定理 A.9 (マルチンゲール表現定理)　$X(t)$ を連続で 2 乗可積分なマルチンゲールとする．このとき，2 乗可積分な $\psi(t)$ が一意に存在し，

$$X(t) = \int_0^t \psi(u)\mathrm{d}z(u), \qquad 0 \leq t \leq T$$

と表現される．

　最後に，金融工学において重要なマルチンゲールをあげておこう．確率微分方程式

$$\frac{\mathrm{d}X(t)}{X(t)} = \sigma(t)\mathrm{d}z(t), \qquad 0 \leq t \leq T \tag{A.33}$$

の解として定義される確率過程 $X(t)$ を **指数マルチンゲール** (exponential martingale) と呼ぶ．ただし，$\sigma(t)$ は $\mathcal{F}_t$ 可測で連続，さらにノビコフ (Novikov) 条件

$$E\left[\exp\left\{\frac{1}{2}\int_0^T \sigma^2(t)\mathrm{d}t\right\}\right] < \infty$$

を満たすとする．確率微分方程式 (A.33) の解がマルチンゲールであることは明らかであろう．他の重要なマルチンゲールの例として章末問題 A.6 を参照せよ．定理 A.7 から，(A.33) の解は

$$X(t) = X(0)\exp\left\{-\frac{1}{2}\int_0^t \sigma^2(u)\mathrm{d}u + \int_0^t \sigma(u)\mathrm{d}z(u)\right\} \tag{A.34}$$

で与えられる．このため，$X(t)$ は指数マルチンゲールと呼ばれる．ただし，ボラティリティ $\sigma(t)$ が $X(t)$ に依存するような場合には上式の右辺にも $X(t)$ が含まれるので，これは $X(t)$ の解を与えているわけではないことに注意しよう．

　強度 $\lambda(t)$ を持つポアソン過程 $N(t)$ に対して

$$\mathrm{d}M(t) = \mathrm{d}N(t) - \lambda(t)\mathrm{d}t \tag{A.35}$$

で確率過程 $M(t)$ を定義する．ただし，$\mathcal{F}_t = \sigma\{N(s), s \leq t\}$ とし，$\lambda(t)$ は $\mathcal{F}_t$ 可測とする．(A.35) の条件付き期待値を計算すると，ポアソン過程の希少性から，微小区間 $[t, t+\mathrm{d}t]$ では $\mathrm{d}N(t)$ は 0 か 1 しか取らないので，

$$E_t[\mathrm{d}M(t)] = E_t[\mathrm{d}N(t)] - \lambda(t)\mathrm{d}t$$
$$= 1 \times \lambda(t)\mathrm{d}t + 0 \times (1 - \lambda(t)\mathrm{d}t) - \lambda(t)\mathrm{d}t = 0$$

したがって，$M(t)$ はマルチンゲールである．

章 末 問 題

問題 A.1 1変量の場合と同様に，

$$(\boldsymbol{x} - \boldsymbol{\mu})^\top \boldsymbol{\Sigma}^{-1} (\boldsymbol{x} - \boldsymbol{\mu}) - 2\boldsymbol{t}^\top \boldsymbol{x}$$

を $\boldsymbol{x}$ に関して平方完成することで，多変量正規分布の積率母関数 (A.17) を導出せよ．

問題 A.2 二項分布 $B(n,p)$ の積率母関数は

$$m_n(t) = \left(pe^t + 1 - p\right)^n$$

で与えられることを示せ．次に，$p = \lambda/n$ として，$n \to \infty$ のとき $m_n(t)$ がポアソン分布の積率母関数 (A.19) に収束することを確認せよ．

問題 A.3 定理 A.7 を示せ．逆に，対数価格が

$$\mathrm{d}\log S(t) = \mu(t)\mathrm{d}t + \sigma(t)\mathrm{d}z(t), \qquad 0 \leq t \leq T$$

として与えられているとき，価格 $S(t)$ の従う確率微分方程式を求めよ．

問題 A.4 定理 A.8 を以下の手順で示せ．
1. $\mathrm{d}\log D(t)$ が従う確率微分方程式を定理 A.7 を使って求めよ．
2. $z_D(t)$ を以下を満たす $z_i(t)$, $i = 1, 2$ とは独立な標準ブラウン運動とする．$\sigma_D(t)$ を求めよ．

$$\sigma_D(t)\mathrm{d}z_D(t) = \sigma_X(t)\mathrm{d}z_1(t) - \sigma_Y(t)\mathrm{d}z_2(t)$$

3. 伊藤の商公式を導け．

4. 同様にして積公式を導け．

問題 A.5 (ジャンプ拡散モデル) 確率微分方程式

$$\frac{\mathrm{d}S(t)}{S(t)} = (\mu - \lambda k)\mathrm{d}t + \sigma\mathrm{d}z(t) + (\mathrm{e}^Y - 1)\mathrm{d}N(t), \qquad 0 \leq t \leq T$$

の解は

$$S(t) = S(0)\exp\left\{\left(\mu - \frac{\sigma^2}{2} - \lambda k\right)t + \sigma z(t) + \sum_{i=1}^{N(t)} Y_i\right\}, \qquad 0 \leq t \leq T$$

で与えられることを示せ．ただし，$z(t)$ は標準ブラウン運動，$N(t)$ はポアソン過程，Y はある確率変数でこれらは互いに独立とする．また，Y_i は互いに独立で Y と同じ分布を持つ確率変数である．

問題 A.6 (Doob) 定理 A.1 の条件付き期待値の性質 c) を使うことで，

$$M(t) = E_t[X], \qquad 0 \leq t \leq T$$

で定義される確率過程 $M(t)$ がマルチンゲールであることを示せ．ただし，X は可積分な確率変数である．

参 考 文 献

1) 木島正明 (1994), ファイナンス工学入門, 第Ⅰ部：ランダムウォークとブラウン運動, 日科技連出版社.
2) 木島正明 (1999), 期間構造モデルと金利デリバティブ (シリーズ〈現代金融工学〉3), 朝倉書店.
3) 鈴木輝好 (近刊), コーポレートファイナンスと金融工学 (シリーズ〈金融工学の新潮流〉5), 朝倉書店.
4) 津野義道 (2003), ファイナンスの数理入門, 共立出版.
5) 原 千秋, 西出勝正 (近刊), 価格決定メカニズムと市場均衡モデル (シリーズ〈金融工学の新潮流〉7), 朝倉書店.
6) 森村英典, 木島正明 (1991), ファイナンスのための確率過程, 日科技連出版社.
7) Ben-Israel, A. (2001), "Motzkin's transposition theorem," *Encyclopedia of Mathematics, Supplement III*, 568.
8) Bielecki, T. and M. Rutkowski (2004), *Credit Risk: Modeling, Valuation and Hedging*, Corrected 2nd printing, Springer-Verlag.
9) Brigo, D. and F. Mercurio (2001), *Interest Rate Models*, Springer-Verlag.
10) Bühlmann, H. (1970), *Mathematical Methods in Risk Theory*, Springer-Verlag.
11) Bühlmann, H. (1980), "An economic premium principle," *ASTIN Bulletin*, **11**, 52–60.
12) Cherubini, U., E. Luciano and W. Vecchiato (2004), *Copula Methods in Finance*, John Wiley & Sons.
13) Collin-Dufresne, P., R. Goldstein and J. Huggonnier (2004), "A general formula for pricing defaultable securities," *Econometrica*, **72**, 1377–1407.
14) Constantinides, G. (1992), "A theory of the nominal term structure of interest rates," *Review of Financial Studies*, **5**, 531–552.
15) Duffie, D. (1998), "Defaultable term structure models with fractional recovery of par," Working Paper, Stanford University.
16) Duffie, D. (2001), *Dynamic Asset Pricing Theory*, Princeton University Press.
17) Duffie, D. and R. Kan (1996), "A yield factor model of interest rates," *Mathematical Finance*, **6**, 379–406.
18) Duffie, D. and K. Singleton (1999), "Modeling term structures of defaultable bonds," *Review of Financial Studies*, **12**, 687–720.
19) Dumas, B., L. Jennergren and B. Näslund (1995), "Siegel's paradox and the pricing of currency options," *Journal of International Money and Finance*, **14**, 213–223.
20) Frittelli, M. (2000), "The minimal entropy martingale measures and the valuation problem in incomplete markets," *Mathematical Finance*, **10**, 39–52.
21) Fujiwara, T. and Y. Miyahara (2003), "The minimal entropy martingale measures for geometric Lévy processes," *Finance and Stochastics*, **7**, 509–531.

22) Gerber, H. (1979), *An Introduction to Mathematical Risk Theory*, Homewood.
23) Goldstein, R., N. Ju and H. Leland (2001), "An EBIT-based model of dynamic capital structure," *Journal of Business*, **74**, 483–512.
24) Goll, T. and L. Rüschendorf (2001), "Minimax and minimal distance martingale measures and their relationship to portfolio optimization," *Finance and Stochastics*, **5**, 557–581.
25) Hunt, P. and J. Kennedy (2004), *Financial Derivatives in Theory and Practice*, John Wiley & Sons.
26) Iwaki, H., M. Kijima and Y. Morimoto (2001), "An economic premium principle in a multiperiod economy," *Insurance: Mathematics and Economics*, **28**, 325–339.
27) Jarrow, R. and S. Turnbull (1995), "Pricing options on financial securities subject to default risk," *Journal of Finance*, **50**, 53–86.
28) Jensen, J. (1995), *Saddlepoint Approximations*, Oxford University Press.
29) Karatzas, I. and S. Shreve (1991), *Brownian Motion and Stochastic Calculus*, Springer-Verlag.
30) Kijima, M. (2002), *Stochastic Processes with Applications to Finance*, Chapman & Hall.
31) Kijima, M. (2006), "A multivariate extension of equilibrium pricing transforms: The multivariate Esscher and Wang transforms for pricing financial and insurance risks," *ASTIN Bulletin*, **36**, 269–283.
32) Kijima, M. and M. Muromachi (2006), "An extension of the Wang transform derived from Bühlmann's economic premium principle for insurance risk," Research Paper Series No.8, Tokyo Metropolitan University.
33) Kijima, M. and M. Ohnishi (1997), "Portfolio selection problems via the bivariate characterization of stochastic dominance relations," *Mathematical Finance*, **6**, 237–277.
34) Korn, R. (1997), *Optimal Portfolios: Stochastic Models for Optimal Investment and Risk Management in Continuous Time*, World Scientific.
35) Lando, D. (1998), "Cox processes and credit-risky securities," *Review of Derivatives Research*, **2**, 99–120.
36) Lando, D. (2004), *Credit Risk Modeling: Theory and Applications*, Princeton University Press.
37) Leland, H. (1994), "Corporate debt value, bond covenants, and optimal capital structure," *Journal of Finance*, **49**, 1213–1252.
38) LeRoy, S. and J. Werner (2000), *Principles of Financial Economics*, Cambridge University Press.
39) Marshall, A. and I. Olkin (1988), "Families of multivariate distributions," *Journal of the American Statistical Association*, **83**, 834–841.
40) Nelson, R. (2006), *An Introduction to Copulas*, Springer-Verlag.
41) Pliska, R. (1997), *Introduction to Mathematical Finance: Discrete Time Models*, Blackwell. (木島正明監訳 (2001), 数理ファイナンス入門－離散時間モデル, 共立出版)

42) Rogers, L. (1997), "The potential approach to the term structure of interest rates and foreign exchange rates," *Mathematical Finance*, **7**, 157–176.
43) Schönbucher, P. (2000), "A libor market model with default risk," Working Paper, ETH Zurich.
44) Schweizer, M. (1996), "Approximation pricing and the variance-optimal martingale measure," *Annals of Probability*, **24**, 206–236.
45) Stiemke, E. (1915), "Über positive Lösungen homogener linearer Gleichungen," *Mathemetische Annalen*, **76**, 340–342.
46) Tanaka, K. (2006), "Credit derivatives with recovery of market value for multiple firms," Research Paper Series No.10, Tokyo Metropolitan University.
47) Tanaka, K., T. Yamada and T. Watanabe (2005), "Approximation of interest rate derivatives' prices by Gram–Charlier expansion and bond moments," IMES Discussion Paper Series 2005-E-16, Institute for Monetary and Economic Studies, Bank of Japan.
48) Wang, S. (2002), "A universal framework for pricing financial and insurance risks," *ASTIN Bulletin*, **32**, 213–234.
49) Wang, S. (2003), "Equilibrium pricing transforms: New results using Bühlmann's 1980 economic model," *ASTIN Bulletin*, **33**, 57–73.

索　引

1 次の確率優位　27
CIR モデル　125
CMS　130
Farkas の補題　18
LIBOR　117
n 変量正規分布　184
RFV　139, 156
RMV　139, 157
RT　139, 157
Siegel のパラドックス　112
Stiemke の補題　16

ア　行

アフィンモデル　122
アルキメデス・コピュラ　44
アロー・デブリュー証券　5

伊藤過程　63
伊藤の公式　190
伊藤の商公式・積公式　192
稲田条件　87
因子　122

エクスチェンジオプション　90
エッシャー原理　31, 37
エッシャー変換　25, 28, 31, 53, 65, 144
エルミート多項式　129

カ　行

外国為替レート　107
回収率　139
ガウス・コピュラ　46
カウンターパーティーリスク　169
価格付け測度　98
価格の感応度　123
価格の線形性　38
拡散係数　59
確定年金　120
確率過程　51, 187
確率空間　175
確率積分　194
確率測度　175
確率微分方程式　189
確率変数　176
確率割引ファクター　6
可算加法族　174, 187
可積分　178
可測　176
可予測　62
完全市場　2
完備（市場）　19, 58, 71
ガンベルコピュラ　44

基準財　89
　──の変換　100
希少性　188
期待収益率　191

期待値　178
　　——の線形性　180
キュミュラント　128
　　——母関数　32
強度　188
　　——モデル　150
共分散　180
ギルサノフの定理　60, 103, 153
均衡価格　36
金利決定日　119
金利スワップ　118
金利の期待仮説　116

クオント　112
グラム・シャリエ展開　128
クレイトンコピュラ　45
クレジットスプレッド　158

計数過程　188
限界効用　88

高位の無限小　188
構造形アプローチ　139
コックス過程　189
コピュラ　43
コンベキシティアジャストメント　130
　狭義——　132
　広義——　133

サ 行

最小マルチンゲール測度　84
裁定機会　1, 16, 58, 97
最適資本構成　77
最適消費　87
先物価格　117
サブフィルトレーションアプローチ　153, 162
三項モデル　11

自己充足的　19, 73
資産価格
　　——の基本定理　15, 58
　　——の第一基本定理　16
　　——の第二基本定理　20
市場ポートフォリオ　85
指数原理　31, 35
指数マルチンゲール　60, 66, 195
ジャンプ拡散モデル　197
ジャンプ幅　193
ジャンプモデル　81
ジャンプリスクの市場価格　154
収益率　191
純保険料　31
条件付き確率　175
条件付き期待値　178
小数の法則　186
状態価格密度　7, 58
初到達時刻　139
初到達時刻ラプラス変換　94
信用リスク　138

ストラドル　111
スポットスワップレート　120
スポット生存測度　145, 159
スポットレートモデル　80
スモールオーダー　187
スワップション　120, 128
スワップ測度　121
スワップレート　120

正規分布　182
生存条件測度　147, 149, 164, 168
生存測度　145
正定値　184
積率母関数　32, 182, 184
ゼロリカバリー　139
全確率の公式　176

相関係数　180
相対エントロピー　85
相対価格　58, 74, 89
増分　187
測度変換　7, 24, 100

索引　203

損失率　139

タ 行

対数価格　191
対数正規分布　183
タイミングアジャストメント　132
多変量エッシャー変換　41
多変量ワン変換　48

中心極限定理　186

定義関数　181
適合的　187
デフォルト　138
デフォルトスワップ　21
デフォルトリスク証券　138
デフォルトリスク調整済み金利　141
デュレーション　120

同時分布関数　179
同時密度関数　180
同値確率密度　25
同値マルチンゲール確率　15
同値マルチンゲール測度　98
独立　176, 181
ドリフト　59

ナ 行

二項分布　140, 186
二項モデル　8, 55, 96
二重確率ポアソン過程　189

ねじれ　33

ノビコフ条件　195

ハ 行

配当　14
ハザードレート　151

バシチェックモデル　125, 127

非心 χ^2 分布　126
非斉時ポアソン過程　189
標準正規分布　182
標準的な構成法　152
標準ブラウン運動　187
標準偏差　179
標準偏差原理　31

ファットテール　35
フィルトレーション　151, 187
フォワード価格　91
フォワード生存測度　145, 159
フォワード測度　92, 105
フォワード中立化法　92, 185
フォワード LIBOR　119
フォワードレート　115
複製　3, 9, 12
複製ポートフォリオ　3, 19, 73
フビニの定理　83
ブラウン運動　59
ブラック・ショールズの公式　30, 76
ブラック・ショールズの偏微分方程式　93
ブラック・ショールズのモデル　28, 61, 110
フランクコピュラ　45
プレデフォルト価格　147, 148, 155
分散　179
分散原理　31
分布関数　177

ベイズの公式　52, 103
ベータ　40, 86
ベルヌーイ分布　186

ポアソン過程　66, 188, 193
ポアソン分布　185
ボラティリティ　191

マ 行

マルチンゲール　57, 194

マルチンゲール確率　14, 58

密度関数　177

無裁定価格　1
無リスク金利　5
無リスク証券　5
無リスク預金　58

ヤ　行

誘導形アプローチ　140
誘導形モデル　150
尤度比順序　27

ラ　行

ラドン・ニコディム微分　25
ラドン・ニコディム密度過程　51, 60, 63, 65, 73, 93, 105
ランダムウォーク　53

離散時点ポアソン過程　64
リスク証券　5
リスク中立確率　5
リスク中立化法　79
リスク中立的　14
リスクの市場価格　28, 61, 72
リスクプレミアム　4
リスクマージン　31

累積配当　154

連鎖公式　179

ワ　行

割引国債　79, 84, 91
割引社債　140
割引配当モデル　82
ワン変換　31, 33, 38

著者略歴

木島 正明　（きじま・まさあき）	田中 敬一　（たなか・けいいち）
1957 年　新潟県に生まれる	1965 年　愛知県に生まれる
1980 年　東京工業大学理学部卒業	1987 年　東京大学理学部卒業
1986 年　ロチェスター大学経営大学院博士課程修了	2004 年　大阪大学大学院経済学研究科博士後期課程修了
現　在　首都大学東京大学院社会科学研究科教授　Ph.D., 理学博士	現　在　首都大学東京大学院社会科学研究科准教授　博士（経済学）

シリーズ〈金融工学の新潮流〉1
資産の価格付けと測度変換　　　　　定価はカバーに表示

2007 年 6 月 20 日　初版第 1 刷
2017 年 1 月 25 日　　　　第 5 刷

著　者　木　島　正　明
　　　　田　中　敬　一
発行者　朝　倉　誠　造
発行所　株式会社　朝　倉　書　店

東京都新宿区新小川町6-29
郵便番号　162-8707
電　話　03(3260)0141
ＦＡＸ　03(3260)0180
http://www.asakura.co.jp

〈検印省略〉

ⓒ 2007〈無断複写・転載を禁ず〉　　　　東京書籍印刷・渡辺製本

ISBN 978-4-254-29601-3　C 3350　　　Printed in Japan

JCOPY　〈(社)出版者著作権管理機構　委託出版物〉

本書の無断複写は著作権法上での例外を除き禁じられています．複写される場合は，そのつど事前に，(社) 出版者著作権管理機構 (電話 03-3513-6969, FAX 03-3513-6979, e-mail: info@jcopy.or.jp) の許諾を得てください．

好評の事典・辞典・ハンドブック

数学オリンピック事典	野口　廣 監修	B5判 864頁
コンピュータ代数ハンドブック	山本　慎ほか 訳	A5判 1040頁
和算の事典	山司勝則ほか 編	A5判 544頁
朝倉 数学ハンドブック［基礎編］	飯高　茂ほか 編	A5判 816頁
数学定数事典	一松　信 監訳	A5判 608頁
素数全書	和田秀男 監訳	A5判 640頁
数論＜未解決問題＞の事典	金光　滋 訳	A5判 448頁
数理統計学ハンドブック	豊田秀樹 監訳	A5判 784頁
統計データ科学事典	杉山高一ほか 編	B5判 788頁
統計分布ハンドブック（増補版）	蓑谷千凰彦 著	A5判 864頁
複雑系の事典	複雑系の事典編集委員会 編	A5判 448頁
医学統計学ハンドブック	宮原英夫ほか 編	A5判 720頁
応用数理計画ハンドブック	久保幹雄ほか 編	A5判 1376頁
医学統計学の事典	丹後俊郎ほか 編	A5判 472頁
現代物理数学ハンドブック	新井朝雄 著	A5判 736頁
図説ウェーブレット変換ハンドブック	新　誠一ほか 監訳	A5判 408頁
生産管理の事典	圓川隆夫ほか 編	B5判 752頁
サプライ・チェイン最適化ハンドブック	久保幹雄 著	B5判 520頁
計量経済学ハンドブック	蓑谷千凰彦ほか 編	A5判 1048頁
金融工学事典	木島正明ほか 編	A5判 1028頁
応用計量経済学ハンドブック	蓑谷千凰彦ほか 編	A5判 672頁

価格・概要等は小社ホームページをご覧ください．